Martin Mosimann

Macht verstehen –
Macht entgegentreten

Schwabe Verlag

Bibliografische Information der Deutschen Nationalbibliothek
Die Deutsche Nationalbibliothek verzeichnet diese Publikation in der Deutschen Nationalbibliografie;
detaillierte bibliografische Daten sind im Internet über http://dnb.dnb.de abrufbar.

© 2024 Schwabe Verlag, Schwabe Verlagsgruppe AG, Basel, Schweiz
Dieses Werk ist urheberrechtlich geschützt. Das Werk einschliesslich seiner Teile darf ohne schriftliche
Genehmigung des Verlages in keiner Form reproduziert oder elektronisch verarbeitet, vervielfältigt,
zugänglich gemacht oder verbreitet werden.
Covergestaltung: icona basel gmbh, Basel
Korrektorat: Anja Borkam, Langenhagen
Layout: icona basel gmbh, Basel
Satz: 3w+p, Rimpar
Druck: Hubert & Co., Göttingen
Printed in Germany
ISBN Printausgabe 978-3-7965-5191-8
ISBN eBook (PDF) 978-3-7965-5192-5
DOI 10.24894/978-3-7965-5192-5
Das eBook ist seitenidentisch mit der gedruckten Ausgabe und erlaubt Volltextsuche.
Zudem sind Inhaltsverzeichnis und Überschriften verlinkt.

rights@schwabe.ch
www.schwabe.ch

*Einfach vortrefflich
all diese grossen Pläne:
das Goldene Zeitalter
das Reich Gottes auf Erden
das Absterben des Staates.
Durchaus einleuchtend.*

*Wenn nur die Leute nicht wären!
Immer und überall stören die Leute.
Alles bringen sie durcheinander.*

Hans Magnus Enzensberger, in: *Tumult*

Inhalt

1 Über Macht reden 9

2 Vorspiel in der Eisenbahn – Ein banales Beispiel 13

3 Wie Macht wirkt 15

4 Macht in epistemologischer Sicht 21

5 Charakter von Fragestellungen 31

6 Wissen, Verstehen, Wissenschaft, Lernen, Phantasie 39

7 Kleinbürgermacht 51

8 Der ethische Hintergrund des Handelns 63

9 Macht als verfehlte Reaktion auf die existentielle Situation des Menschen in der Welt 75

10 Angst als Macht – Macht mittels Angsterzeugung 85

11 Macht, Spiel, «Ernst» 93

12 Die Ziele der Macht und ihr missbräuchliches Sichberufen auf «Ideale» 99

13 Opfer von Macht sein 109

14 Einsamkeit der Macht, Macht als Flucht 115

15 Macht und der Einzelne 119

16 Als Einzelner in Machtsysteme hineinwachsen 125

17 Macht gegenübertreten 135

18 Begegnung, Gestalten 149

19 Potential statt Macht, Bestimmtheit 153

Anmerkungen 159

Literatur 225

1 Über Macht reden

Über Macht zu reden ist deswegen so schwierig, weil Macht ja immer auf Menschen – auf ihre potentiellen Opfer – zugreift und ihnen sogleich eine wie auch immer geartete *Verteidigungsbereitschaft* aufzwingt. Wer Opfer wird oder Angst hat, nächstens Macht zum Opfer zu fallen, ist so auf der Stelle dazu genötigt, in *existentieller* Weise auf das zu *reagieren*, was ihn in Besitz nimmt oder von dem er befürchten muss, in Besitz genommen zu werden. Wer sich Macht ausgesetzt sieht, sieht sich dazu gedrängt, sich in der einen oder anderen Weise Fluchtwege auszudenken oder sich Gedanken darüber zu machen, wie er sich einer Bedrohung durch Macht erwehren kann – ihm wird kein Raum dazu gewährt, darüber zu reflektieren, was eigentlich vor sich geht, wenn Macht zu wirken versucht, und erst recht kommt er nicht dazu zu untersuchen, was für Züge Macht eigentlich *an sich* hat. Sich mit solchen Fragen zu beschäftigen, scheint angesichts der Not, welche Macht über ihre Opfer bringt, fehl am Platz, weil es nicht nur als nutzlos, sondern geradezu als frivol erscheint, einem Geschehen, das so bedrängend ist, mit Reflexion zu begegnen.

Mit ihrer Wirkungsweise erreicht Macht also gleich *zwei* Ziele: Auf der einen Seite macht sie ihre potentiellen Opfer nicht nur zu Gegenständen, über die sie so verfügt, wie sie will, sondern sie verhindert auf der anderen Seite auch gleichzeitig, dass sie *selbst* Gegenstand – Gegenstand zumindest eines Nachdenkens – wird. So bleibt es im Allgemeinen allein dabei, dass Opfer ein «moralisches» Urteil fällen: Sie verurteilen die Übergriffe der Macht als «böse» oder sehen sich nicht zu mehr imstande, als ihre zahlreichen Übergriffe aufzudecken. Das ist der Macht aber im Grunde gleichgültig, weil sie auf der Basis solcher Urteile – und seien sie auch noch so wortgewaltig – nicht im *Innersten* erkannt wird (und sie kann, wenn sie will, als Macht solche Bekundungen ja ohne Weiteres auch unterdrücken): Dass Macht andere Interessen nicht in Rechnung stellt, ist für sie selbstverständlich – darin besteht ja eben Macht im Kern –, und die Tatsache, dass sie verurteilt wird, ist für sie höchstens ein Beweis dafür, dass sie wirksam ist, wenn sie sich nicht gar an der faktischen Ohnmacht ihrer Gegner weidet. Ausserdem fasst sich Macht gewissermassen als fraglos gegeben auf, und für sie zählt nur der Erfolg: Wenn es ihr gelingt, in einem Kampf über andere Kräfte zu triumphieren, scheint damit das letzte Wort gesprochen: Sie ist effektiv, also *soll* sie sein.

Dazu tritt der Umstand, dass Macht ihre faktische Herrschaft immer mit einer *Gesamtinterpretation* der Welt verbindet: Sie kann (im Moment) nicht nur über alles verfügen, wie ihr scheint, sondern behauptet auch, dass es sich so verhalten *müsse:* Sie erweckt also den Anschein, *alternativlos* zu sein, wie sie selbst sowie die schwachen Seelen, die sich ihr unterjochen und dienstbar machen, gern sagen. Auf diese Weise nimmt sie nicht nur ihre Opfer faktisch in Beschlag, sondern macht sich zugleich zur Herrin über deren Köpfe. So versucht sie, ihren Zugriff zu vollenden, und tatsächlich macht sie ihre Opfer so vollends wehrlos, wenn diese die Deutung der Macht übernehmen.

So sehr es verständlich erscheint, dass Macht im Zusammenhang mit ihren Übergriffen auch das Denken ihrer Opfer in Beschlag nimmt – mit dem Ergebnis, dass sich dieses in Reaktion erschöpft –, so sehr muss man aus philosophischer Sicht immer weiter darauf pochen, dass auch die Macht *selbst* daraufhin untersucht werde, wie sie zur vorgefundenen Welt, die sie in Beschlag nimmt, steht; losgelöst von dem, was sie *bewirkt,* bzw. losgelöst davon, dass sie allen Erfolg für sich gepachtet zu haben scheint.[1]

Als Macht mag sie im Moment der Not unüberwindlich sein. Sie stellt sich in diesem Zusammenhang immer als zeitlose, feste *Tatsache* dar, als unüberwindbares Gegebenes, das erstens der Fall sein *müsse* und zweitens genau *so* sein müsse, wie es ist. Damit einher geht die (grundsätzlich ganz andere, aber ebenso verfehlte) Behauptung, dass es neben ihr keine *anderen* Weltzugänge gebe, sie also gewissermassen *absolute* Geltung habe.

Bei nüchterner Betrachtung stellt sich freilich heraus, dass beide Unterstellungen das Ergebnis einer Anmassung sind, die sich an der vorgefundenen Welt und deren *Vielfalt* bricht.[2] Zunächst erweist sich, dass Macht, auch wenn sie sich als unüberwindlich gibt und sich ausserhalb von Betrachtungen zu stellen versucht, immer nur in einer bestimmten Weise *wirkt* und *funktioniert*. Sich darüber Rechenschaft zu geben ist am Ende deswegen so wichtig, weil so zu Tage tritt, dass Macht, recht besehen, in mehr als einer Weise in die Irre geht, das, was sie erreichen will, nie wird erreichen können (und ja eben auch deswegen nicht Gegenstand von Reflexion werden will), und, weil sie ja nichts anderes aufzufassen in der Lage ist, am Ende immer scheitert. Indem man sich vor Augen hält, wie solche Formen von Verkennung aussehen, wird man gleichzeitig der Tatsache gewahr, dass Macht nur *eine* Weise des Weltzugangs des Menschen unter vielen anderen darstellt und entgegen ihrer Selbstdarstellung und wohl auch Selbstauffassung, alles zu sein, in ganz eigene Sackgassen läuft (und ja, recht besehen, auch nie wirklich Erfolg hat).[3]

Eine solche Erkenntnis dient zunächst nicht dazu, sich der Macht besser erwehren zu können, sondern sich dessen bewusst zu werden, dass der Anspruch der Macht in vielen Bereichen (ausser dem, dass sie zu einem bestimmen Zeitpunkt faktisch erfolgreich Macht anwenden kann) verfehlt ist. Wenn man das verstanden hat, entwindet man sich einerseits ihrem Versuch, einen grundsätzlich wehrlos zu machen, einen also glauben zu machen, dass Macht *immer* siegen werde, und entzieht sich andererseits ihrer Behauptung, *alles* und *erschöpfend* zu sein. Wenn man das erkannt hat, gewinnt man über das Erlebnis hinaus, allenfalls ihr Opfer zu sein, ein (vielleicht neues) Verständnis davon, dass man selbst auch da ist, ja dass es *bedeutungsvoll* ist, dass man da ist.[4] Das ist der Fall, weil man als je Einzelner und Einzelne ein Element einer *Vielfalt* darstellt, welche vorgefunden ist und von Macht nie in Besitz genommen werden kann.

Daran knüpfen sich zwei Folgebefunde. *Erstens* muss Folgendes klar werden: *Ein* Element der Macht ist, dass sie mit der uneingeschränkten Orientierung an *Erfolg* verbunden ist, und diese Erkenntnis wiederum führt dazu, dass sich Machtdenken nicht erst dort zeigt, wo ausgebildete Macht alles in Besitz nimmt, sondern schon dort, wo Erfolgsdenken bestimmend zu wirken beginnt oder dann alleinbestimmend ist. Wer allein Erfolg als Richtpunkt seines Denkens wählt, ist, was auch immer sein Anliegen sein mag, selbst schon in Gefahr, Opfer von Machtdenken zu werden und sich allenfalls an Macht auszuliefern, wenn sie sich erhebt. Er bereitet ihr gewissermassen den Nährboden, auf dem sie wachsen und sich schliesslich ganz etablieren kann. Indem er sie zunächst bewundert, sich später Machtdenken ganz zu eigen macht und sich am Ende in ihren Dienst stellt, ja Macht als Lebensprinzip gelten zu lassen beginnt, wird er selbst zu einem Opfer, zu einem Opfer in dem Sinn, dass er ihren Weltzugang nicht nur als berechtigt, sondern als erwünscht und am Ende als (scheinbar) unbefragbare Tatsache anerkennt.[5] Ohne sich dessen gewahr zu werden, legt er selbst die Grundlage dafür, dass er ihr anheimfallen wird. Dies geschieht damit, dass er sich ihr ausliefert: sei es, dass er am Ende ihr selbst unterliegt (und erst noch meinen mag, das geschehe zu Recht, weil er sich in einem Kampf als der Schwächere erweist), sei es damit, dass er sich selbst als Träger von Macht über Andere (wenigstens im Kleinen) erhebt und sich einredet, eben damit Gutes zu tun.[6] Und zum Schluss wird ihm ebenfalls das zuteil, was der Macht, der er sich unterstellt, widerfährt: Auch er wird in alle Verirrungen, die mit dem Machtgedanken verbunden sind, hineingerissen und scheitert wie sie selbst.

Zweitens geht über aller Beschreibung der Wirkungsweise von Macht die Einsicht verloren, dass sich Macht nicht einfach auf Tatsachen *an sich* bezieht, sondern sich auf einen Weltzugang unter anderen ausrichtet (auch wenn sie keine Einsicht darein hat und eine solche Erkenntnis leugnen würde). Sie stellt, anders gesagt, nicht einfach etwas an sich Bestehendes, wie sie sich gern selbst präsentiert, dar[7] – also gewissermassen eine *essentielle* Entität –, sondern hat den Charakter eines Versuchs, die vorgefundene Welt zu bewältigen, indem sie sich dieser ganz zu *bemächtigen* versucht – das Bestreben, etwas zu bewältigen, hat aber offensichtlich einen *existentiellen* Zug. Macht behauptet, in jeder Hinsicht und abschliessend zu Erfolg zu kommen – am Ende kann ein solcher Versuch der vorgefundenen Welt aber nicht Herr werden, weil sich die vorgefundene

Welt auf keine Weise untertan machen lässt. In ihrer nicht eingrenzbaren Vielfalt ist diese in keiner Weise zu Ende verstehbar und damit ergreifbar.

Der Befund, dass sich die Vielfalt der vorgefundenen Welt nicht endgültig in Besitz nehmen lassen wird, mag erschreckend wirken, bildet aber umgekehrt die Grundlage dafür, dass immer neue Menschen in ein immer neues Leben eintreten können. Wenn es einer Instanz gelänge, die Welt ganz und endgültig in ihrem Sinn zu «ordnen», würde sie sich damit auch darin schuldig machen, allen zukünftigen Menschen die ihnen zustehende freie Lebensentfaltung zu verwehren.

2 Vorspiel in der Eisenbahn – Ein banales Beispiel

Es ist Samstagnacht. Eine Gruppe von betrunkenen Jugendlichen grölt in einem Eisenbahnabteil herum. Ihre Stimmung will sich ausdrücken und Gestalt annehmen. Einer der Jugendlichen zieht ein Messer aus der Tasche und schlitzt das Polster der Sitze im Abteil auf. Die Gruppe lässt den Täter hochleben – er suhlt sich in der ihm entgegenfliegenden Bewunderung und Anhimmelung. Der Zugbegleiter sieht machtlos zu. An der nächsten Station steigt die Gruppe aus und verschwindet. Die Polster bleiben in einem jämmerlichen Zustand zurück und müssen wohl ersetzt werden.

An diesem Beispiel soll nicht die Verderbtheit von Jugendlichen gezeigt werden – Erwachsene produzieren viel furchtbarere Machtexzesse – und es sollen zunächst auch alle moralischen Fragen beiseitegeschoben werden. Vielmehr soll an ihm phänomenologisch gezeigt werden, welche Merkmale solche Taten haben.

Und da kommt man zu den folgenden Ergebnissen: Die Tat des Jugendlichen ist *banal*, hat aber eine grosse *Wirkung*: zwei, drei Messerschnitte, und schon ist ein ganzer Eisenbahnwaggon unbrauchbar. Das hat *er* vollbracht. Mit seiner Tat hat er die Welt *von einem Moment auf den anderen verändert*. Das erscheint als in sich grossartig. Die Welt ist von ihm *geformt* worden.

Im Unterschied zu all jenen Dutzendmenschen, die sich stumm in eine festgefügte Welt einpassen, hat er, der *Täter*, die Welt neu *gestaltet* und ist gleichzeitig dabei selbst in Erscheinung getreten. Also ist er *jemand*. Die Polster an sich sind ihm dabei gleichgültig – es ist vielmehr die *Tat*, um die es ihm geht: Er will die Welt nicht irgendwie besser machen, sondern allein zeigen, dass er *tatkräftig* ist. Gleichzeitig hat er, zusammen mit seiner Gruppe, über den Zugbegleiter triumphiert, indem er diesen hat *machtlos* zusehen lassen, wie etwas geschehen ist, was er hätte verhindern müssen. Und am Ende stiehlt sich der Jugendliche mit seiner Gruppe davon. Damit entzieht er sich nicht nur der Verantwortung für seine Tat, sondern vor allem auch dem Anblick dessen, was er angerichtet hat: Aufgeschlitzte Polster stellen nichts Grossartiges dar.

Dabei muss man sich etwas vor Augen halten, was angesichts der grossen Wirkung einer solchen Tat im Allgemeinen nicht gesehen wird: Der Messerstecher hat allein *zerstört*. *Seine Tat ist nur möglich in einer Welt, die voll ist*, in einer Welt also, in der es bereits Polster gibt (also jemand Polster geschaffen hat) und

Messer erhältlich sind (also jemand Messer erfunden und hergestellt hat). Aus diesem Umstand leitet sich zum einen die Möglichkeit einer *instantanen* Wirkung einer Tat her: Erschaffen braucht Zeit, Zerstören dagegen erfolgt von einem Augenblick auf den anderen. Und Zerstören schöpft seine Wirkung daraus, dass nach und nach Zusammengefügtes mit einem einzigen Handgriff auseinandergenommen werden kann.

Wenn etwas da ist, was man zerstören kann, kann man zerstörend schnell *Erfolg* haben. Und der Messerstecher wählt ja, wenn man genau hinschaut, nur aus, was seinem Messer bzw. seiner Tat gewiss nicht Widerstand leisten kann. So mag er grosse Siege und die dazugehörige Bewunderung einfahren, aber er siegt nur dort, wo man nicht anders als siegen kann, wenn man zugreift. Er macht es sich also zunutze, dass andere etwas, seiner Tat vorausgehend, *geschaffen* haben, dass es also schon etwas gibt: Er kann erst in Erscheinung treten, wenn es etwas gibt, was sich zerstören lässt.

3 Wie Macht wirkt

Man nähert sich Macht wohl am besten dadurch, dass man von aussen nach innen und nach und nach ihre Merkmale, ihre Anmassungen, ihre Motive, den Missbrauch, den sie sich zuschulden kommen lässt, und schliesslich ihre Fehlannahmen und ihre am Ende immer verfehlten Versuche, sich absolut zu stellen, zur Sprache bringt.

Das erste Merkmal von Macht nun – ein Merkmal, das in die Augen springt und in die Augen springen *soll* – ist, dass sie sich stets als *tatkräftig* in Erscheinung zu bringen sucht. Dazu gehört auch zu zeigen, dass das, was sie unternimmt, im Unterschied zu gewöhnlichen menschlichen Bestrebungen stets in *Erfolge* hineinführt. (Tatkraft allein, Tatkraft also, die nicht mit Gewissheit erfolgreich wäre, würde ja, so wie Macht die Welt auffasst, einen lächerlichen Eindruck machen.) Der nicht mächtige Mensch mag dagegen ohne Gewähr und Gewissheit versuchen, sich in der vorgefundenen Welt zu behaupten; er mag nach und nach ergründen wollen, was in der vorgefundenen Welt der Fall ist; er mag Ziele anstreben, von denen er nicht weiss, ob er sie je erreichen wird; er mag die vorgefundene Welt als Schöpfer oder Schöpferin von Werken bereichern wollen und sich dann auf den mühseligen Weg machen, das zu gestalten, was ihm vorschwebt; oder er mag sich am Ende gar Dinge ersehnen, von denen er nicht weiss, ob sie überhaupt zu finden sind.[8] Macht dagegen ist bestrebt zu zeigen, dass *sie* solchen Unwägbarkeiten aus dem Wege gehen kann. Sie will etwas *erreichen*: Etwas zu erreichen stellt für sie den Inbegriff von Tatkraft dar – was sie erreicht, spielt eine untergeordnete Rolle: Hauptsache ist, dass sichtbar ist, was sie erreicht. Bestimmt von der Vorstellung der Tatkraft will sie dabei gleichzeitig keine Zeit verlieren: Tatkraft verlangt, *sofort* zu *handeln*. Dabei ist die Tatkraft selbst, die Macht an den Tag legt, immer schon von Machtvorstellungen durchsetzt: Sie *inszeniert* ihre Tatkraft gewissermassen, und ebenso wichtig, wie sich tatkräftig zu erweisen, ist für sie zu *zeigen*, dass sie tatkräftig und damit erfolgreich ist.[9]

Einen solchen Beweis kann man nun aber nicht erbringen, indem man *sucht, erschafft* oder *ersehnt,* sondern allein, indem man *zerstört*. Erschaffen und ergründen braucht Zeit, erschaffen und ergründen ist mit Unsicherheit verbunden, erschaffen kann gelingen oder nicht. Zerstören dagegen wirkt *instantan*, zerstören gelingt, weil man dabei Geschaffenes, das schon vorhanden ist, auseinandernimmt und um seine Wirksamkeit bringt: Zerstören hat paradoxerweise eine grosse Wirkung, weil sie anderem auf der Stelle seine Wirksamkeit *nimmt*.

Das heisst nichts anderes, als dass Macht, wenn gelingen soll, was sie zu erreichen von sich behauptet, gezwungen ist, an Bestehendem und Geschaffenem zu schmarotzen. Ihre – wie es scheint – grosse Wirkung erzielt sie nicht damit, dass sie wirkungsmächtig etwas erschaffen kann, sondern Erschaffenes mit all dem, was mit ihm verbunden ist – Grösse, Schönheit, Würde, Liebe, Wertschätzung –, zunichtemacht.

Ein Kind zeichnet zuerst die Welt (und es liebende Menschen erkennen, wie ernsthaft die Bemühungen sind, die in der Zeichnung stecken, auch wenn auf ihr kaum erkennbar sein mag, was sie darstellen soll) und erschafft sie auf diese Weise gleich noch einmal – Macht zerreisst die Zeichnung und vernichtet alles auf der Stelle: die Zeichnung selbst und den Gehalt, der in ihr steckt. Ein Mädchen ist stolz auf die Zöpfe, die ihm über die Jahre gewachsen sind – Macht schneidet sie mit zwei Schnitten ab und lässt das Mädchen um das, worauf es stolz ist, beraubt zurück. Niemals werden ihm wieder so schöne Zöpfe wachsen. Eine Stadt wächst über die Jahrhunderte; sie ist schön in ihrem Gewachsensein und für Menschen zur Heimat geworden – Macht zerstört sie mittels Bomben in wenigen Minuten. Ein Mensch will sich eine Handlungsweise oder etwas, was ihm wertvoll erscheint, zu eigen machen oder etwas oder jemanden lieben – Macht hindert ihn zum Beispiel mittels Erpressung daran, wenn sie ihn nicht ganz seines Lebens beraubt und somit all seinem Sehnen ein Ende bereitet. Menschen wollen leben und ihr Leben gestalten – Macht löscht Menschen auf der Stelle aus. Auf diese Weise verändert Macht die Welt, und immer mit grossem und endgültigem Erfolg, weil *Zerstören* viel erfolgreicher ist als Erschaffen.

Die grosse Wirkung, welche Macht oft hat, ist dabei nicht einer eigenen grossen Fähigkeit geschuldet, sondern einerseits *dem Wert, den sie zerstört,* und andererseits der *Endgültigkeit,* die einem solchen Zerstörungsprozess eigen ist. Das Kind ist stolz auf seine Zeichnung und wird unendlich traurig sein, wenn sie zerrissen vor ihm liegt (auch zusammengeklebt wird sie weiterhin zerstört sein); das Mädchen wird untröstlich sein, weil es seine Zöpfe auf immer verloren hat; die Stadt und die mit ihr getöteten Menschen werden nie mehr auferstehen; der erpresste Mensch wird um sein eigenes Sein und Sehnen gebracht sein, und am Ende wird er mit seinem Leben das verlieren, was ihm nur für einmal geschenkt worden ist. Der, der ihn tötet, könnte keinen Menschen erschaffen, aber einen Menschen zu töten ist leicht.

Macht macht sich so eine fundamentale *Asymmetrie* der Welt zunutze. Es mag auf der einen Seite unendlich mühsam sein, etwas zu erschaffen. Und etwas, zum Beispiel ein Mensch, mag auf der anderen Seite einmalig sein: Er lebt nur einmal, und die Liebe, die er erweckt, ist genau an ihn gebunden. Dass es Geschaffenes und Ersehntes und Menschen gibt, die schaffen und ersehnen und lieben können, ist grossartig und unergründlich und ungewiss.[10] Geschaffenes zu zerstören ist aber leicht – mit einem kurzen zerstörenden Akt ist dies alles aus der Welt geschafft.

Indem man sich in Bezug auf diesen Tatbestand Rechenschaft gibt, erkennt man einen grundlegenden Wesenszug von Macht. Macht macht geltend, dass sie in ausgezeichnetem Masse dazu fähig ist, in die vorgefundene Welt einzugreifen, ja sie definiert sich eben dadurch, dass sie das (angeblich) kann und besser kann als jene Menschen, die mit unsicherem Erfolg ein solches Ziel anstreben.

Man beginnt, Macht (und wie sie wirkt) in dem Augenblick zu verstehen, da man erfasst, dass sie Schöpferkraft, Phantasie und die Fähigkeit von Menschen, sich Zielen zu widmen und auf ihnen wertvolles Erscheinendes auszurichten, bloss *nachahmt*, in Tat und Wahrheit diese aber nur – zwar auf wirkungsvolle, aber erbärmliche Weise – zu imitieren in der Lage ist. Sie kleidet sich wohl in das Gewand der Schöpferkraft, und der Machtausübende inszeniert sich immerzu als grosser Gestalter,[11] möchte als solcher gefeiert werden und wird als solcher auch leider oft bewundert: Wenn Macht selbst und Machthaber aber nüchtern betrachtet würden, würde ihre Tätigkeit indessen als freche Anmassung von etwas, wozu sie gerade umgekehrt unfähig sind, erkannt.

Macht hat mit Schöpferkraft zugegebenermassen gemeinsam, dass sie die Welt *verändert*. Macht hat mit Schöpferkraft gemeinsam, dass sie, insofern, als das der Fall ist, *Wirkung* erzielt. Deswegen scheint auch sie eine Form von Schöpferkraft darzustellen, ja sie erscheint eigentlich als eine gesteigerte Schöpferkraft, insofern, als sie sogar viel wirkungsvoller und schneller als Schöpferkraft ist.

Allein darin erschöpft sich Schöpferkraft aber nicht. Schöpferkraft und Macht sind nur in einem *formalen* Sinn gleich. Das Wesentliche ist nicht die Tatsache, dass Macht die Welt *ebenfalls* verändert bzw. eine *Wirkung* erzielt, sondern die Erkenntnis dessen, *was* sie erreicht bzw. wie die Welt, nachdem sie gewirkt hat, aussieht. Wesentlich ist mit anderen Worten nicht allein die *formale* Tatsache, dass sie die Welt verändert, sondern der *materielle* Gehalt einer Veränderung.

Es ist eigentlich unglaublich, dass ein so offensichtlicher Befund übersehen wird bzw. die Tatsache, dass Macht eine grosse Wirkung hat, so schnell alle Reflexion ausschaltet, sodass der Befund in den Hintergrund tritt. Das Ergebnis ist dann, dass blosse *Wirkung* als *Gehalt* genommen wird.

Macht erzielt ihre Wirkung im Unterschied zu Schöpferkraft dadurch, dass sie etwas, *was schon vorhanden ist*, zerstört. Und je wunderbarer oder grösser das ist, was sie zerstört, desto machtvoller scheint sie zu sein. Schaffen und Zerstören verändern die Welt in der Tat, und etwas – allenfalls auf der Stelle – zu zerstören ist gewiss wirkungsvoll, aber gehaltlos, weil es allein vernichtet. Schöpferkraft *bereichert* die Welt, Macht dagegen *beraubt* sie und bringt sie um das, worauf sie Zugriff nimmt. So gelangt man zu der Erkenntnis, dass, wenn es nichts gäbe, was man zerstören könnte, Macht gar nicht wirksam werden könnte.

Und auch die Wirkung schliesslich, dass sich Menschen unter sie ducken mögen, erreicht Macht nur, weil Menschen, lange bevor sie in Erscheinung tritt, etwas lieb und von Bedeutung ist und Menschen Angst haben, es zu verlieren. Weil sich das so verhält, wird sie ihr Zerstörungswerk oder ihre Drohungen schnell gegen solche Inhalte richten. Auch auf diese Weise wird sie eine instantane Wirkung erreichen. Dass Menschen etwas über alles gesetzt haben, ist bereits der Fall, wenn sie auf den Plan tritt – also kann man eine unmittelbar starke Wirkung damit erreichen, dass man zerstört, was Menschen etwas bedeutet.

Eine Möglichkeit, so muss man anfügen, sich der beschriebenen Zerstörungskraft von Macht zu entziehen, besteht darin, sein Herz an nichts zu hängen, keine Zeichnung anzufertigen, sich keine Zöpfe wachsen zu lassen, nichts zu ersehnen und nichts vom Leben zu erwarten. So kann einem nichts geraubt werden. Aber so hat die Macht auf eine andere Weise gesiegt: Es gibt nun nichts neben ihr. Alles wird aus vorauseilender Vernunft bzw. Furcht daran gehindert, überhaupt in Erscheinung zu treten.

Führt man diese Gedanken weiter, gelangt man nun aber zu einem überraschenden Befund, in Bezug auf welchen man sich im Allgemeinen zu wenig Rechenschaft gibt: (Das ist deswegen der Fall, weil man unter dem Eindruck der Wirkung von Macht *Wirksamkeit* allein schon als *Gehalt* nimmt.) In ihrem Bestreben, Tatkraft und Erfolg über alles zu stellen, wechselt Macht immerzu schnell das Gebiet, in das sie eingreift. Sie gibt vor, eine Kraft darzustellen, welche alle Herausforderungen der vorgefundenen Welt bewältigen könne. Bei genauerer Betrachtung erweist sich indessen, dass eben das in vielen Fällen gar nicht oder schnell nicht mehr der Fall ist. Dann wendet sie sich einem Tätigkeitsfeld zu, in dem sie sich wenigstens als Macht *inszenieren* kann. So mag sie – sie liebt martialische Rhetorik – «Kriege» ausrufen (etwa den «Krieg gegen die Armut», den «Krieg gegen den Terrorismus», den «Krieg gegen ein Virus»).[12] Recht betrachtet wendet sie sich aber immer bald etwas ganz anderem zu: einem Feldzug gegen all jene Kräfte, welche ihre Bestrebungen in Zweifel ziehen oder gar bestreiten, dass sie je Erfolg haben werde. Ihre Wirkung zieht sie daraus, dass sie allein hierin Erfolg hat: Sie kann Menschen erdrücken – während die Bekämpfung dessen, was sie angeblich im Auge hat, kaum je zu Erfolgen führt (mit dem Ergebnis, dass sie ja auch schnell ihr Interesse daran verliert). Und jene grossen Dinge, von denen sie so gern spricht (etwa die Errichtung einer «Wissensgesellschaft», «Ordnung», eine gerechte Gesellschaft, Gleichberechtigung, Entfaltungschancen für alle), vermag sie erst recht nicht Wirklichkeit werden zu lassen.

Ergreifend (in einem buchstäblichen Sinn) wirkt sie nicht damit, dass sie etwas Grosses in die Wege leiten würde, sondern damit, dass sie sich – wieder – in dem ergeht, was sie besonders gut kann: zerstören. Sie wird nicht tätig, indem sie Herzen gewinnt oder Herausforderungen zu bewältigen sich anschickt, sondern indem sie Schönes und Grosses und am Ende Menschen vernichtet und so

Angst sät. Sie zeigt ihre Tatkraft nicht, indem sie etwas tut, was ausser ihr sonst niemand kann – sodass man sich ihr anschliessen möchte –, sondern indem sie Zugriff auf jene Kräfte nimmt, die ihre Fähigkeit dazu in Zweifel ziehen. *Darin*, und allein darin, hat sie Erfolg. Und nur weil sie darin Erfolg hat, erscheint sie als *Macht*. Sie kann Schreckliches erreichen, dem sich niemand entziehen kann. Der Herausforderung dagegen, der sie sich angeblich widmet, ist sie kaum je gewachsen. Als Macht erweist sie sich vielmehr darin, dass sie Zweifel an ihrer Wirksamkeit zunichtemacht.

Man kann das auch so darstellen: Macht kann nicht anders als zu unterstellen, dass sie *alles* sei – wenn das nicht der Fall wäre, hätte ihre Macht ja Grenzen. Und eine Macht wiederum, die Grenzen hat, wäre jedenfalls jenseits solcher Grenzen machtlos. Das wäre aber eine Schwäche und käme so einer Einschränkung ihres Anspruchs gleich. Das bringt es mit sich, dass sie nicht anerkennen kann, dass es jenseits von ihr etwas geben könnte, auf das sie *keinen* Zugriff hätte. Wenn sich in der vorgefundenen Welt etwas zeigt, das seinerseits, im Zusammenhang mit einer unerwünschten Wirkung, Macht entwickelt, so kann Macht ihrem Selbstverständnis gemäss nur damit reagieren, dass sie sofort die Kontrolle über ein solches autonomes Geschehen zu erringen sucht. Tatsächlich gelingt das aber nicht in jedem Fall, und so steht sie vor der Aufgabe, sich *dennoch* als tatkräftig zu erweisen. Das versucht sie damit zu bewerkstelligen, dass sie das tut, was sie kann. Sie kann vielleicht eine autonome Herausforderung nicht bewältigen, wohl aber Menschen, die sich ihr entgegenstellen oder gar auf eine solche Schwäche hinweisen, aus dem Weg schaffen. Das kann sie gut. Sie kann gut und wirkungsvoll *zerstören*.

Ein nüchterner Blick auf die Wirkungsweise von Macht sollte aber gerade *das* ins Bewusstsein rücken. Trotz aller Einschüchterung und Angst, die Macht erwecken kann, müsste gezeigt werden, dass Macht gegenüber externen Herausforderungen überraschend schnell *machtlos* ist.[13]

Im Hintergrund steht die Tatsache, wie man im Sinn einer Summierung alles Dargestellten sagen könnte, dass Macht wesensgemäss alle Formen von *Autonomie* zuwider sind, und zwar so sehr, dass sie alles daransetzt, Autonomie als Ganzes zu zerstören. Wenn es so etwas wie Autonomie gäbe – Autonomie von einzelnen Personen auf der einen Seite wie Autonomie einer von Macht unabhängigen vorgefundenen Welt auf der anderen Seite –, setzte ein solcher Befund Macht und ihre Bestrebungen je auf der Stelle nicht nur in Zweifel, sondern träte in einen offensichtlichen Widerspruch zu ihr. Macht will ja umgekehrt immer *alles* sein, und nicht nur das: Gemäss ihrem Selbstverständnis *muss* sie ja auch alles sein. Gäbe es andere Gesichtspunkte oder Sichtweisen, die in sich ebenfalls Berechtigung trügen, verlöre sie ihren Absolutheitscharakter. Sie müsste sich dann ja einem Wettbewerb der Auffassungen und Berechtigungen stellen, und sie könnte in einem solchen unterliegen. Dem kann sich Macht nicht aussetzen. Macht, die sich *nicht* durch absolute Berechtigung und absolute Verfügungsgewalt über die Welt auszeichnete, erwiese sich, gemäss der Zweiwertigkeit, die ihr eingeschrieben ist, als *machtlos*. Sie kann nur alles sein oder nichts.[14] Daher muss sie umgekehrt alles daransetzen, jede Möglichkeit von Autonomie zu leugnen, alle Vorstellungen von Autonomie möglichst auszurotten[15] oder Menschen, die ihre Autonomie ins Spiel bringen wollen, mit aller Kraft daran zu hindern, in Erscheinung zu treten. So gibt sie sich (im Grossen) etwa Träumen einer Weltregierung hin, versucht, ihre Bestrebungen mittels einer Berufung auf die «Vernunft» zu rationalisieren und zu rechtfertigen, versucht, allein ihr ergebene Herrschaftsformen[16] durchzusetzen, oder hindert am Ende mittels allerlei Formen von Zensur Menschen daran, sich zu artikulieren. Oder sie tut (im Kleinen) im Rahmen von «Kulturen», die für sich Allgemeingültigkeit beanspruchen, oder im Rahmen von Autoritätsstrukturen, wie sie Schulen oder Familien zeigen, alles dafür, dass sich Menschen gar nicht erst selbst in Besitz nehmen können.

Das mag ihr eine Weile lang gelingen, ja es mag sogar der Fall sein, dass ihre Rechtfertigungen geglaubt werden, weil sie ja oft durchaus plausibel erscheinen mögen[17] – der Autonomie der vorgefundenen empirischen Welt lässt sich die Ausübung ihrer Selbstständigkeit aber nicht gewissermassen per Dekret entziehen, und so findet sich Macht in einer Dauerauseinandersetzung mit Autonomie wieder – und unterliegt in *dieser* am Ende immer, weil ihr Versuch der Absolutsetzung ihrer Massstäbe der Vielfalt der Welt, der Vielfalt der menschlichen Sichtweisen wie der Unmöglichkeit, die vorgefundene empirische, *materielle* Welt endgültig in Besitz zu nehmen, nicht gewachsen ist.

4 Macht in epistemologischer Sicht

Es kann nicht bestritten werden, dass Macht mit ihren Gegnern *faktisch* anstellen kann, was sie will. Sie kann diese ausschalten, diskreditieren, «unschädlich» machen (das heisst bewirken, dass diese sich ihr und ihrer Entfaltung nicht oder nicht mehr in den Weg stellen können)[18] und am Ende um ihr Leben bringen. Darin, in der Zerstörung all dessen, was ihr entgegentritt, ist sie überaus erfolgreich. Es kommt aber noch etwas hinzu, was eigentlich angesichts ihres faktischen Obsiegens über ihre Gegner gar nicht nötig wäre. Sie kann diese de facto entmachten – setzt aber *zusätzlich* alles daran, ihnen das Bewusstsein einzuimpfen, dass all ihr Bestreben hoffnungslos sei, dass es also gar nicht *möglich* sei, sich gegen sie zu wehren, und dass es keinen anderen Ausweg geben kann, als sich ihr zu unterstellen. In ihnen das Erlebnis der Hoffnungslosigkeit zu erwecken ist für sie ebenfalls ein wichtiges Element ihrer Machtausübung. Sich gegen sie zur Wehr zu setzen – so macht sie geltend – ist nicht nur faktisch unmöglich, sondern muss auch grundsätzlich als sinnlos erscheinen, weil sie, wie sie behauptet, flächendeckend und *immer* triumphieren werde.[19] Auf diese Weise macht sie ihre Opfer zum zweiten Mal *wehrlos*: Sie entwertet auch deren Hoffnung darauf, dass es irgendwann einmal anders werde, und versucht so, nicht nur deren inneren Widerstand zu brechen, sondern eine solche Hoffnung als völlig verfehlt, ja krankhaft darzustellen.[20] (Gleichzeitig mag sie sich mittels eines solchen Anspruchs auch die Gefolgschaft jener Menschen sichern, die unter alles daransetzen, gewissermassen auf der «richtigen» und so auf der «sicheren Seite» zu stehen.)

Macht stellt sich dabei so dar (oder glaubt wohl auch wirklich daran, dass das wirklich der Fall sei, bis brüchig wird, was sie geltend macht), als ob nichts weniger als das «Fatum» auf ihrer Seite stehe oder sie erkannt habe, was *an sich* richtig oder geboten sei, oder was sie behauptet jedenfalls mindestens tausend, wenn nicht Tausende von Jahren gelten werde,[21] oder endlich gar die «Ordnung», die sie der Welt aufzwingt, nichts anderes repräsentiere als die «Ordnung an sich».[22] Und ihre aktuellen Erfolge scheinen solche Geltungsansprüche ja zu bestätigen.[23]

Opfern von Macht scheinen unter diesen Umständen kaum noch Auswege offen zu bleiben. In ihrer Ohnmacht mögen sie allenfalls entgegen aller Wahrscheinlichkeit in vielfältiger Weise immer noch hoffen, dass Macht bzw. Machtausübung ein Ende finde. An vorderster Stelle steht dabei vielleicht der fromme, freilich hilflose Wunsch, Macht werde selbst *einsehen,* dass sie einen falschen Wege eingeschlagen habe, oder sie werde gar selbst erkennen, dass sie in wachsendem Masse verbrecherische Züge annehme. Dabei handelt es sich allerdings um eine Hoffnung, die kaum je erfüllt wird, weil sich Macht eben dadurch auszeichnet, dass sie zu Einsichten in ihr Tun – zu denen sich Menschen im Alltag ja dauernd durch die vorgefundenen Umstände gezwungen sehen – nicht befähigt (und auch nicht gewillt) ist: Sie verliert ja eben den Zugang zu der Erkenntnis, dass auch andere als ihre Ziele berechtigt sein könnten oder dürften. Auch wenn literarische Darstellungen davon, wie schnell scheinbar berechtigte Formen von Machtausübungen in offenen Machtmissbrauch übergehen, wie sie seit der Antike bekannt sind,[24] nicht abreissen und zum Kulturgut gehören, haben diese auf Macht selbst keine Wirkung. Sie mögen zwar zeigen, was für einen Weg Macht einschlägt, werden aber natürlich von Macht bzw. Machthabern nicht zur Kenntnis genommen, sondern höchstens von ihren Opfern als je ausgezeichnete Schilderungen jener Abläufe, über die schrankenlose, ihrer selbst nicht bewusste Macht in Machtmissbrauch münden muss, wahrgenommen.[25] Faktisch mag es etwa in Grosskonzernen der Wirtschaft – trotz ihrer beharrlichen Berufung darauf, dass sie sich angeblich ausschliesslich an ökonomischer Vernunft ausrichte, erweist sie sich in Wirklichkeit bekanntlich ebenfalls als machtgesteuert – zu Machtkämpfen kommen, die damit enden, dass ein Machthaber entmachtet wird: Ausgewechselt wird dann aber nicht das Leitprinzip – Machtausübung –, sondern eine Person; und auch der neue «starke Mann» mag dann später wieder einem analogen Machtkampf zum Opfer fallen.

Opfer von Macht mögen endlich hoffen, dass irgendwie Gerechtigkeit siege, entweder dadurch, dass jemand aufstehe und der Macht entgegentrete – auch solche Hoffnungen sind freilich eher literarisch, religiös oder durch Filme geprägt als durch die tatsächliche geschichtliche Erfahrung – oder diese durch streng auf Recht und Verfassung ausgerichtete Gerichte in die Schranken gewiesen werde. Das ist aber oft deswegen nicht der Fall, weil Macht ja auch jene Instanzen unterwandert oder einschüchtert, die eine solche Gegenmassnahme ergreifen könnten, und auf diese Weise nicht nur uneingeschränkt ihre Herrschaft immer weiter missbraucht, sondern am Ende alles Vertrauen darauf, dass es etwas anderes als Machtmissbrauch geben könne, zerstört. Macht zeichnet sich ja, wie gesagt, dadurch aus, dass es für sie als Prinzip des Lebens nur Macht allein zu geben scheint. Macht fällt höchstens hin und wieder dem Umstand zum Opfer, dass sie in diesem Zusammenhang – weil sie keine Grenzen anerkennen kann – gewissermassen den Bogen überspannt, sich immer weitere Bereiche des Lebens unterwerfen will und am Ende daran scheitert, dass sie das, was sie ergreift, nicht mehr bewältigen kann.[26] Und hin und wieder fallen einzelne Machthaber tatsächlich Instanzen in die Hände, die sie für ihre Verfehlungen und Verbrechen zur Verantwortung ziehen und sie wegen ihres Machtmissbrauchs verurteilen.[27] Schliesslich ist es auch möglich, dass sich Einzelne nicht von Macht korrumpieren oder brechen lassen oder deren Schwächen durchschauen – und es überhaupt *wagen,* solche Schwächen zu erkennen, was im Banne von Macht Erzogenen freilich kaum je glückt.[28]

Immer aber mag man darauf vertrauen, dass Macht ein biologisches Ende finden werde. Herausragende Machthaber werden eines Tages alt werden und dem Tod anheimfallen, und Machtgebilde, wie sie sie geschaffen haben, mögen dann früher oder später zerfallen, weil diese allein auf sie ausgerichtet gewesen sind und sich allenfalls ihre Nachfolger zerstreiten – Machtgebilde entwickeln ja kaum stabile Strukturen, weil sie sich im Allgemeinen nicht um Inhalte gruppieren, sondern um Personen – oder mit dem Tod des Machthabers[29] alles ein Ende findet (mit der Einschränkung, dass sich im Rahmen einer nichts anderes als Machtmissbrauch kennenden Bevölkerung alsbald neue Machthaber aufbauen mögen). Hin und wieder mag es endlich zu einer *Revolution* kommen, in deren Verlauf ein Machthaber besiegt wird. Dabei stösst *eine* Macht auf eine ihr überlegene Gegenmacht – auch wenn es eine Zeit lang so aussehen mag, dass sich nun alles zum Guten wende, ist dabei natürlich ebenfalls nicht ausgemacht, dass nun eine andere als eine auf Macht ausgerichtete Ordnung der Dinge etabliert wird.[30]

Gemeinsam ist solchen Reaktionen auf Macht und Machtmissbrauch, dass sie gewissermassen *faktischer* Natur sind. Eine bestimmte Macht findet mit dem Tod des Machthabers faktisch ein Ende. Oder sie kann immer weniger faktische Erfolge vorzeigen und versucht, diese Tatsache durch gesteigerte Unterdrückung jener Menschen, die darauf hinweisen, zu kompensieren, scheitert aber mit einem solchen Versuch zum Schluss.

Freilich gehen solche Vorstellungen – und Hoffnungen – immer von einem eingeschränkten Bild von Macht und Machtmissbrauch von bekannten Diktatoren – Hitler, Stalin, Mussolini – aus. In vielfältiger Weise ist Macht aber auch mit anonymen Institutionen verbunden, die einerseits weitgehend hinter den Kulissen agieren und andererseits immer von einer Vielzahl von Menschen getragen werden. Sie wird ausgeübt von politischen und wirtschaftlichen Interessengruppen, (alternden) Millionären, die vorgeben, eine endgültige Verbesserung der Welt in die Wege leiten zu wollen, von Massenmedien und Instanzen, welche die freie Meinungsbildung verhindern wollen, und von Theologie, Ideologien und «Kulturen», die beanspruchen, letzte Erkenntnis in Bezug auf die Welt zu besitzen. Und dazu treten dann im Kleinen alle jene Chefs, Professoren, Professorinnen, Lehrer und Lehrerinnen und endlich Eltern, die sich anmassen, über andere Menschen bestimmen zu dürfen.

Welche Gestalt Macht und Machtausübung aber auch annehmen und was auch immer ihre Versprechungen sein mögen – sie gehen, so machtvoll sie sich auch gebärden, grundsätzlich in die Irre.

In Tat und Wahrheit stellt sich bei genauer Betrachtung heraus, dass Macht aus *epistemologischen* Gründen (zumindest auf die Länge) gar nicht funktionieren *kann.* Macht kann gar nicht wirklich endgültig zum Erfolg kommen: nicht deswegen, weil sie von «bösen», machtgierigen, ja letztlich schwachen Menschen angestrebt und ausgeübt wird oder das Ergebnis von Einflussversuchen von Interessengruppen, die ihre Sicht der Dinge endgültig etablieren wollen, darstellt, sondern *weil Macht in einem grundsätzlich verfehlten Verhältnis zur vorgefundenen Welt steht, die sie ordnen will, und der Tatsache nicht Rechnung trägt, dass das Erkennen der Welt durch den Menschen immer fragwürdig bleiben muss, weil es nicht anders als unvollständig sein kann.* So wie es in der empirischen vorgefundenen Welt[31] keine endgültige «Ordnung» geben kann, sondern nur eine Ordnung hinsichtlich gewisser Vorannahmen, kann es auch keine endgültige, vollständige Auffassung der vorgefundenen empirischen Welt geben. Alles Auffassen der vorgefundenen Welt kann grundsätzlich nur über Vorannahmen dessen, was bedeutungsvoll ist, erfolgen. Unter allen Umständen stellt es also eine *Interpretation* des Vorgefundenen, nicht das Vorgefundene an sich dar. Damit sind offensichtlich zwei Schwierigkeiten verbunden: Solche Vorannahmen müssten begründet sein – aber wie sollen sie begründet werden, wenn man das Ganze, aus dem sich eine solche Begründung herleiten würde, gar nicht kennt? –, und selbst dann, *wenn* sie gut begründet werden könnten (was sie im Falle von Machtausübungen ja nicht sind), können sie nicht *vollständig* sein; mit dem Ergebnis, dass sie sich am Ende erschöpfen müssen.

Ein Blick auf das Vorgehen der empirischen Wissenschaften (soweit diese nicht selbst in den Bann von Machtausübung kommen) zeigt, wie schwierig es ist, mit der vorgefundenen Welt in Beziehung zu treten. Es kann keine Rede davon sein, dass Naturwissenschaftler (mittels einer besonderen Fähigkeit, die angeblich nur ihnen eigen sei) in die Welt blickten und dort Richtiges finden könnten, geschweige denn, dass sie irgendwie, indem sie «logisch» vorgehen würden, Zugang zu Ewig-Richtigem hätten, wie eine verfehlte Auffassung ihres Tuns geltend machen würde.[32] (Einem solchen Vorgehen fehlt die sichere Begründung – auch dass etwas jetzt gerade «funktioniert», kann nicht irgendwie grundsätzliche Richtigkeit beweisen.)[33] Vielmehr stellen die Naturwissenschaften erstens *Hypothesen* in Bezug darauf auf, was der Fall sein könnte, und *überprüfen* diese Hypothesen zweitens in der Folge an der vorgefundenen Welt. Das Ergebnis einer solchen Überprüfung besteht – entgegen dem, was sich viele Menschen unter empirischen Wissenschaften und ihrem induktiven Vorgehen vorstellen – paradoxerweise darin, dass Erfolg nicht Gewissheit und kein sicheres Wissen erzeugt, sondern allein ein Ergebnis darstellt, das man *auf Zusehen hin* gelten lassen kann. Gewissheit und Wissen bietet paradoxerweise allein Scheitern: Wenn sich erweist, dass sich eine untersuchte Hypothese nicht beweisen lässt, weiss man, dass sie in die Irre geht. Festes Wissen liefert also nur Scheitern – Erfolge dagegen können nicht mit Gewissheit als an sich bestehend erklärt werden. Und sie werden dann ja auch in der Folge immer wieder dadurch über den Haufen geworfen, dass neue Hypothesen zu besseren (aber wiederum nicht gewissen) Erfolgen führen.

Wer in die vorgefundene Welt blickt, blickt in einen nicht zu Ende begehbaren *Möglichkeitsraum* und kann in Bezug auf diesen immer nur auf Zusehen hin geltende Einzelerkenntnisse gewinnen; ohne eine Möglichkeit bestimmen zu können, was er erreicht hat, und wie das, was er zu erreichen gemeint hat, zu der Fülle des von ihm nicht Erkannten steht. Im Grunde nimmt sogar die Suche nach Einzelerkenntnissen nicht auf, dass sie einem *Raum* gegenübersteht. Was auch immer sie erreichen mag – dabei handelt es sich immer nur um *Schneisen* in diesen Raum hinein, unter anderem auch mit dem Ergebnis, dass sie schon einfachen systemischen Herausforderungen nicht gewachsen ist.[34] Und weil sich das so verhält, kann keine Einzelerkenntnis den Anspruch erheben, alles zu erfassen – sie wird sich an der Vielfalt der vorgefundenen Welt brechen und am Ende nicht mehr genügen.

Naturwissenschaften können das erkennen und mögen sich (wenn man von den Machtstrukturen absieht, die sie ebenfalls bestimmen) auf den Weg begeben, immer weiter zu ergründen, was der Fall ist. *Macht* dagegen hat kein Erkenntnisinteresse: Sie bleibt bei dem stehen, was sie glaubt, erkannt zu haben, und mag damit eine Weile lang Erfolg haben. Sie mag darin erfolgreich sein, dass ihr nichts widerspricht, und eben deswegen meinen, sie sei allen anderen Zugängen zur Welt überlegen. Aber es ist eben diese Art von Erfolg, welche auf die Länge ihren Untergang besiegelt. Sie mag Willfährigkeit erzeugen können oder Instrumente schaffen, aufgrund derer störende Erfahrungen entweder nicht an die Öffentlichkeit kommen können oder gar – etwa durch die Behinderung von Forschung – nicht mehr gemacht werden können, und so die Welt ihrer Sicht der Dinge ganz unterworfen wird. So ist sie aber von vielleicht nötigen Korrekturen ihrer Sehweise abgeschnitten und kann nichts «dazulernen». Ihre Sehweise der Dinge löst sich so von der vorgefundenen Welt ab: Zu der Welt, die sie angeblich begreift oder auf die sie Einfluss nehmen will, verliert sie mehr und mehr den Kontakt, weil, mit einer bekannten Formulierung von Christian Morgenstern, «nicht sein kann, was nicht sein darf»[35]; mit dem Ergebnis, dass sie immer weniger versteht, was der Fall ist. *Sie kann unterdrücken, aber nicht (mehr) erkennen. Und so wird sie am Ende mit Notwendigkeit an ihrer Weise, der vorgefundenen Welt zu begegnen, scheitern.* Was immer sie, mit ihren Methoden, leugnet, besteht ja immer weiter. Und je erfolgreicher sie sich darin vorkommen mag zu unterdrücken, was ihr nicht frommt, desto mehr entfernt sie sich davon – und bewegt sich so in Scheitern hinein. Aus der Tatsache, dass Macht faktisch eine Zeit lang Erfolg haben mag, folgt nichts: Auch sie hat keinen privilegierten Zugang zum Möglichkeitsraum der vorgefundenen Welt, mit dem Ergebnis, dass sie an diesem und dessen Vielfalt am Ende scheitern muss.

Die Wurzel aller beschriebenen Erscheinungen – die Wurzel des Anspruchs der Macht, als einzige zu erkennen, was der Fall sein muss; die Wurzel der Tatsache, dass Macht mit ihren Einschüchterungen am Ende Erfolg haben mag; die Wurzel endlich der Bereitschaft vieler Menschen, jenen zu folgen, die vorgeben, einen einzigartigen Zugang zur Wahrheit *an sich* zu haben – liegt in ihrem Bezug zu einem nie überwundenen, trivial gewordenen Platonismus (sowie allenfalls der Verfallenheit an das religiöse Bild eines allwissenden Gottes). Nach ihm gibt es eine einzige Ordnung der Dinge, der man in der einen oder anderen Form nahekommen oder die man gar zu erreichen können meinen kann. Wie auch immer – man mag sich jetzt noch irren, am Ende mag man dann die vom Platonismus versprochene endgültige Ordnung der Dinge erreichen. Ohne die Überzeugung, dass es einen solche Hintergrundordnung gebe, würde der Anspruch der Macht, allein einen richtigen Weg zu beschreiten und das Recht dazu haben, alles, was ihr widerspricht oder sich ihr entgegenstellt, aus dem Wege zu räumen, nicht so erfolgreich wirken, wie das der Fall ist: Ohne die Vorstellung, dass es eine Einsicht in eine unverrückbare Ordnung der Dinge gebe, fiele ihr Anspruch in sich zusammen, weil er sich ohne eine solche als ganz und gar willkürlich entpuppen würde.

In welchem Masse das Gesagte der Fall ist, zeigt sich in der Moderne in nichts so gut wie im Bild von «Experten» bzw. von den Naturwissenschaften als Ganzen, das sich in vielen Köpfen etabliert hat bzw. als geltend akzeptiert worden ist. Wenn etwa im Zusammenhang mit der Coronavirus-Krise gefordert wurde, dass man «der Wissenschaft» folgen müsse, so liegt einer solchen Forderung nicht nur eine fundamentale Verkennung dessen, was empirische Wissenschaften leisten, sondern vor allem auch ein verfehltes Bild dessen, welchen Charakter die vorgefundene Welt hat, die Gegenstand der Naturwissenschaften ist, zugrunde. Moderne Naturwissenschaften zeichnen sich eben dadurch aus, *nicht* den Anspruch zu erheben, zu sicheren Wahrheiten vorzustossen – so sehr das auch manchmal Naturwissenschaftler, die nicht verstanden haben, was sie tun, selbst meinen mögen –, sondern allein dadurch, zu Ergebnissen zu führen, die allenfalls immer nur vorläufigen Charakter haben und immer weiter überprüft, in Zweifel gesetzt und kritisiert werden müssen und dann allenfalls durch bessere Ergebnisse überwunden werden können.[36] Der Zugang zu einem ewig richtigen Verständnis der Welt ist dem modernen Menschen endgültig verwehrt. (Aus den angeführten Gründen folgt im Übrigen auch, dass es im Rahmen der Naturwissenschaften auch keine Einrichtung wie jene von «Fakten-Checkern» geben kann: Naturwissenschaften ergründen nicht Fakten, sondern entwickeln Interpretationen, die allenfalls auf Zusehen hin akzeptiert werden können. Und Ergebnisse, die diesen widersprechen, müssen, der Motivation von «Fakten-Checkern» gerade entgegengesetzt, daraufhin untersucht werden, ob aus ihnen nicht hervorgehe, dass Theorien, die bisher akzeptiert worden sind, verbessert werden müssten, statt dass man sie unglaubhaft machte oder leugnete.)[37]

Wissenschaft selbst und dann eben Macht und die Bereitschaft zu absoluter Gefolgschaft mögen den Anschein erwecken, zu ewiger (quasireligiöser) Einsicht und Ergebung in die Welt Zugang zu schaffen, zu Einsichten also, die von «Fakten», nicht Meinungen, dominiert zu sein scheinen. Aber eine solche Einsicht – wie man nie genug wiederholen kann – gibt es nicht. Der moderne Mensch muss sich der Welt überlegt und am Ende verantwortlich nähern. Weder Wissenschaft noch Macht können ihm diese Aufgabe abnehmen. Er muss sich auf den Weg dazu machen (und anerkennen, dass dieser Weg kein endgültiges Ziel haben kann), etwas von der vorgefundenen Welt zu verstehen und auf der Basis einer sorgfältigen Erkenntnis zu handeln – immer im Bewusstsein, nicht aus Gewissheit schöpfen zu können.

So gesehen machen Macht und Machtmissbrauch nicht nur Menschen zu Opfern, sondern bedienen gleichzeitig die Bereitschaft von Menschen, die Verantwortung für ihr Leben auszulagern, und zwar an Menschen, die unterstellen, einen einzigartigen Zugang zu Wahrheit zu besitzen, beziehungsweise an sogenannte Tatsachen, die angeblich an sich gelten.[38]

Indem man noch einmal den oben ins Spiel gebrachten Begriff des *Möglichkeitsraumes* aufgreift, kann man diese Gedanken ausweiten. Insofern, als der Mensch, die vorgefundene Welt erforschend, dieser nur begegnen kann, indem er in Bezug auf sie Hypothesen entwickelt und dann überprüft, was diese, gegen die vorgefundene Welt gehalten, wert sind, nimmt er gegenüber der vorgefundenen Welt im Grunde eine schwache Stellung ein (das darf bei allen Erfolgen, die er errungen haben mag, nicht vergessen werden): Es ist grundsätzlich schwierig, Resultate, die «gültig» erscheinen (wenigstens für eine Weile), zu gewinnen, und Gewissheit ist trotz allem Bemühen angesichts der epistemologischen Stellung, die der Mensch gegenüber der vorgefundenen empirischen Welt einnimmt, nie zu erreichen.[39] In einem solchen Zugang versteckt sich nun aber nicht nur eine einzige, sondern in Tat und Wahrheit *zwei* Schwierigkeiten. Zu den beschriebenen methodischen Herausforderungen, welche ein solches Vorgehen stellt, tritt nämlich *die ganz andere Frage* hinzu, wie man Sicherheit darüber gewinne, dass man gewissermassen *gehaltreich* oder *sinnvoll* suche. Auch welche Hypothesen man untersuchen *soll*, kann man ja nicht mit Gewissheit bestimmen. Und selbst wenn man zu Resultaten kommen mag, die auf Zusehen hin gelten und so wertvoll zu sein scheinen, kann man ja nicht sicher sein, ob es nicht viel interessantere oder gehaltreichere Zugänge zur vorgefundenen Welt gäbe als die, die man gewählt hat. Im Bann des Faktischen vergisst man leicht, dass auch andere Möglichkeiten bestehen könnten. Man hat es mit der vorgefundenen Welt, wie oben dargestellt worden ist, in Wirklichkeit mit einem Möglichkeits*raum* zu tun: In Bezug auf einen *Raum* kann man immer nur eine einzige bestimmte Richtung einschlagen. Ein ganzer Raum öffnete sich aber für unendlich weitere Wege.[40]

Einen solchen Befund kann auch die Bezeichnung «exakte Wissenschaft», mit der sich die modernen Naturwissenschaften so gern von den nichtexakten Geisteswissenschaften abheben, recht bedacht, nicht verschleiern. Dass – zunächst – die Naturwissenschaften «exakt» sein mögen, sagt gar nichts über die *Qualität* der Erkenntnis, die sie gewinnen mögen, aus. Eine solche Beschreibung hat ja allein einen *formalen* Gehalt: Mit ihr wird ausgesagt, dass die Naturwissenschaften im Unterschied zu blossem Meinen oder blosser Wahrsagerei *methodisch* vorgehen – «exakt» würde aber natürlich auch jemand vorgehen, der genau nach den Regeln der Addition irrige Werte zu anderen irrigen Werten zusammenzählen würde. Methodisch geht vor, wer eine (wie auch immer gewählte) Hypothese nach gewissen anerkannten Formen systematisch untersucht. Dass die gewählte Hypothese selbst sinnvoll ist, kann das systematische Vorgehen aber selbst nicht garantieren. Vor allem aber kann man, wie man weiter bedenken muss, einen Möglichkeitsraum nicht «exakt» erschliessen, weil eine solche Kategorie in einem solchen keinen Bezugspunkt hat. Ein Möglichkeitsraum könnte höchstens *ganz* ausgemessen werden (wenn er nicht am Ende unendlich weit wäre) – solange man ihn nicht ganz erfasst hätte, hätte aber die Behauptung, man habe ihn «exakt» erfasst, keinen Sinn. Und wie könnte man mit Sicherheit wissen, alle Möglichkeiten und alle Wege in einem solchen ergründet zu haben?

Auch auf diese Herausforderung gibt jener Hintergrundplatonismus, der bei aller unterstellten Offenheit im Verborgenen auch das Denken der Moderne prägt, keine Antwort, weil er die ihr zugrunde liegende Fragestellung gar nicht erfassen kann. Ihm zufolge kann es eine Untersuchung, die in Unsicherheit bzw. eine Offenheit, die Unsicherheit begründete, führen würde, gar nicht geben, weil er ja immer unterstellt, dass die vorgefundene Welt im Hintergrund fest und abgeschlossen ist.

Heruntergebrochen nun auf die Behauptung von Macht, den *einen, einzig richtigen* Weg einzuschlagen und so mit Sicherheit Erfolg zu gewinnen, muss man Folgendes anfügen: Wie oben festgestellt worden ist, kann es aus epistemologischen Gründen erstens im Kleinen keine (Einzel-)Erkenntnis in Bezug auf die vorgefundene Welt geben, die gewiss wäre. Zweitens kann ebenfalls aus epistemologischen Gründen im Grossen nun nicht mit Gewissheit begründet werden, dass ein bestimmter eingeschlagener Weg der richtige Weg in den Möglichkeitsraum der vorgefundenen Welt darstelle (ganz abgesehen von der Behauptung, in Bezug auf diesen dann zu wissen, wie er zu bewältigen sei).

Wenn Macht nun versucht, ihre Gegner wehrlos und hoffnungslos zu machen, indem sie vorgibt, allein zu wissen, was in der vorgefundenen Welt von Bedeutung sei und was nicht bzw. wie man die vorgefundene Welt ordnen müsse, so unterstellt sie, genau betrachtet, zwei Dinge bzw. macht ihre Opfer auf zwei Weisen wehrlos. Nicht nur behauptet sie erstens, allen Einsichten in die Natur des menschlichen Zugangs zur vorgefundenen Welt widersprechend, dass sie endgültig wisse, was richtig sei, mit dem Ergebnis, dass aller Widerstand gegen sie zwecklos sei. Sie unterstellt zweitens gleichzeitig, dass das, worauf sie ihr Handeln ausrichte, den einzigen *Gegenstand* darstelle, der überhaupt von Bedeutung sei. Andere Sichtweisen, andere Weltzugänge, andere Wertsetzungen seien nicht irgendwie nur weniger geeignet, ein Ziel zu erreichen, sondern seien gar nicht *möglich*, und weil sie nicht möglich seien, müssten, wie es scheint, diejenigen Menschen, die sie vertreten, an sich irre gemacht und aus dem Spiel genommen werden.

So macht Macht dann etwa im Grossen geltend, dass für das Vaterland zu sterben ehrenvoll und süss sei, dass das Heimatland «mehr Raum» brauche, sie behauptet, mit religiöser Verbrämung, dass Frauen ihren Männern untergeordnet sein müssten, dass es keinen Ausweg aus Globalisierung, Digitalisierung und Privatisierung gebe und dass Kunst, Kultur und Mitmenschlichkeit den «Tatsachen» der naturwissenschaftlichen Welt nachgeordnet sein müssten und eben, am Ende, das Grundprinzip der Welt Macht sei und so alles Macht sein *müsse*. Den Beweis dafür, dass das der Fall sein müsse, bleibt sie aber schuldig, und sie könnte ihn ja nie erbringen, weil er grundsätzlich nicht zu führen ist. Sie behilft sich dabei stattdessen mit nackter Machtausübung, mit wirklicher oder manipulierter Zustimmung der Massen (oder Massenmedien), mit religiösen Rechtfertigungen, mit der Anlehnung an eine nicht verstandene Naturwissenschaft und schliesslich, im Kleinen, mit jener Machtausübung, die Höhergestellte über Tiefergestellte haben. Unterstützt wird sie dabei von der Masse jener Menschen, die, ausgestattet mit wenig Phantasie und wenig Selbstbewusstsein oder ganz einfach als Abhängige, nicht zu erfassen in der Lage sind, wie umfassend der Möglichkeitsraum ist, der sich vor dem Menschen auftut.

Auf diese Weise setzt Macht ihr Zerstörungswerk fort: indem sie neuartige Zugänge zur vorgefundenen Welt und neuartige Sichtweisen verhindert und versucht, den Möglichkeitsraum, der sich dem Menschen eröffnet, und die Vielfalt der Welt, die in ihm Gestalt annimmt, auf jene kleinen Gedanken, die sie allein zu fassen in der Lage ist, zu reduzieren. Wäre sie so grossartig, wie sie sich auffasst, müsste ja umgekehrt die Vielfalt des Möglichkeitsraum ihr Bezugspunkt sein.

5 Charakter von Fragestellungen

Wie gezeigt worden ist, kann Macht, entgegen dem, was sie für einen Eindruck von sich zu erwecken versucht bzw. selbst zu leisten meint, in einem gewissen Bereich – im Rahmen empirischer, *materieller* Fragestellungen – nicht wirklich zum Erfolg kommen. Die vorgefundene empirische Welt kann vom Menschen aus prinzipiellen Gründen nicht zu Ende erschlossen werden, sondern höchstens nach und nach ergründet werden, ohne dass er doch je endgültige Ergebnisse erwerben könnte, nicht zuletzt deswegen, weil sie unter immer neuen Aspekten aufgefasst werden kann. Macht bricht sich also an der empirischen Welt. Und eine Folge dieser Tatsache ist, dass Macht, so wie sie zum Erfolg kommen will, notwendigerweise zu Ohnmacht und Unfähigkeit führt, so siegessicher sie sich auch jetzt gebärde.[41]

Im Nachgang zu solchen Überlegungen kommt man zu dem Ergebnis, dass Macht auch in vielen anderen Bereichen die Welt nicht in den «Griff» bekommen kann. Sobald das Wort «Macht» ausgesprochen ist, scheint nur noch ein quantitatives Problem im Raume zu stehen: die Frage, wie schnell oder wie umfassend Macht Erfolg haben werde,[42] und sie behauptet überdies immer, einen perfekten Zustand oder eine endgültige Lösung erreichen zu können. Dass es aber auch Fragestellungen geben könnte, die sich dem Zugriff von Macht entziehen könnten, weil es für sie keine endgültige Lösung geben *kann*, ist nie Gegenstand einer Erwägung. (Macht unterstellt also auf der Stelle, dass sie – eben, weil sie Macht sei – auch wirklich erreichen könne, was sie sich zum Ziele setze.[43]) Dabei spielt auch ein nie überwundener Hintergrundplatonismus eine Rolle: die undifferenzierte Vorstellung, dass erstens alle Fragestellungen erschöpfend bewältigt werden könnten und es zweitens für sie *eine* Lösung gebe, wenn sie nur richtig erschlossen seien. (Wie man erkennt, erweist sich Macht damit auf seltsame Weise mit der Vorstellung der Perfektion verbandelt.)

Will man ergründen, was wirklich – also jenseits von Unterstellungen – der Fall ist, muss man aber gerade den umgekehrten Weg einschlagen. Man muss fragen: Was für Fragestellungen und Herausforderungen ist der Mensch ausgesetzt, und welchen Charakter haben diese? Das wiederum mag zu der Erkenntnis führen, was ihm dabei helfen könnte, sie allenfalls zu meistern. Darin eingeschlossen muss aber auch die Möglichkeit sein, dass er in Bezug auf gewisse Fragestellungen und Herausforderungen keine letzte Sicherheit gewinnen kann oder sie überhaupt *nicht* bewältigen kann.[44]

Indem man mit Hinweisen auf triviale Beispiele beginnt, mag man zeigen können, inwiefern das der Fall ist. Gewiss lösbar sind für Macht alle Probleme, die in der einen oder anderen Form in *Definitionen* oder Festsetzungen oder Forderungen münden. Definitionen können *irgendwie* festgesetzt werden. Als jene Akte der Willkür, die sie darstellen, können sie ohne weitere Bezugnahme oder weiteres Verständnis vorgenommen werden und dann allenfalls Gegenstand von Vorschriften oder «Sprachregelungen» werden.[45] Und von Gläubigen mag zum Beispiel gefordert werden, Gott als gross und gütig anzuerkennen, auch wenn sie daran selbst Zweifel haben – sie können durch Macht dazu gezwungen werden, eine solche Zuschreibung vorzunehmen. Etwas Ähnliches ist auch im Zusammenhang mit Selbstzuschreibungen von Machthabern der Fall.[46] Menschen mögen gezwungen werden, Fähnchen schwenkend ihrem «grossen Führer» zu huldigen, unabhängig davon, ob sie ihn auch wirklich als gross anerkennen würden. Und Arbeitnehmer mögen mittels der Drohung, ihre Stellung zu verlieren, dazu gezwungen werden, eine Massnahme als wirkungsvoll darzustellen oder sich ihr gar selbst zu unterziehen, obwohl sie entweder sicher wissen, dass eine solche Behauptung nicht zutrifft, oder nicht sicher wissen, ob sie zutrifft.

Das Gesagte gilt freilich nicht für Definitionen, die in sich selbst widersprüchlich sind – Macht bricht sich hier an den *formalen* Regeln der Logik.[47] Umgekehrt kann Macht auch *formale* Fragestellungen, von denen man beweisen kann, dass sie nicht lösbar sind, nicht lösen.[48]

Zwischen solche Extreme schiebt sich nun ein Typ von Fragestellungen, die sich dadurch auszeichnen, dass die Diskussion um sie zwar mit den Mitteln von Macht autoritativ zu einem Ende gebracht werden kann,[49] sie als Fragestellungen aber grundsätzlich nicht lösbar sind (was etwas ganz anderes ist). Im Mittelpunkt solcher Fragestellungen stehen *Wertungen* – Bewertungen also, die auf der einen Seite nicht irgendwie mit Gewissheit vorgenommen werden können, auf der anderen Seite aber vorgenommen werden *müssen*, weil ohne sie Entscheide nicht getroffen werden können. Im Alltag werden solche Herausforderungen bekanntlich schnell lächerlich gemacht, indem man etwa geltend macht, dass mit ihnen bloss immer fragliche «Gefühle» oder «Intuitionen» ins Spiel kämen. Ein solches Urteil geht freilich insofern am Problem vorbei, als es gar nicht zur Kenntnis nimmt oder zur Kenntnis nehmen will, dass Wertungen nicht allein in Formen der Wertschätzungen eine wichtige Rolle spielen,[50] sondern auch im Rahmen dieses Typs von Fragestellungen unumgänglich sind. So mündet generelle Abwertung von Irrationalität in die Weigerung, die Welt so aufzunehmen, wie sie sich dem Menschen darbietet – die vorgefundene Welt kann nun einmal mit «Vernunft» allein (oder was man als solche bezeichnet)[51] nicht erschlossen werden. Das eine mögen dabei etwa Urteile über die Schönheit von Kunstwerken sein, das andere stellen dann aber Fragestellungen dar, die nicht in eine Lösung münden können, die man gewissermassen nach Schülerart doppelt unterstreichen kann, weil sie das Ergebnis eines unfehlbaren Rechenprozesses darstellen, sondern die in nicht mehr als einer Abwägung ohne Verankerung in einem irgendwie angeblich Richtigen bestehen können.[52]

Drei Standardbeispiele – sie haben die Form von Gedankenexperimenten – sollen zunächst darstellen, was in solchen Fragestellungen ins Spiel kommt.

Als Erstes mag das Beerensuchproblem besprochen werden:[53] Wer in einem unbekannten Gebiet (über das er keine Übersicht hat, sondern von dem er nur weiss, dass sich in ihm tatsächlich Beeren finden) seltene Beeren suchen geht, steht vor dem folgenden Problem: Solange er *keine* Beeren findet, ist klar, wie er sich verhalten muss: Er wird weitersuchen, bis er Beeren findet. Wenn er an einem bestimmten Ort dann auf welche stösst, mag er sie einsammeln. Er kann aber *nicht mit Gewissheit wissen*, ob er nicht an einer weiteren Stelle viel mehr Beeren (und saftigere dazu) finden könnte und, statt Zeit damit zu verlieren, eine möglicherweise magere Ausbeute einzusammeln, nicht besser weitersuchen sollte. Aus der Tatsache, dass er an einem bestimmten Fundort Beeren findet, kann er kein Kriterium entwickeln, das ihm sagen würde, wie er sich nun verhalten sollte: Er mag auf den Ertrag seines Suchens blicken und ihn beachtlich finden, aber er kann aus der Menge seines Ertrages nicht schliessen, dass es nicht irgendwo mehr, grössere und reifere Beeren geben könnte. Er könnte dann weitersuchen – und dann sogar eine riesige Menge von Beeren ernten. Es könnte aber auch der Fall sein, dass er, weiter suchend, nichts mehr fände und so am Ende des Tages bereuen müsste, nicht die früher gefundenen Beeren eingesammelt zu haben, und dann mit leeren Händen heimkehren müsste. Was er tun soll, kann ihm nur eine notwendigerweise ungewiss bleibende Entscheidung sagen; immer mit der Gefahr, dass er sich irrt. Das Beerensuchproblem ist mit anderen Worten unlösbar, wenn man unter einer Lösung eine endgültige, nicht bezweifelbare Lösung versteht.[54] Ein Mensch kann zwar beschliessen, nicht weiterzusuchen – das ist immer möglich –, mit seinem Beschluss wird er aber allein Unwissen durch Willkür ersetzen können (oder als Machthaber Willkür befehlen).

Zweites Beispiel: Wer vor der Aufgabe steht, ein System einzurichten, in dem je eine Eigenschaft eine je andere gegenteilige stört oder ausschliesst und umgekehrt, kann keine endgültig richtige Einstellung wählen.[55] Einen Feuermelder – um abermals ein griffiges Beispiel zu wählen – kann man nur so einstellen, dass er entweder leicht anspricht oder schwer anspricht. Im ersten Fall warnt er schnell, man handelt sich mit einer solchen Einstellung aber umgekehrt ein, dass er viele Fehlalarme auslöst. Im zweiten Fall vermeidet man solche Fehlalarme, riskiert aber, dass der Feuermelder erst zu spät oder gar nicht anspricht. Aus einem solchen Dilemma gibt es keinen Ausweg, und auch der vielbeschworene Mittelweg ist versperrt: Wenn man eine mittlere Einstellung wählen würde, ginge man das Risiko ein, dass der Feuermelder zu gar nichts nütze wäre, weil er die beiden genannten Nachteile vereinen würde und keinen Nutzen je nach einer Seite hin hätte. Man kann also einen Feuermelder nicht irgendwie «richtig» einstellen, sondern muss eine bestimmte Einstellung wählen, ohne dass man eine

Wahl ein für alle Male rechtfertigen könnte.[56] Man kann ihn höchstens bezogen auf Einschätzungen von Situationen ausrichten: Will man zum Beispiel unbedingt verhindern, dass ein Brand ausbricht, weil ein solcher Gegenstände von Wert vernichten könnte (wie dies bei einem Museum der Fall wäre) oder mit ihm eine grosse Gefahr von Weiterverbreitung verbunden wäre (wie in historischen Stadtkernen), würde man ihn leicht ansprechend einstellen (man müsste den Nachteil, der mit einer solchen Einstellung verbunden wäre – etwa unnötige Feuerwehreinsätze, damit verbundene Angst, ja Panikausbrüche –, aber immer in Kauf nehmen). Wiederum gilt dabei: Macht kann behaupten, eine von ihr gewählte Einstellung sei die richtige – das würde angesichts der Natur der Problematik aber nicht mehr als einen willkürlichen Akt darstellen. Und als willkürlicher Akt wäre er mit Schuld verbunden: Es ist möglich, dass man falsch entschiede.[57]

Das dritte Beispiel, der Unterbruch von Perfektionsprozessen, gestaltet sich vielleicht noch viel bedrängender, weil ein Schritt, den man unternehmen müsste, nach den Regeln des Systems, innerhalb dessen man ihn trifft, gleichzeitig als Fehler erscheint. In die Vorstellung von Perfektion – wenn es dabei nicht darum geht, schon bestimmte, umfassend beschreibbare Resultate oder definierbare Werte zu erreichen – ist eingeschrieben, dass Perfektion immer weiter getrieben werden kann. Ein Buchmanuskript könnte immer noch besser werden; ein Musiker mag erkennen, dass er immer weiter üben müsste, wenn er den Ansprüchen eines Werkes «wirklich» genügen wollte; menschliche Güte oder Menschenliebe könnten noch umfassender werden; medizinische Untersuchungen müssten, damit sie auch «wirklich» sicher wären, mittels weiterer Untersuchungen vertieft werden; ein Bauwerk könnte noch sicherer gebaut werden. Dabei ist von Bedeutung, dass der Wunsch, etwas zu perfektionieren, in sich gewiss vernünftig ist,[58] eine solche Zuschreibung aber auch für den Wunsch gilt, sich nicht von einer Verpflichtung auf eine immer weitere Perfektionierung einfangen zu lassen. Die Vorstellung der Perfektion selbst liefert nun aber kein Abbruchkriterium dafür, wann etwas ein Ende haben soll. Ja gerade umgekehrt fordert sie, dass Prozesse nicht abgebrochen werden dürften, solange nicht gewiss sei, dass endgültige Perfektion eingetreten sei. Der Abbruch eines Perfektionsprozesses kann also – im Lichte der Perfektionsvorstellung selbst – nicht gerechtfertigt werden, sondern muss umgekehrt sogar als Verfehlung erscheinen, insofern, als er weitere mögliche Perfektion behindert. Erst recht kann er nicht als «vernünftig» beschrieben werden.[59] Wiederum gilt: Selbstverständlich kann man Perfektionsprozesse an irgendeinem Punkt abbrechen – ein solcher Schritt kann aber nur willkürlich erfolgen.[60] Eine Lösung des Perfektionsproblems nimmt in einem solchen Willkürentscheid aber nicht Gestalt an. Und es führt nichts an der Anerkennung der Tatsache vorbei, dass es für Perfektionsprobleme keine Lösung geben *kann*.[61]

Es ist wichtig, korrekt aufzunehmen, was im Rahmen solcher Fragestellungen der Fall ist. Wenn man das tut, wird einem bewusst, dass es vor der Erkenntnis, dass in ihnen nur Wertungen weiterhelfen, solche Wertungen als Wertungen aber immer fragwürdig bleiben, kein Ausweichen gibt, weil diese Wertungen vorgenommen werden *müssen*. Ohne sie könnte nichts zu einem Ende geführt werden. Selbst jene «Künstliche Intelligenz», von der nun allerorten die Rede ist, könnte nicht weiterhelfen. Sie könnte höchstens – aus welchen (einprogrammierten, also willkürlich gesetzten) Gründen auch immer – wieder nur Wertungen ohne letzte Begründung setzen. Gewissheit könnte sie so aber ebenfalls nicht herstellen, weil es dafür kein Kriterium geben kann. Sie würde also, wenn man zu Ende denkt, was auf dem Spiel steht, auf zwei Weisen versagen: Ihre Bewertungen könnten nicht den Anspruch erheben, *an sich* richtig zu sein, sie müssten aber, obwohl Sicherheit nicht zu gewinnen ist, vorgenommen werden und, bei aller Unsicherheit, eben doch *gut* vorgenommen werden, wenn nicht Verhängnis drohen soll.

Selbstverständlich kann Macht *irgendwie* entscheiden. Darin besteht aber nicht das Problem, sondern darin, dass – weil Fragestellungen ja *ernsthaft* sein können – Lösungen gefunden werden müssen, die nach bestem Wissen und Gewissen verantwortet werden können. Man kommt also zu dem Ergebnis, dass an Fragestellungen wie den dargestellten in besonders guter Weise deutlich wird, worin die Gefahr von Machtausübung liegt und wie schädlich diese in Erscheinung tritt. Zunächst einmal ist das insofern der Fall, als vernebelt wird, wie ernsthaft Fragestellungen sind, die in Wertungen gipfeln. Daraus, dass Wertungen gesucht sind, für die es keine Gewissheit geben kann, kann nicht geschlossen werden, dass es *belanglos* sei, wie diese Wertungen aussehen. Die gesuchten Wertungen können nicht mit Gewissheit getroffen werden, *müssen* aber zum Ersten gleichzeitig getroffen werden, sie müssen zum Zweiten *verantwortungsvoll* gesetzt werden, und sie sind zum Dritten damit in einem *ethischen* Sinne erheblich. Indem Macht erstens alles dafür tut, den Anschein zu erwecken, dass gewisse Fragestellungen in Wertungen münden, und zweitens unterstellt, dass es mit reinen Machtentscheidungen (statt Sachentscheidungen nach bestem Wissen und Gewissen) getan sei, suggeriert sie, dass Macht selbst jenseits von Bewertung stehe. Sie scheint im Gegenteil eine Instanz darzustellen, die, eben weil sie im Zusammenhang mit den besprochenen Fragestellungen ohne Zögern Wertungen vornimmt, über Unsicherheit triumphiert – im Gegensatz zu anderen Instanzen oder Personen, die zugeben, dass vorgenommene Wertungen fragwürdig bleiben müssen, deswegen vielleicht zögern oder gar ganz vor Entscheidungen ausweichen. Und der Umstand dann, dass Macht faktisch einen solchen Schritt tut, mag dazu reichen, den Eindruck zu erwecken, dass aus der Tatsache, dass sie ihn vornimmt, auch folgt, dass er richtig sei.[62]

Ein wichtiger Gedanke schliesst sich an (wie man auch im Zusammenhang mit dem über «Künstliche Intelligenz» Gesagten erkennen kann). Als Folge eines solchen Vorgehens von Macht mag sich die Vorstellung einschleichen, dass eben jene Wertungen, welche die Basis jener Pseudolösungen bilden, welche Macht ihren Entscheidungen zugrunde legt, irgendwie *an sich* richtig seien. (Faktischer Erfolg zu einer gewissen Zeit mag ein solches Fehlurteil stützen.) Auch momentaner Erfolg kann aber nicht darüber hinwegtäuschen, dass solche Wertungen und Einstellungen willkürlich sind, ja eben willkürlich sein müssen, weil etwas anderes als Willkürentscheide gar nicht möglich sind. Daraus ergeben sich zwei Folgen, die miteinander verbunden sind. Erstens kann nie Gewähr dafür bestehen, dass vorgenommene Wertungen ein für alle Male richtig sind – alle genannten Fragestellungen zeichnen sich dadurch aus, dass sie von Fall zu Fall, also bezogen auf Einzelsituationen, aufgeworfen werden müssen. Zweitens führen Standardeinstellungen dazu, dass sie Offenheit in Bezug sowohl auf leicht andere Situationen wie auch auf die Zukunft zerstören. Das hat zum einen zur Folge, dass Macht selbst nicht gewiss sein kann, immer weiter wirkungsvoll zu sein: Weil sie *Situationen* ungenügend auffasst, wenn sie sich nicht immer auf neue Herausforderungen einstellen kann, verliert sie den Zugriff auf die Welt, in die sie doch wirkungsvoll eingreifen möchte. Und zum anderen ergibt sich daraus, dass Macht selbst in letzter Konsequenz in geradezu ausgezeichneter Weise *nicht* dazu in der Lage ist, die vorgefundene Welt aufzunehmen. Gerade das, was sie, ihrem Selbstverständnis gemäss, auszeichnet, nämlich dass sie die Welt angeblich im Griff hat, kann Macht nicht garantieren. Sie verfügt nicht über jene *Plastizität*, über die eine Instanz verfügen müsste, welche der vorgefundenen Welt (auch in ihrem Fortgang durch die Zeit) Herr werden müsste. Sie mag eine Weile lang mit Gewalt die Einstellungen von Menschen formen können. Die vorgefundene Welt indessen kann sie nur (ansatzweise und versuchsweise) in den «Griff» zu bekommen versuchen, wenn sie dazu in der Lage ist, sich immer wieder neu auf diese einzustellen. Und sie müsste ausserdem über die Fähigkeit verfügen, auch je einzelne Situationen zu verstehen.[63]

Zum Schluss muss man darauf hinweisen, dass das, was hier geschildert worden ist, auch vorzüglich zu *Machtmissbrauch* verwendet werden kann (was ja auch tatsächlich immer wieder der Fall ist). Dabei spielt die entscheidende Rolle, dass wohl den meisten Menschen nicht bewusst ist, dass es *überhaupt* Herausforderungen gibt, die nur mittels (immer fragwürdiger, nie absolut rechtfertigbarer) Wertungen bewältigt werden können. Eine solche Aussage ist auch in Bezug auf jene Menschen gültig, die vorgeben, allein der «Vernunft» verpflichtet zu sein, weil sie auf der einen Seite meinen, eben deswegen vor Irrtümern und Verirrungen geschützt zu sein, auf der anderen Seite aber gerade umgekehrt in besonderem Masse Gefahr laufen, nicht zur Kenntnis zu nehmen oder nehmen zu wollen oder zu nehmen in der Lage zu sein dass es Fragestellungen wie die oben besprochenen gibt.[64] Im Übrigen tun ja die Schule, religiöse Erziehung, Kleinbürgererziehung und Autoritarismus das Ihre dazu, den Eindruck zu erwecken, dass es in Bezug auf *alle* Herausforderungen, denen der Mensch gegenübersteht, die *eine* richtige Lösung gebe. Wenn nun eine solche verfehlte Vorstellung genügend gut in den Köpfen der Menschen etabliert ist, hat die Forderung von Macht gegenüber den ihr Unterworfenen, «richtig» oder «nicht sündig» oder «gehorsam» zu entscheiden, furchtbare Konsequenzen. Weil es auf der einen Seite eine solche Lösung nicht geben *kann,* auf der anderen Seite aber jene Menschen, von denen gefordert ist, die richtige Lösung zu finden, nicht erkennen können, dass die Forderung in die Irre geht, erzeugt man mit der Forderung ein Heer von Menschen, die sich als unfähig, sündig oder ungehorsam auffassen mögen, so sehr sie sich auch darum bemühen, sich korrekt zu verhalten, und sich zeit ihres Lebens auf der Suche nach etwas befinden, was zu finden unmöglich ist. Weil es bei den geschilderten Fragestellungen um Wertungen geht, ist *jede* Entscheidung fragwürdig – sie kann ja in nichts endgültig verankert sein – und kann je von der einen oder von der anderen Seite her kritisiert werden. Eine besorgte Mutter zum Beispiel – um diese Fragestellung noch einmal aufzugreifen[65] – kann als eine Mutter, die ihr Kind nicht loslassen kann, lächerlich gemacht werden. Wenn ihrem Kind aber etwas passiert, kann ebenso gut geltend gemacht werden, dass sie ihre Obhutspflicht vernachlässigt habe. Sie kann sich also nicht so verhalten, dass sie unangreifbar wäre. Indem nun Macht von den ihr Untergebenen beharrlich fordert – ob aus eigenem Unwissen, ist dabei unerheblich –, Fragestellungen zu bewältigen, die sich nicht endgültig irgendwie «lösen» lassen, stösst sie diese in einen permanenten Zustand des (scheinbaren) Ungenügens hinein. In einem solchen Zustand können sich Menschen nicht in Besitz nehmen, weil sie an sich ja immer nur wahrnehmen, wozu sie *nicht* fähig sind. Sie werden so also zu perfekten Opfern der Macht – bis sie allenfalls zu begreifen beginnen, dass erstens etwas Unmögliches von ihnen gefordert wird, und sie, solange sie sich jedenfalls ernsthaft bemühen, immer weiter ehrenhaft und würdig leben, und dass sich zweitens umgekehrt die Instanz, die etwas von ihnen fordert, das nicht erfüllbar ist, nicht ehrenhaft (bzw. epistemologisch korrekt) verhält.

6 Wissen, Verstehen, Wissenschaft, Lernen, Phantasie

Macht zeichnet sich dadurch aus, dass sie in mehrfacher Weise einen *ungenauen Wirklichkeitsbezug* hat oder im Laufe der Zeit entwickelt. Sie will, wie man weiss, tatkräftig sein und Erfolg haben und *allein* Erfolg haben (es darf neben ihr keine Instanz geben, die ebenfalls Erfolg hat) – sie nimmt dabei aber die vorgefundene Welt, die sie zu *ordnen* beansprucht (wie sie immer gleich vorgibt), nicht wirklich als Gegenüber ernst. Und sie ist – eben weil sie sich als Macht über solche Ziele definiert – in der Folge auch kaum fähig, ihren ungenauen Wirklichkeitsbezug zu korrigieren, wenn das angezeigt wäre. Auf diese Weise mündet das Selbstverständnis von Macht notwendigerweise am Ende in illusionäre Vorstellungen in Bezug auf ihre Wirksamkeit.

Im Zusammenhang mit dem Anspruch von Macht muss man allen weiteren Überlegungen zunächst die Erkenntnis vorausschicken, dass sie die Eigenschaften, durch die sie sich auszeichnen will, aus prinzipiellen Gründen (wie man schnell vergisst) nur zeigen kann, wenn ihrem Einwirken eine von ihr unabhängige *vorgefundene Welt* samt Menschen vorausgehen, in die sie eingreifen kann. Nur in einer ihr vorausgehenden vorgefundenen Welt kann sie (allenfalls) Erfolge feiern – bewegte sie sich in einem leeren Raum, könnte sie gar nicht in Erscheinung treten, weil sie in einem solchen auf nichts stossen würde, an dem sie sich bewähren könnte, und so könnte man natürlich auch von keinem erfolgreichen Handeln sprechen, weil all ihre Bemühungen ins Leere laufen würden. Und wenn es in der vorgefundenen Welt keine Menschen gäbe, könnte sie sich auch nicht als irgendwie grossartig vorkommen, irgendwie hervortun oder gar gefeiert werden oder umgekehrt mittels Drohungen oder der Verbreitung von Angst Wirkungen erzielen.[66]

Bei einer solchen Erkenntnis handelt es sich nicht um eine formale Selbstverständlichkeit, auf die hinzuweisen nicht der Rede wert wäre, wie man meinen könnte. Aus ihr geht vielmehr hervor, dass Macht, so gross, ja einzigartig sie sich selbst auch erscheinen oder in den Köpfen der Menschen zu installieren versuchen mag, in Wirklichkeit davon abhängig ist, dass eine vorgefundene und von ihr unabhängige Welt existieren muss, bevor sie auf den Plan tritt, dass sie mit anderen Worten *nicht alles* ist, was da ist, wie sie unterstellt. Das ist nicht etwa ein irgendwie «moralisierendes» Argument,[67] sondern ein faktisches. Macht ohne eine Welt, auf die sie treffen würde, kann nicht bestehen – wie auch immer ihr Eingreifen gestaltet sein mag, steht sie doch immer *in Beziehung* zu etwas ausserhalb ihrer selbst. *Wenn* sie aber nicht *alles* ist, stellt sich unter anderem sofort die Frage ein, ob sie in einem wie immer gearteten richtigen oder sinnvollen oder wertvollen Bezug zu dem stehe, was sie nicht ist; ja es könnte dann auch – was sie als Macht bestreitet – ganz *andere* Bezugnahmen auf die vorgefundene Welt geben, die besser dazu geeignet wären, die vorgefundene Welt zu erfassen.[68]

Weil Macht zu solchen Erkenntnissen unfähig ist, geht ihrem Eingreifen in die vorgefundene Welt höchstens eine oberflächliche Auseinandersetzung mit dieser Welt voraus. Ihr Augenmerk liegt stattdessen allein auf ihrer eigenen *Wirksamkeit:* Sie will vor allem tatkräftig erscheinen und Erfolg haben. Dabei untersucht sie nicht, *wieso* sie mit ihrer an den Tag gelegten Tatkraft allenfalls Erfolg hat – wieso das der Fall ist, könnte man ja nur ergründen, wenn man auf die vorgefundene Welt blicken und untersuchen würde, ob man sich mit ihr in Übereinstimmung befindet. Tatsächlich (im Moment) Erfolg zu haben reicht Macht aber als Bestätigung dafür aus, dass sie «recht hat».

Nun kann man aber aus verschiedenen Gründen Erfolg haben – (jetzt gerade) Erfolg zu haben stellt aus prinzipiellen Gründen keinen Beweis dafür dar, dass man mit seinem Bemühen das Richtige oder Nötige trifft, solange man nicht gleichzeitig belegen kann, dass ein Eingreifen einen *ursächlichen* Zusammenhang mit der Wirkung hat, die man erzielt. Man mag Erfolg haben, weil man tatsächlich in einem genauen Bezug zur Wirklichkeit steht (ohne dass man weiss, dass das der Fall ist), man kann aber auch aus zufälligen Gründen Erfolg haben, oder man kann Erfolg haben, weil man in seinem Bemühen einfach schwächeren Bestrebungen (im Moment) überlegen ist.[69] Man müsste aber *wissen,* wie es sich damit verhält. Zufällig Erfolg zu haben ist ja, recht betrachtet, nichts wert, so sehr das auch für viele Menschen, die nicht weit denken, einem augenscheinlichen Beweis gleichkommt; nicht zuletzt deswegen, weil aus einem zufälligen Erfolg nichts für die Zukunft zu schliessen ist: Man kann in einem solchen Falle nicht darauf vertrauen, auch weiterhin Erfolg zu haben.[70] Dazu tritt dann erst noch die Tatsache, dass es gegenüber einer *materiellen,* empirischen Welt am Ende ja grundsätzlich keine endgültige Kenntnis, also auch keinen *an sich* gewissen Erfolg geben kann.[71]

An diesem Punkt müsste eine geeignete methodische Begegnung mit der vorgefundenen Welt einsetzen. Was die Macht dann aber unternimmt, wenn sie keine weiteren Erfolge mehr aufweisen kann, weiss man: Sie versucht, Zweifel zum Schweigen zu bringen, Menschen, die neue Gesichtspunkte ins Spiel bringen, zu verfolgen oder als «Verräter» zu brandmarken und am Ende auszuschalten. Sie versucht, «stärker» zu sein als ihre Widersacher, das, was sie für richtig hält, zu «Fakten» zu erklären und gegenteilige Ergebnisse (und ihre Verfechter) aus dem Weg zu schaffen. *Damit setzt sie sich aber selbstverständlich nicht in ei-*

nen genaueren Zusammenhang zur vorgefundenen Welt, sondern verschiebt die Behebung ihres Misserfolgs, wie man sagen könnte, auf die Beziehungsebene: Sie behauptet nun einfach, erfolgreich zu sein, indem sie Menschen mit ihren Mitteln dazu zwingt, Erfolge, die gar nicht bestehen, immer weiter anzuerkennen, und «kontrolliert» nun menschliche Reaktionen statt ihren eigenen Zugang zur Welt.[72] Das mag ihr eine Weile dabei helfen, die Oberhand zu behalten. Es kann aber nicht verhindern, dass sie am Ende von der vorgefundenen Welt nichts mehr versteht und so alle Macht verliert.[73]

Dass sie den Bezug zur vorgefundenen Welt – soweit sie diese überhaupt wahrnimmt – *verlieren* könnte, weil sie die vorgefundene Welt nicht angemessen aufnimmt, kann Macht nicht auch nur in Erwägung ziehen, weil sie ihre Wirksamkeit nicht darauf zurückführt, dass sie in besonders geeigneter Form Ansprüchen genügte, die von aussen an sie gestellt werden, sondern diese allein in sich selbst begründet sieht: darin, dass sie in der richtigen, das heisst in einer effektvollen Weise Macht ausübt. Dass es umgekehrt eine eigenständige vorgefundene Welt gibt, die ihrerseits beachtet werden muss, wenn man erfolgreich zu agieren wünscht, dass die vorgefundene Welt also den Charakter einer Instanz hat, die nicht nur einfach *da* ist, sondern eine Herausforderung an den, der sie bewältigen will, bildet und so gewissermassen ihrerseits Forderungen erhebt, nimmt Macht in ihrer Selbstbezüglichkeit nicht wirklich wahr.[74]

Inwiefern das der Fall ist, wird einem zunächst bewusst, wenn man sich darüber Rechenschaft gibt, wie sich Macht zu *Wissen* einstellt. Ohne weitere Überlegung könnte man zunächst meinen, dass Macht «Wissen» gewinnen wolle, weil sie mehr über die vorgefundene Welt erfahren wolle, mit dem Ziel, diese immer besser zu verstehen – darin eingeschlossen dann auch das Risiko, erkennen zu müssen, die Welt bis jetzt falsch aufgefasst zu haben. Eben das ist aber paradoxerweise nicht der Fall. «Wissen» zu gewinnen fasst Macht so auf, dass sie sich, indem sie das tut, die Welt, über die sie bestimmen will, immer besser *in Besitz* nehmen kann. Das ist zunächst besonders gut an jener Datensammelei in Bezug auf Menschen erkennbar, welche (moderne) Macht immer schnell in die Wege leiten will. Daten in Bezug auf Menschen will sie nicht ansammeln, weil sie so einen Eindruck von der unermesslichen *Vielfalt* der Menschen, der Vielfalt ihrer Ziele und der Vielfalt dessen, dem diese Bedeutung zuschreiben, der Vielfalt endlich dessen, wie diese ihr Leben bewältigen, gewinnen will, sondern weil sie möglichst wirkungsvoll auf diese Zugriff nehmen will (indem sie sich ein «Wissen» von deren Gesundheitszustand, Einkommen oder Vorlieben erwirbt).[75] Ziel dabei ist es, die Menschen, als ob sie Gegenstände wären, zu *bewirtschaften* und mittels so erworbener Kenntnisse im Sinn der eigenen Vorstellungen zu lenken. In genau gleicher Weise will sie auch «Wissen» über die vorgefundene Welt erwerben, damit sie besser über diese *verfügen* kann. Und so fasst sie auch die Welt als Ganze allein als einen Gegenstand auf, mit dem man frei verfahren kann.

Wenn etwa Politiker und Politikerinnen davon schwafeln (wie das in den letzten Jahren aufgekommen ist), dass der moderne Mensch in einer «Wissensgesellschaft» lebe, dass den Rohstoff der Moderne «Informationen» darstelle und dass Schüler und Schülerinnen vor allem lernen müssten, sich «Informationen» zu beschaffen (etwa durch «Surfen» im Internet), statt ihre Zeit damit zu verplempern, Dinge zu lernen, so geht es auch hier offenbar allein darum, die vorgefundene Welt besser in Besitz zu nehmen. Dass gewonnenes «Wissen» eine eigenständige Rolle zu spielen beginnen könnte – in dem Sinn, dass aus ihm etwas hervorgehen könnte, was weitere Fragen auslösen oder gar gegen die geltenden Annahmen sprechen könnte[76] –, wird im Rahmen eines solchen Verständnisses von «Wissen» nie mitbedacht.[77] Indem man «Wissen» sammelt, scheint man, wie angeblich von Francis Bacon vorausbedacht, immer besser über die Welt verfügen zu können und so seine Macht zu vermehren.[78]

Nur anfügen braucht man, dass ein solcher «Wissensbegriff» in der neueren Moderne offensichtlich von dem geformt ist, was die elektronischen Medien anbieten können. Sie stellen jene Datenbanken als «Speicher» zur Verfügung, in die man ein solches «Wissen» in grossen Mengen einfüllen kann.[79] Im Rahmen einer absurden Umkehrung der Argumentation geben sie dann aber auch vor, was man allein unter «Wissen» zu verstehen habe: Inhalte, die geeignet sind, in Datenbanken untergebracht zu werden –, und umgekehrt scheint es, dass das, was *nicht* in Datenbanken (oder Lehrbüchern und Ähnlichem) untergebracht werden kann, nicht wirklich «Wissen» darstelle, sondern etwas mit einem unbrauchbaren, minderwertigen Status.

Recht bedacht könnte nun aber «Wissen» (und erst recht viel «Wissen») in Bezug auf eine ja fremde äussere Welt natürlich nicht nur in einem biblischen Sinn «Verdruss» bereiten,[80] sondern einen in eine immer komplizierte Welt führen; mit dem Ergebnis, dass man an seinem Wunsch, diese ganz zu begreifen, irre gemacht würde, oder sich einem gar die Erkenntnis eröffnete, dass Dinge, die man jetzt für richtig gehalten hat, ganz verfehlt sind.[81] «Wissens»-Optimismus, wie er Macht leitet, ist also nicht am Platz, solange man nicht gleichzeitig dazu bereit ist – Macht ist es nicht –, im Lichte von neugewonnenem «Wissen» geltende Überzeugungen fahren zu lassen; etwas, was Macht in ihrem Absolutheitsanspruch ja gerade weit von sich weisen muss.[82] Umgekehrt gilt: Indem man einen solchen «Wissens»-Optimismus vertritt, bekundet man gleichzeitig, dass man ohne weitere Reflexion sein Grundverständnis als unfehlbar gegeben auffasst und in diesem Zusammenhang dem, was «Wissen» erschliessen mag, keine Eigenständigkeit zuspricht.[83]

Wie wenig Macht «Wissen» als etwas Eigenständiges auffasst – also als etwas, was man nicht einfach in Besitz nehmen kann –, erkennt man schliesslich daran, dass sie «Wissen» auch ohne zu zögern manipuliert oder gar unterdrückt, wenn es ihr gefällt, wie das im Rahmen von Zensur der Fall ist. Dabei ist es zunächst gar nicht die Tatsache, dass Macht faktisch einen solchen Schritt vollzieht, welche in diesem Zusammenhang von Bedeutung ist, sondern der Umstand, dass sie Erkenntnisse so wenig als Gegenstände sozusagen eigenen Rechts bzw. als etwas, was auf Inhalte bezogen ist, auffasst, dass sie *nach ihrem Belieben* ohne Weiteres und ohne Einsicht in ihr Tun den Anspruch erhebt, sie zum Verschwinden zu bringen, wenn sie das will.

Der Wissensbegriff, der Macht leitet, ist, wie man schnell erkennt, freilich aus mehreren Gründen in epistemologischer Hinsicht verfehlt. Zunächst mündet er in die Vorstellung, dass «Wissen» aus einzelnen, diskreten (und dann als solche gut speicherbaren) Wissensstücken bestehe.[84] Dahinter steckt ein banales Tatsachenmodell, das behauptet, die vorgefundene Welt setze sich aus einzelnen «Tatsachen» zusammen, in der Art, dass diese einzelnen Tatsachen dann je wieder einzeln «gewusst» werden können und jemand, der (in quantitativer Hinsicht) viel «weiss» (oder erst recht ein Datenspeicher, der alles «Wissen» aufnehmen kann), von der vorgefundenen Welt viel verstehe.[85] Damit werden offenbar zwei Dinge unterstellt: zum einen die Vorstellung, dass ein solches Modell die vorgefundene Welt wirklich korrekt oder gar vollumfänglich abbilde, und zum anderen, dass eine so verstandene menschliche «Wissens»-Fähigkeit wirklich gerade so ausgerichtet sei, dass das Modell die vorgefundenen Tatsachen (wenn man sie, um des Arguments willen, wirklich als existierend voraussetzte) richtig aufnehme. Wie man schnell erkennt, handelt es sich dabei um Annahmen, die zwar gut dem entsprechen mögen, wie sich Macht die Welt vorstellt, weil sie «Wissen» als Verfügen über Gegenstände auffasst, an sich aber natürlich kaum gerechtfertigt werden können.

An dieser Stelle muss freilich noch einmal deutlich darauf hingewiesen werden, dass sich alles über die Schwierigkeit des Erkennens der *materiellen*, empirischen Welt Gesagte selbstverständlich auch in die angeblichen Gegenstände des Wissens, in grossspurig *Informationen* Genanntes also, hineinkopiert. Und da muss man geltend machen, dass es natürlich auch keine *Informationen an sich* gibt. Im harmlosesten Fall sind Informationen unvollständig oder irgendwie fehlerhaft. Im weniger harmlosen Fall sind sie von Einstellungen hinsichtlich dessen, was man überhaupt als Informationen betrachtet, oder hinsichtlich dessen, was man im Zusammenhang mit einer Vorstellung davon, was bedeutend ist, geprägt.[86] Im schlimmeren Fall erscheint als «Information» allein das, was einer politischen oder gesellschaftlichen Vorstellung entspricht. Im allerschlimmsten Fall sorgt Zensur dafür, dass nur das an die Öffentlichkeit kommt, was ein geltendes Dogma erfüllt.[87] Daran ändert selbstverständlich auch die Tatsache nichts, dass «Informationen» elektronisch (also zum Beispiel als Beiträge von Wikipedia) in Erscheinung treten – auch moderne Medien sind nicht gegen Zensur und Desinformation gefeit.[88] Vor allem aber stehen Informationen immer im Zusammenhang mit Massstäben (also etwa Theorien). Das hat zur Folge, dass sie notwendigerweise den Umstand, dass solche Theorien oder Massstäbe immer nur auf Zusehen hin gelten, mitenthalten: Auch sie stehen also nicht einfach *an sich* oder irgendwie zweifelsfrei fest, sondern stellen Produkte der Vorstellungen, im Rahmen derer sie zu «Informationen» werden, dar. So kann es kein «Wissen» *an sich* geben, sondern immer nur ein Wissen, das allenfalls neuem und anderem Wissen Platz machen muss.[89]

Keinen Platz nehmen in einem solchen Tatsachenmodell zudem *Zusammenhänge* zwischen Tatsachen ein. Tatsachen gewinnen ja erst dann an Wert, wenn sie in Beziehung zu anderen Tatsachen gestellt werden. Die Aussage, dass es im Fürstentum Liechtenstein noch nie Eisenbahnunglücke gegeben hat, hängt damit zusammen, dass es in diesem keine Eisenbahnen gibt (und ist also nicht besonders bemerkenswert). Die Tatsache, dass Saxophone im Werk von Ludwig van Beethoven keine Rolle spielen, ist die Folge davon, dass das Saxophon erst im 19. Jahrhundert erfunden wurde. Eine gewisse Menge solcher Zusammenhänge mag zudem so kollektiv implantiert sein, dass sie ebenfalls als Tatsache erscheinen (etwa die – angebliche – Tatsache, dass «der Markt immer recht habe», oder die – angebliche – Tatsache, dass in der «Natur» stets der «Stärkere» gewinne). Dahinter steckt aber, wie bei anderen Zusammenhängen, immer eine bestimmte Wertung, die vorgenommen worden ist: Es gibt ja keine Zusammenhänge *an sich*, sondern allein Zusammenhänge, die sich auf der Basis von Lesarten, Massstäben und Vergleichen einstellen. Sie sind nicht aus den Tatsachen selbst ablesbar, sondern stellen das Produkt von durch erkennende Subjekte vorgenommenen Interpretationen dar.[90]

Eine solche Einsicht führt indessen auch zu einer näheren Betrachtung der Behauptung zurück, dass es Tatsachen *an sich* gebe, auf die sich Macht so gern stützt. Schnell kommt man zu dem Ergebnis, dass selbstverständlich auch nicht Tatsachen *an sich* existieren, sondern allein Befunde, die sich unter der Voraussetzung gewisser Vorannahmen oder Massstäbe als solche ergeben oder überhaupt als Tatsachen wahrgenommen werden.[91] Eine Tatsache und erst recht eine bedeutungsvoll erscheinende Tatsache entsteht gewissermassen erst dann, wenn eine bestimmte Sehweise in Form eines Interesses, einer Gewichtung oder einer bestimmten Fragestellung auf die vorgefundene Welt trifft. Mit einer solchen Feststellung wird selbstverständlich nicht behauptet (wie es Skepsis mit ihrer Vorliebe für verfehlte, viel zu weit gehende Schlüsse behaupten mag),[92] dass es keine vorgefundene Welt gebe, die *an sich* bestehe – ob das der Fall sei, kann gar nicht bestimmt werden –, sondern, viel genauer, dass das, was der Mensch zu «wissen» meint, *in Abhängigkeit zu dem steht, was er fragt.* Das hat zwei Folgen: Erstens kann Macht nicht die Illusion nähren, sie habe, weil sie (angeblich) einen richtigen Bezug zu Tatsachen habe, ein Recht darauf, so zu agieren, wie sie will. Und zweitens kann sie sich selbst nicht darauf verlassen, einen *an sich* richtigen Bezug zur vorgefundenen Welt zu haben (und erst recht dürfen Macht Unterworfene nicht annehmen, dass eine herausragende Fähigkeit von Macht darin bestehe, die vorgefundene Welt besser zu verstehen als Nichtmacht). In Tat und Wahrheit bezieht sie sich auch dann, wenn sie meint, auf der Seite der Tatsachen zu stehen, immer auf Befunde, die sich nur in Bezug auf Wertungen und Massstäbe ergeben. Dies wiederum hat zur Folge, dass sie nie sicher sein kann, die richtige Seite gewählt zu haben. Vielmehr wird sie immer Gefahr laufen, sich in der Meinung, sich auf Tatsachen zu beziehen, in Wirklichkeit allein auf Sichtweisen zu stützen.

Solche Überlegungen bilden aber erst einen Teil des Problems ab. Abgesehen davon, dass man zu dem Urteil kommt, dass es keine Tatsachen in jener Form gibt, die Macht allenfalls instrumentalisiert, stellen Tatsachen allein – stünden sie nun zu Recht da oder nicht – keine Quelle dafür dar, dass die vorgefundene Welt auf ihrer Basis allein verstanden werden könnte. Nicht (angebliche) Tatsachen, sondern *Verstehen* bildet die Grundlage dafür, dass man mit der vorgefundenen Welt in Kontakt kommen kann. Tatsachen allein, als jene diskreten Einheiten, als die man sie sich vorstellen mag, können ja gar nicht wirken, wenn sie nicht in eine Form von *Verständnis* eingebettet sind. Tatsachen können erst Verständnis begründen, wenn ihnen im Rahmen einer Art von Gesamteinsichten *Bedeutung* zukommt. Man mag zum Beispiel «wissen», dass Descartes «gesagt» hat: «Ich denke, also bin ich» – was das bedeuten mag, was also Descartes mit einem solchen Satz hat aussagen wollen, welchen Stellenwert die Aussage im Rahmen der descartesschen Skepsis einnimmt, was aus ihr grundsätzlich hervorzugehen scheint oder was sie im Rahmen menschlicher Überlegungen zu Sein und Verstehen wert ist (dass Descartes «gesagt» habe, dass man nur ein Mensch sei, wenn man «denke», ist gewiss falsch), kann man erst ermessen, wenn man erstens tausend andere Dinge «weiss» und wenn man zweitens den Satz in ein übergeordnetes Ganzes einordnen kann. Und ein solches «Verstehen» ist selbst wieder nicht eine Tatsache, sondern eine Bewertung im Sinn von Sichtweisen, die selbst Deutungen darstellen, die auch anders gestaltet sein könnten. Ein solches «Verstehen» setzt die Tätigkeit eines *Subjekts* voraus, das zu verstehen versucht: sich also zum Ersten als Subjekt ins Spiel bringen muss, sich damit zum Zweiten um ein wie auch immer geartetes richtiges Verstehen selbst bemühen muss[93] und sich so zum Dritten – anders als das mit «Tatsachen» der Fall zu sein scheint – irren kann oder die vorgefundene Welt jedenfalls nicht vollständig aufzunehmen in der Lage sein könnte.[94]

Aus all diesen Überlegungen gehen drei Erkenntnisse hervor. Erstens kann es aus grundsätzlichen epistemologischen Gründen kein Verständnis der Welt geben, das den Anspruch erheben könnte, auf die vorgefundene Welt endgültig (und erschöpfend) zuzugreifen. Jeder Versuch, die Welt zu verstehen, stellt stattdessen eine Interpretation dar: einerseits in der Hinsicht, dass gefundene «Tatsachen» in Wirklichkeit auf Fragen antwortende Gegebenheiten darstellen, andererseits in der Hinsicht, dass diese im Rahmen von Gesamtvorstellungen gebündelt werden. Zweitens: Aus diesem Grunde kann keine Vorstellung in Bezug auf die vorgefundene Welt den Anspruch erheben, einen privilegierten Zugang zur vorgefundenen Welt zu eröffnen. Zu meinen (als Macht), man verfüge über einen solchen, geht so sehr in die Irre wie etwa der Glaube von sich Macht Unterwerfenden, eine Macht bzw. deren «Führer» habe einen solchen. Drittens folgt aus alledem, dass keine Macht das Recht für sich beanspruchen kann, dazu berechtigt zu sein, andere Vorstellungen als die ihren zu verfolgen, ja gar auszurotten. Natürlich kann sie faktisch darauf hinarbeiten, eben genau das zu erreichen. Gegenüber der vorgefundenen Welt ist sie aber am Ende machtlos. Was der Fall ist, wird sich auch gegenüber solchen Versuchen durchsetzen.

Die Problematik, die im Hintergrund alles bisher Bedachten liegt, besteht darin, dass sich der Mensch angesichts seiner epistemologischen Situation gegenüber der vorgefundenen Welt eine Reihe von Wünschen, die er hegen mag, nicht erfüllen kann. Zum Ersten hat er keinen direkten Zugang zur vorgefundenen Welt, sondern muss sich auf verschiedenen Stufen mit Auslegungen behelfen: Sowohl angebliche Tatsachen wie auch deren Bedeutungen sind *auch* ein Ergebnis seiner bestimmten Art, in die Welt zu blicken und zu deuten, was er zu finden meinen mag. Sie bestehen also nicht *an sich* bzw. er kann nicht erkennen, welchen Wert sie (im Lichte eines vorgestellten horizontlosen, absoluten Bewusstseins)[95] haben. Weil sich das nun so verhält, kann der Mensch die vorgefundene Welt nicht einfach in Besitz nehmen und so auf sie einwirken, als ob er sie ganz im Griff hätte. Auch «Wissen» anzuhäufen kann ihm aus den angeführten Gründen nicht dazu verhelfen, einen sicheren Bezug zur vorgefundenen Welt herzustellen. Und das, was er zusammengetragen hat, grossmundig «Informationen» zu nennen (und so zu suggerieren, dass in ihnen Gewissheit Gestalt annehme) stellt einfach Augenwischerei dar – zu beweisen wäre, dass solche «Informationen» einen richtigen oder sinnvollen Bezug zur vorgefundenen Welt haben, und das ist eben unmöglich. Insofern, als diese angesichts ihrer Vielfalt (sowie auch angesichts der Tatsache, dass sie sich auch in die Zukunft erstreckt) immer mehr enthält, als der Mensch in Besitz nehmen kann, kann sie nicht zu einem einfachen Gegenstand von Machtausübung gemacht werden. Sie ist solchen Versuchen gegenüber in dem Sinn autonom, als sie umfangreicher ist als alle Gefässe, in die hinein er sie giessen möchte.[96]

Angesichts dieser Stellung bleibt dem Menschen zum Zweiten nichts anderes übrig, als in einem Prozess, den man als im weitesten Sinn als *Lernen* bezeichnen könnte, immer neue Versuche, mit der vorgefundenen Welt in Beziehung zu treten, zu unternehmen. Eine Möglichkeit dazu besteht darin, im Rahmen eines popperschen naturwissenschaftlichen Zugangs (wie auch immer gewonnene) Hypothesen an die vorgefundene Welt anzulegen und zu untersuchen, ob sich diese Hypothesen bewähren oder nicht.[97] Das Ergebnis solcher Versuche ist bekanntlich überaus paradox: Wenn sich die Hypothesen bewähren, kann man die Hypothesen gelten lassen, aber allein *auf Zusehen hin*. Gewissheit kann Bewährung nicht geben, weil es ja immer möglich ist, dass man Wichtiges nicht bedacht hat und sich deswegen in der Zukunft herausstellen mag, dass man nur zufällige

Erfolge erzielt hat. Paradoxerweise führt dagegen der umgekehrte Ausgang zu Gewissheit: Wenn sich eine Hypothese *nicht* bewährt, weiss man, dass sie verfehlt ist (nicht aber natürlich, was stattdessen zutreffen würde). Auf diese Weise ist es das Ergebnis des Scheiterns, das zu einem wirklichen Erkenntnisfortschritt führt, nicht Erfolg.[98] Ergebnisse, die das Scheitern einer Hypothese bekunden, sind dann insofern gehaltreich, als man weiss, dass es «so nicht geht» – sie helfen aber nur dabei, im Zusammenhang mit neuen Hypothesen, gemachte Fehler zu vermeiden, erzeugen also nur ganz kleine Stückchen von Erkenntnis.

Wie man nun erkennt, widerspricht ein solches Vorgehen allem, was Macht für wichtig hält. Weil Macht allein auf Wirkung und Erfolg ausgerichtet ist – und sich ihrem Selbstverständnis gemäss eben dazu in aussergewöhnlicher Weise fähig zu sein wähnt –, will sie keine Zeit damit verlieren, die vorgefundene Welt kennenzulernen.[99] Sie ist ja umgekehrt der Meinung, die vorgefundene Welt bereits zu kennen. Und dann definiert sie sich gleichzeitig als eine Instanz, die *immer* Erfolg hat – eine Macht, die das nicht zustande brächte, würde sich ihrer Auffassung von Mächtigkeit entsprechend als Macht diskreditieren. Scheitern in Kauf zu nehmen, ja gar, geleitet von der Vorstellung, dass nur via Scheitern «Information» über die vorgefundene Welt zu erlangen sei, Scheitern anzustreben widerspricht ihrem Selbstverständnis zutiefst: Als Macht will sie ja uneingeschränkten Erfolg haben. *Aus diesem Grunde erweist sich Macht als zu wissenschaftlichem Vorgehen in jeder Hinsicht unfähig.*[100] Ihr Wunsch, uneingeschränkt zu dominieren, auf der einen Seite und die fragende Haltung, durch die sich Wissenschaft auszeichnet, auf der anderen Seite schliessen einander aus. Macht kann nicht forschen. Forschung umgekehrt, geleitet allein von einem Machtgedanken, ist unmöglich.

Im Hintergrund steht die Erkenntnis, dass Macht *als Macht* grundsätzlich unfähig dazu ist zu *lernen*, wenn man unter Lernen versteht, dass man sich einerseits als Vorbedingung eingesteht, dass eines Verständnis der Welt (noch) nicht genügend ist, und man andererseits etwas so aufzunehmen fähig ist, dass das, was man finden oder erlernen mag, eine Eigenbedeutung hat, sodass man am Ende von dem, was man erlernt hat, seinerseits geformt wird.[101]

Substantielles Lernen beginnt also mit dem Eingeständnis einer eigenen (partiellen) Unvollkommenheit. Dazu tritt, dass man, wenn man lernt, nicht gewiss sein kann, dereinst einmal die gewünschten Erkenntnisse oder Fähigkeiten wirklich zu erwerben, also mit Erfolg zu lernen und so gewiss ein Ziel zu erreichen (es könnte ja der Fall sein, dass man, indem man lernte, sein Ungenügen erst recht spürte und zu der Erkenntnis käme, dass man nie gewissermassen «zu Ende» lernen könnte). Lernen stellt so also grosse *existentielle* Ansprüche an Lernende: Sie müssen sich gewissermassen für eine Weile (für die Zeit, die es zum Lernen braucht) unfähig *und damit machtlos* vorkommen. Dazu gehört, dass sie sich in der einen oder anderen Form einer «Lehrperson» aussetzen müssen, die ihnen – als Lehrperson – mindestens temporär überlegen ist. Dazu gehört ferner, dass sie sich auf Gegenstände ausrichten müssen, die (jedenfalls im Moment) grösser und bedeutender erscheinen als das, was sie bisher erkannt und erreicht haben, *und sie müssen einen solchen Zustand aushalten. Lernen und Macht gehen also, wenn man das bedenkt, nicht zusammen.* Wer wirklich zu lernen in der Lage ist, zeichnet sich durch die Fähigkeit aus, sich als geltend und wertvoll zu erfahren, gerade *obwohl* er (jetzt gerade) nicht mächtig ist. Er muss sich Geltung zusprechen können, obwohl er, vom Standpunkt dessen aus, was ihm als Gegenstand seines Lernens gegenübersteht, nichts wert ist. Wertvoll ist er auf *andere* Weise: als ein Mensch, der mit dem, wozu er jetzt fähig ist, nicht zufrieden ist und sich als lernen Wollender Ziele setzen kann. Er kann sich höchstens (mit einem sartreschen Ausdruck) auf eine bestimmte Zukunft hin, da er fähig sein wird, «entwerfen», aber immer ohne Gewähr, dass er sein Ziel je erreichen werde. Eine ganz eigenartige *Würde*, durch die er sich auszeichnet, liegt also darin, dass er etwas *wichtig* nehmen kann, ohne gleichzeitig nach seinem Willen in die Welt eingreifen zu können.[102]

Macht dagegen will ja umgekehrt immerzu tatkräftig sein und Erfolg haben. Sie kann sich nicht eingestehen, etwas nicht im Griff zu haben, weil – in der zweiwertigen Weltsicht, die sie prägt – das Eingeständnis, etwas nicht unter Kontrolle zu haben, dem Eingeständnis gleichkäme, überhaupt nicht zu bestehen. Folglich muss sie Lernen als Ganzes von sich weisen (oder etwas, wozu sie nicht fähig ist, entwerten oder sich, gewissermassen als Patronin, draufsetzen, indem sie Menschen, die etwas können, was sie nicht kann, gönnerisch fördert und die Regeln deren Tuns bestimmt).[103] So ist Macht davon geleitet, immer behaupten zu müssen, einen vollständigen Bezug zur vorgefundenen Welt zu haben. Das führt am Ende dazu, dass Macht ihr Verständnis der vorgefundenen Welt nicht *erweitern* kann. Das Eingeständnis, die Welt nicht ganz zu kennen, muss ihr als Eingeständnis eines Scheiterns erscheinen.

Auf diese Weise erklärt sich nun schliesslich auch die Tatsache, dass Macht (wie dann in einem gewissen Sinn auch Angst)[104] zu Phantasie nicht nur keinen Zugang hat, sondern gar keinen Zugang haben *kann*. Oben ist dargestellt worden, dass dem Menschen ein direktes Verständnis der vorgefundenen Welt verwehrt ist – er kann diese immer nur im Lichte von Interpretationen aufnehmen.[105] Indem nun Macht je in *der* Welt wirkungsvoll sein und Erfolg haben will, in der sie sich zu entfalten sucht, ist sie paradoxerweise, auch wenn sie sich als uneingeschränkte Macht vorkommen mag, fest an diese Welt *gebunden*. Die Welt, auf die sie sich bezieht, bestimmt gleichzeitig mit, auf welche Weise man in ihr Erfolg haben kann.[106] Weil Macht allein auf Erfolg ausgerichtet ist, kann sie die vorgefundene und im Sinn jener Vorannahmen vorgedeutete Welt, welche eine Zeit trifft, nicht verlassen – indem sie ihr Bemühen etwa auf eine wie auch immer geartete andere oder zukünftige Welt ausrichtete oder etwas mit ungewissem Ergebnis ausprobierte. Wenn sie das täte, wären ja Erfolge nicht gewiss.

Im Kleinen mag sich die beschriebene Unfähigkeit in jenem grossmundig verkündeten Wunsch von Machtgebilden nach «Kreativität» offenbaren, wie er sich etwa in einem wirtschaftlichen Umfeld zeigt. Freilich erweist sich dieser Wunsch schnell allein als Hoffnung, sich der Zukunft zu bemächtigen, ohne irgendwie Abstriche an Macht vorzunehmen, und all die dafür in die Wege geleiteten Bemühungen können eben deswegen nicht wirklich zu Ergebnissen führen. Wahre Kreativität kann sich ja erst dann einstellen, wenn man den Mut dazu hat, die bestehenden Hintergrunddeutungen – mit ungewissem Erfolg – zu verlassen. Dazu sind etwa produktive Künstler und Künstlerinnen fähig, wenn sie sich stattdessen ihrer Sehnsucht hingeben, das gestalten zu können, was ihnen vorschwebt.[107] Im Grossen äussert sich ein solcher Mangel des Zugriffs von Macht auf die Welt darin, dass sie einerseits mit ihren Einwirkungsversuchen nie etwas Neues versuchen kann, also über herkömmliche Muster oder (gar in einer Tiefe, die sie sich kaum bewusst machen kann) schlummernde Annahmen nie herauskommt, und andererseits immer erwartet, dass zukünftige Herausforderungen jenen gleichen, die sie schon kennt. Das führt zum Beispiel dazu, dass sie, auch wenn sich das als wirkungslos erweist, was sie tatkräftig unternimmt, immerzu hofft, durch «mehr desselben»[108] doch noch Wirkung zu erzielen, statt dass sie versuchen würde herauszufinden, in welchem Sinn neue Zugangsarten gefordert wären. Und wenn sie sich auf die Zukunft bezieht, stellt sie immer jene Mittel bereit, die *bisher* wirksam gewesen sind, kann damit neuen Problematiken also nicht begegnen.

Selbstverständlich gibt es weder in Bezug auf das, was Erfolg haben wird, noch in Bezug auf die Zukunft ein sicheres Wissen – indem man aber nicht dafür offen ist, dass die Welt reichhaltiger oder anders sein könnte, als man sie bisher wahrgenommen hat, verschliesst man sich ganz der Möglichkeit, sich auf sie zu beziehen, wie sie dann dereinst sein wird. Macht erweist sich dabei also als ebenso unfähig wie alle Menschen – indem sie aber mit ihren Mitteln das durchsetzt, was sie, ohne Einsicht in ihre Beschränkung, als für allein richtig erklärt, stellt sie sich allen zukünftigen Entwicklungen entgegen und wirkt so gerade als Macht überaus schädlich.

7 Kleinbürgermacht

Kleinbürger sind in vielerlei Hinsicht der grossen Macht (wie sie in politischen oder wirtschaftlichen Machthabern oder anordnenden Behörden Gestalt annehmen mag) ausgeliefert.[109] Sie werden von ihr hin- und hergeschoben und werden in diesem Zusammenhang von ihr gar nicht wirklich als Subjekte anerkannt, sie sind deren Beschlüssen wehrlos ausgesetzt. Sie werden von Macht hemmungslos manipuliert.[110] Sie sind beispielsweise an ihrer Arbeitsstelle Vorgesetzten unterworfen, denen sie gehorchen müssen, sie befürchten, ihren finanziellen Verpflichtungen nicht nachkommen zu können, sie mögen von einer nicht enden wollenden Furcht getrieben sein, ihre Anstellung oder Wohnung zu verlieren (wenn sie nicht, wo Macht uneingeschränkt herrscht, gar um ihr Leben oder das ihrer Lieben fürchten müssen), sie haben ausserdem kaum politische Einflussmöglichkeiten und können so ihre Lebenswelt kaum mitgestalten. Dabei lernen sie – bzw. scheinen auf der Grundlage dessen, was sie erleben, lernen zu *müssen* –, dass Macht über alles triumphiert. Sie mögen eine solche Einsicht in Form von Kleinbürgerstoik in allerlei Lebensweisheiten kleiden, à la: «Es kommt, wie es kommt» bzw. «Wir müssen es nehmen, wie es kommt». Was in einer solchen Form als Einsicht erscheint, stellt in Tat und Wahrheit aber ein Sichfügen nicht nur in Macht selbst dar, sondern auch in die (angebliche) Erkenntnis, dass es sich so verhalten *müsse*: dass Macht das Grundprinzip der Beziehung zwischen Menschen darstellt. Darin eingeschlossen ist, wie man schon hier geltend machen muss, die Anerkennung, dass auch jene *Zerstörung* der Fall sein müsse, auf die sich Macht ja so gut versteht. Leitsätze wie die genannten gipfeln ja immer auch in Ergebung in Schlimmes, das kommen mag – obwohl doch grundsätzlich auch das Gegenteil möglich sein müsste: Es könnte ja auch Gutes und Grosses «kommen».

Wie sich zeigt, zeichnet sich Kleinbürgerideologie dadurch aus, dass sie, wie sich die einzelnen Menschen in den Verhältnissen, die sie vorfinden, auch einrichten mögen, jedenfalls *diese* Lektion verinnerlicht hat. Das hat zur Folge, dass Kleinbürger ihr Leben gegen oben und unten allein nach den Massstäben, welche Macht setzt, ausrichten. Sie haben keinen Einfluss auf die grosse Welt und haben gelernt, dass das angeblich so sein muss, weshalb sie sich ohne Widerstand unter jene Personen und Institutionen ducken, denen sie unterworfen sind. In ihrem engen Kreis dagegen, gegenüber etwa den Nachbarn, gegenüber den Mitgliedern ihrer Familie oder schliesslich gegenüber sich selbst, üben sie selbst ebenfalls

Macht aus (und zwar bekanntlich in grossem Masse). Sie haben ja eben gelernt, dass es (angeblich) keine andere Form der Beziehung zwischen Menschen gibt als Machtausübung, und so setzen sie im engen Rahmen fort, was sie selbst im Grossen erfahren.[111]

Kleinbürger verfügen zwar nicht über die Macht, in der grossen Welt selbstgewählte Ziele durchzusetzen oder frei ihrer Wege zu gehen – wie die grosse Macht können sie aber mindestens *kontrollieren,* ob sich ihr Gleichgestellte oder dann Untergebene ihrerseits an jene Normen und Regeln halten, die ihnen selbst gegeben sind. Und auch in Bezug auf diese ist es ebenfalls vor allem *Sichtbarkeit,* die im Mittelpunkt steht: einerseits in der Hinsicht, dass sie sichtbare Verstösse rügen können, andererseits aber auch umgekehrt darin, dass Gefügigkeit in Sichtbarkeiten Gestalt annehmen muss. Freilich zeigt nun alles einen banalen Charakter, und man schämt sich geradezu, Beispiele einer solchen Machtausübung zu nennen. Nicht aber die Gegenstände der kleinbürgerlichen Machtausübung sind wesentlich (Sauberkeit, Moralgehabe, die Forderung nach konformem Verhalten), sondern die Tatsache, dass auch sie in Macht über andere, in ein Verfügen über andere Menschen, mündet. Es ist nicht entscheidend, worauf sich eine solche Kontrolle richtet, sondern *dass* sie kontrolliert, Subjekte also auf der einen Seite um die ihnen an sich zustehende Freiheit bringt und ihnen umgekehrt etwas aufzwingt, was möglicherweise nicht ihr eigenes Ziel ist, und auf der anderen Seite auch den Kleinbürgern selbst, wenigstens im Kleinen, das Erlebnis von eigener Machtausübung vermittelt. Auf diese Weise setzt sich das Zerstörungswerk von Macht fort: Indem Kleinbürger andere Menschen kontrollieren, behindern sie ihrerseits diese an ihrer Entfaltung (statt dass sie sie dazu ermunterten, wenigstens den ihnen verbliebenen Lebensraum, so gut es immer möglich ist, zu nutzen) und bringen den Fluss des Lebens auf ihre Weise zum Erliegen.

Kleinbürgermacht kann zum Beispiel kontrollieren, ob sich die Nachbarn an jene Normen von Sauberkeit halten, denen sich Kleinbürger selbst unterstellen: ob sie das Treppenhaus oder den Garagenvorplatz sauber wischen, ferner ob sie so gekleidet sind, wie es sich ziemt, und nicht «stinken» (weil sie sich nicht regelmässig duschen, wie es sich gehört), ob sie ihre Hecken schneiden, wie es vorgeschrieben ist, und den Rasen regelmässig mähen, ob sie sich in sexueller Hinsicht liederlich aufführen oder endlich die Gesetze der Nachtruhe einhalten oder ihre Fahrräder vorschriftsmässig parkieren. Selbst *Einstellungen* kann man zu kontrollieren versuchen oder meinen, sie kontrollieren zu können: Man kann zum Beispiel kontrollieren, ob der Nachbar die Kirche regelmässig besucht, sein Haus mit Fahnen schmückt, wenn das geboten ist, man kann überprüfen, ob er die gleichen Meinungen hat (oder jedenfalls bekundet) wie man selbst oder (im Rahmen zum Beispiel von Landsgemeinden)[112] ob er so abstimmt wie man selbst. (Wer sich einem solchen Druck entziehen möchte, muss sich in sich selbst einschliessen und so abermals Macht, Macht nämlich gegen sich selbst, ausüben.)[113]

Zur Etablierung eines kleinbürgerlichen Autoritarismus eignet sich auch ausgezeichnet die (Volks-)Schule. Auf der einen Seite können Lehrer und Lehrerinnen als jene Kleinkönige und Kleinköniginnen, als die sie sich aufzuführen versucht sein mögen, ihre Schüler und Schülerinnen beherrschen, sei es auf der Basis ihres Wissensvorsprungs, sei es auf der Grundlage der Tatsache, dass sie diese als Untergebene behandeln können.[114] Den Schülern und Schülerinnen ist es in diesem Rahmen unmöglich, das Recht auf Eigenständigkeit geltend zu machen, und wenn sie es dennoch zu tun versuchen, werden sie etwa im Klassenverband schnell und wirkungsvoll Opfer von Gruppendruck ihrer Peers. (Auch bei Gruppendruck handelt es sich ja um eine Form von Machtausübung durch Menschen ohne Macht im Grossen – Schüler und Schülerinnen mögen sich unter Lehrpersonen und Eltern ducken müssen. Sie können dann aber, mit der Macht der Gruppe im Rücken, wieder Einzelne von ihnen, die einen eigenen Weg gehen wollen, in Einheitlichkeit etwa des Verhaltens, der Kleidung oder der Gesinnung zurückdrängen.)

Erst recht eignet sich endlich die Familie zu einer solchen Machtausübung. Das erste Opfer stellte herkömmlicherweise bekanntlich die Ehefrau dar. Von ihr wurde gefordert, dass sie sich dem Ehemann in allen Beziehungen unterordne, ihm in jeder Hinsicht zu Diensten stehe und keine eigenen Ansichten habe. Wie man weiss, hat es offizieller rechtlicher Gleichstellung bedurft, damit sich eine solche Behandlung nach und nach zurückbildete. (Verstockte, religiös verbrämte Ansichten sind aber bekanntlich auch in einer modernen Welt nicht von solchen Vorstellungen abgerückt, und de facto erheben ja viele Männer ihren Herrschaftsanspruch immer weiter.) Unterzuordnen scheinen sich aber nach wie vor die Kinder zu haben. Und diese wiederum setzen den Machtmissbrauch, den sie von ihren Eltern erfahren, allenfalls quer durch die Geschwisterreihe weiter fort, indem zum Beispiel immer das ältere Geschwisterkind den Anspruch erhebt, das jüngere Geschwisterkind gängeln zu dürfen, und dem jüngsten bleibt dann nur, sich in alles zu fügen.[115]

Gern wird dann, wie das bei Machtausübung immer der Fall ist, das Kontrollieren der Familienmitglieder mit dem vorgeschobenen Argument, dass sich die Nachbarn empören würden, wenn man sich «daneben» benehme, gerechtfertigt. Dabei geht es freilich kaum je um tatsächliche Klagen, sondern um eine konstruierte Begründung des eigenen Machtanspruchs. Und wieder ist es *Einheitlichkeit*, die den entscheidenden Argumentationsgrund liefert, als ob gewiss wäre, dass Einheitlichkeit *sein* müsse. Es ist dabei im Allgemeinen gar nicht ein konkretes einzelnes Anderssein, das unterbunden (und damit zerstört) werden soll, sondern Individualität als solche. Sie ist es, welche Macht – Macht im Grossen ebenso wie Macht im Kleinen – verhasst ist wie nichts sonst, weil sie einerseits allein durch ihr Bestehen den Anspruch der Macht, alles bestimmen zu können, in Frage stellt und andererseits Machtausübung schwierig macht, wenn sich Vielfalt Bahn bricht.

Wenn der Nachbar bzw. allgemein der Andere Gegenstand der Kleinbürgermacht ist, nimmt nie die Einsicht oder gar Freude daran, dass er anders *und ebendeswegen* interessant sein könnte, Gestalt an. Und erst recht nicht wird ihm zugebilligt, einfach sein zu dürfen, wie er nun einmal ist, sei das interessant oder langweilig oder allenfalls in keiner Weise bemerkenswert.[116] Überprüft wird stattdessen immer, ob er, gemäss irgendwelcher Kleinbürgernormen, gewissermassen «richtig» sei: ob er diesen entspreche oder nicht (und selbstverständlich gibt es im Rahmen der einer solchen Überprüfung eigenen Zweiwertigkeit nur die Zustände «erfüllt» oder «nicht erfüllt»). Und genau dieser Art von Prüfung unterzieht sich am Ende auch der Kleinbürger selbst: Er stellt sich nie die Frage (bzw. erlaubt es sich nicht, sie zu stellen): *Wer bin ich (eigentlich)?*, sondern überprüft sich stets daraufhin, ob er irgendwelchen kollektiven Vorstellungen genügt. Gut im Sinn von «richtig» zu gelten erlauben sich der Kleinbürger und die, die er bewertet, nur dann, wenn er *kollektiven* Vorstellungen entspricht – er lehnt umgekehrt also Individualität bzw. die in einer Gesellschaft von Individuen entstehende Vielfalt als Inbegriff von *Verfehlung* ab.

In diesem Zusammenhang ist er von Regeln, *einfach, weil sie Regeln darstellen,* fasziniert: von Regeln der Orthographie, Regeln des Benehmens, Regeln davon, wie *man* etwas macht oder wie es die *Tradition* fordert, dass man es macht. In verdrehter Anlehnung an die descartessche Selbstvergewisserung sagt er sich so gesehen: «Ich erfülle alle wichtigen Regeln, also bin ich bzw. darf ich sein». Und gleichzeitig – so muss man eine solche Selbstbeschreibung fortsetzen – spricht er sich nur dann *Wert* zu, wenn er das tut.

In der banalen Form sind es dabei immer die Anderen bzw. die Vertreter der Macht, welche die Regeln bestimmen. In einer verfeinerten Form mag das beschriebene Verhalten in eine religiöse oder ideologische innere Selbstprüfung münden – gemeinsam ist allen solchen Formen aber immer, dass der Individualität die kollektive Regel übergeordnet ist. Wirkliche Individualität (Individualität also, die aus mehr besteht als aus einem quantitativen Unterschied)[117] kann so nur als Anmassung und als «falsch» wahrgenommen werden.[118] Individualität darf es im Rahmen der kleinbürgerlichen Machtausübung nicht geben, ja diese strebt gerade umgekehrt die Vernichtung aller Individualität und Vielfalt an. (Damit macht sie sich in vorauseilendem Gehorsam gleichsam zur Pflicht, das aus dem Wege zu räumen, was der grossen Macht unliebsam wäre.)

Aus diesem Grund entsteht bei Kleinbürgern paradoxerweise Unsicherheit dann, wenn *nicht* klar ist, welchen Regeln sie gehorchen müssen, bzw. erst recht dann, wenn sie *keinen* Regeln gehorchen können. Daraus folgt eine zweifache Unsicherheit: die Angst davor, allfällig (im Verborgenen) doch bestehende Regeln nicht zu erkennen[119] und sich als Folge davon zu verfehlen, oder dann, wenn es tatsächlich keine Regeln gibt, gar keine Form von Verankerung zu finden.[120] Damit würde die Welt für sie *leer* und ihr Leben dazu: Es gäbe ja nichts, dem sie sich unterordnen könnten. Nicht die Leere an sich wäre dabei das Problem, sondern die Tatsache, dass Kleinbürger so keinen Ort finden könnten, an den sie gehören würden. Das bedeutete in einem gewissen Sinne ihre Vernichtung: Dass sie auch aus sich selbst heraus leben könnten, könnten sie nicht anerkennen.[121] Auch daraus entsteht dann eine Form von «Banalität des Bösen»:[122] Fürchterlicher als Böses zu tun ist für den Kleinbürger, die Situation zu erleben, dass nichts von ihm gefordert wird. In diesem Zusammenhang ist auch der Hinweis auf Gruppenzwang oft bloss vorgeschoben: Wer sich Gruppenzwang unterstellt, gewinnt, im Rahmen der verdrehten Kleinbürgerlebensweise, so in Wirklichkeit einen Ort und eine Bestimmung, statt sich zu verlieren. (Und selbst dazu, Verbrechen zu begehen, ist er fähig, wenn ihm dafür eine sicherere Verortung geboten wird.)

Gern reden Kleinbürger in einem solchen Zusammenhang von «*Ordnung*». Sie aber fassen «Ordnung» nicht als eine hoffnungsvolle Weise, die Welt zu verstehen oder gar schön oder würdig zu gestalten, auf, sondern ausschliesslich als *Unterordnung*. «Ordnung» scheint für sie allein darin zu bestehen, dass sich der Einzelne, allenfalls mit Gewalt gegen andere oder sich selbst, so verhält wie die anderen. Worin die Vorstellungen begründet sind, die dabei ins Spiel kommen, fragen sie nicht – allein die Tatsache, dass «Ordnungen» irgendwie ordnen und in diesem Zusammenhang *Unterordnung* verlangen, reicht Kleinbürgern dazu aus, etwas als «Ordnung» aufzufassen und sich zu eigen zu machen, und der Gedanke, dass es auch menschenverachtende, zerstörerische oder gar verbrecherische «Ordnungen» geben könnte, ist ihnen ganz fremd. Es scheint für sie die Forderung der Unterordnung *allein* zu sein, die garantiert, dass «Ordnungen» Gestalt annehmen.[123] «Ordnung» erscheint als etwas, das allein daraus entsteht, dass sich Einzelne etwas unterstellen und sich dafür selbst aufgeben. Und in ähnlicher Weise erscheint dann Macht einfach deswegen, weil sie Macht ist, als etwas Wünschenswertes: nicht als Macht, die den Weg zu etwas eröffnete, sondern als Macht an sich, als Macht ohne Gehalt, als Macht, die allein Einfügung verlangt.

So nötigen Kleinbürger nicht nur ihre Mitmenschen, sondern endlich auch sich selbst in vielfältiger Weise zu Ordnung im Sinne von Unterordnung. Sie sind fasziniert von Sportarten, die «hartes» Training voraussetzen (etwa Turnen)[124], oder wollen (in der Moderne) die Muskeln ihres Körpers etwa in Trainingszentren optimieren, versuchen also auch ihren Körper zu kontrollieren. Dabei geben sie vor, Ideale wie Gesundheit und Schönheit im Auge zu haben – fasziniert sind sie aber in Wirklichkeit wohl von der Vorstellung, sich ihren Körper zu unterwerfen oder, wie sie gern sagen, den «inneren Schweinehund besiegen» zu können. Oder sie ordnen sich Geräten, mit denen man etwas messen und so vorgegebene «Werte» erreichen kann, unter. Oder sie fassen schliesslich in der kulturellen Variante des gleichen Wunsches, sich äusseren Anforderungen durch Selbstkontrolle zu unterwerfen, Musik vor allem als Beherrschung von Musikinstrumenten auf und bewundern einerseits Musiker, die besonders fingertechnisch schwierige Stücke ausgezeichnet meistern können, und sind andererseits von Technik, von «richtiger» Bogen- oder Fingerhaltung fasziniert. Als besonders grossartig erscheinen ihnen dann Stücke, die man erst nach jahrelangem Üben meistern kann.[125] Die Vorstellung, dass eine Befähigung zu etwas aus einer Art Begabung fliessen könnte, ist der Kleinbürgerhaltung fremd, ja recht eigentlich verdächtig, weil sich in Begabung etwas seltsam Selbstständiges regt.[126] Ihr gemäss ist etwas erst dann etwas wert, wenn es das Ergebnis von Kontrolle, Üben und Erfüllung von Plänen darstellt.

Schliesslich ist der Machtgedanke auch in all jenen Formen von Übervorsorge, Überverantwortlichkeit und Überkontrolle zu finden, denen sich Kleinbürger hingeben. Im Zusammenhang mit solchen übernehmen Kleinbürger Verantwortung über alle Massen, als ob ihr ganzes Leben nur glücken könnte – und dürfte –, wenn sie *alle* seine Aspekte unter Kontrolle hielten.[127] Damit scheinen sie allein Gutes zu tun, weil sie ja damit höchsten Ansprüchen zu genügen suchen – in Tat und Wahrheit ist aber auch in solchen Formen einerseits die Sehnsucht nach Unterordnung unter strenge Massstäbe zu erkennen, und andererseits nimmt in ihnen die verfehlte Vorstellung von Menschen, die Macht unterworfen sind, Gestalt an: Es müsse sich so verhalten, dass ihr Geschick nur von ihnen und ihrer Fähigkeit, sich im Griff zu halten, abhänge. Der Erkenntnis, dass sie im Grossen Opfer darstellen könnten, weil sie als Macht Unterworfene an ihrer Entfaltung gehindert werden, können sie ausweichen, indem sie einen Mangel mittels der Umdeutung in den Anspruch, ihm mittels eigenem Handeln Herr werden zu können, verwandeln können.[128]

Ferner legen sich Kleinbürger Fesseln in Bezug auf ihre Sehnsüchte und Phantasien an, verbieten sich alles, was als Ausschweifung oder Genuss aussehen mag, oder versuchen das zu verdrängen, was nicht in ihre Vorstellung von Selbstkontrolle passt (oder leben das Verdrängte dann höchstens in Ausnahmesituationen wie der des Eintauchens in der Masse etwa im Rahmen von Fussballspielen, in männerbündisch geprägten militärischen Wiederholungskursen oder spätabends an betrieblichen Weihnachtsfesten oder Sauftouren aus). Oder sie machen sich allerlei angebliche gottesfürchtige Regeln zu eigen und fassen alle Formen von direkter Körperäusserung als Verstoss gegen göttliche Vorstellungen auf.[129] Auch ihre Alltagsfolklore ist durchsetzt von Vorstellungen, die Unterordnung verlangen: «Eine gute Medizin ist eine bittere Medizin», sagen sie gern, oder: «Ohne Fleiss kein Preis». Und wenn sie in bestehenden Machtgefügen schnöde übergangen werden, werfen sie sich selbst vor, zu wenig «gut» gewesen zu sein. Oder sie nehmen – im Rahmen eines Verschnittes religiöser, klassisch-literarischer Auffassungen[130] oder angeblicher philosophischer Weisheit[131] – allenfalls hin, dass sich Macht all das erlaubt, was sie sich selbst verbieten, trösten sich aber über diesen Umstand damit hinweg, dass sie Mächtige immerzu als hemmungslose, ihren Süchten verfallene Menschen auffassen, denen sie am Ende überlegen zu sein scheinen, weil sie selbst zwar nichts erreichen, sich im Gegensatz zu denen, denen sie unterliegen, aber selbst im Griff haben.

Bezeichnend für solche kleinbürgerliche Macht- und Ordnungsphantasien ist, dass sie keinen wie auch immer gearteten *Horizont* und so über die Zerstörung von angeblich Schädlichem hinaus auch kein wirkliches Ziel haben (darin sind sie freilich Machtvorstellungen im Grossen am Ende gar nicht unähnlich, wie man bei rechter Betrachtung erkennt). Unterordnung und Erfolg im Rahmen der Forderung nach Unterordnung allein sind das Mass aller Dinge – nicht was man mit einer solchen Unterordnung allenfalls erreichen könnte, wozu sie einen befähigen könnte oder was man mittels ihr verstehen könnte.[132] Auch sie greift allenfalls zu Rationalisierungen – sich «in den Griff zu bekommen» scheint zu Erfolg zu führen, sich bzw. seinen Körper kontrollieren zu können scheint einen zu «allem» zu befähigen (was dieses «alles» aber umfassen würde, fragt man sich nicht), und sich einen waschbrettartigen Bauch anzutrainieren scheint einem den Zugang zu Schönheit zu bahnen. Aber immer liesse sich in Bezug auf solche Ziele nachfragen: Und dann? Wozu soll der Erfolg da sein?[133] Freilich sind Kleinbürger der Beschäftigung mit solchen Fragen enthoben, weil sie ja immerzu erst auf dem Wege dazu sind, sich ganz kontrollieren zu können. Und solange dieses Ziel noch nicht *wirklich ganz* erreicht ist (und es wird nie erreicht), müssen sie sich nicht die Frage stellen, weshalb sie ihr Ziel eigentlich anstreben: Kontrolle *allein* ist ja nicht mit dem Erreichen eines sinnvollen Ziels identisch.

Nun mögen Menschen mit ihrem Leben anfangen dürfen, was sie wollen (solange sie nicht andere Menschen, also ihre Nachbarn, Ehefrauen und Kinder sowie, als Lehrpersonen, ihre Schüler und Schülerinnen, damit schädigen) – fragwürdig wird das beschriebene Verhalten aber deswegen, weil es sich gern mit der grossen Macht verbrüdert und dieser so in die Hände arbeitet. Menschen, die sich, ohne Horizont oder eigene Ziele zu verfolgen, unterordnen, ja sogar stolz darauf sind, dass sie dazu in der Lage sind, übernehmen Forderungen, die von aussen an sie gerichtet werden, ohne Zögern und vor allem ohne eigene Bewertung dessen, was von ihnen gefordert wird (bzw. kann sich Macht solcher Denkweisen bedienen).

Das tun solche Forderungen, auch wenn sie in nichts anderem als der Forderung nach Unterordnung bestehen. Es verhält sich so, als ob eine solche Forderung etwas in den Kleinbürgern zum Klingen bringen würde. Sich unterzuordnen: Das kennen sie, dazu sind sie fähig, ja ein solches Verhalten scheint *an sich* «Ordnung» zu schaffen und dann zum Erfolg zu führen. Weil sie sich ja immerzu selbst darauf trimmen, sich unterzuordnen, und selbst so Macht in Bezug auf sich selbst ausüben, führen sie auch gern das aus, was eine äussere Macht von ihnen fordert. Selbst sind sie – weil sie meinen, erfasst zu haben, dass die Welt im Innersten Macht ist – ebenfalls auf Machtausübung, wenn auch nur im Kleinen, ausgerichtet, und selbst fragen sie nie nach, *wieso* Unterordnung sein soll. So fügen sie sich am Ende gern in die Ziele der grossen Macht ein. Auch eine solche Unterordnung kann wieder bequem rationalisiert werden: Was Machthaber und «Experten» und «Expertinnen» vorhaben, kann nicht anders als gut sein, sonst wären sie – so der Kleinbürgerzirkelschluss – nicht Machthaber oder «Experten» und «Expertinnen». Ihre Ziele sind gut, also darf man sich ihnen nicht entgegenstellen: Es «ist so, wie es ist, also *muss* es so sein». Statt Widerstand zu leisten, wenn eine Macht ruft, ohne zu sagen, wieso, marschieren sie auf der Stelle mit, statt für sich und ihre eigenen Ziele einzustehen. (Dabei könnte die grosse Macht – ohne dass die Kleinbürger dessen gewahr würden – ihre Ziele gar nicht so leicht erreichen, wenn sie das nicht täten.)

An dieser Stelle mag es von Bedeutung sein, den Begriff der *Kontrolle*, der im Weltbild des Kleinbürgers eine so grosse Rolle spielt, einer vertiefenden Betrachtung zu unterziehen. Wie man schnell erkennt, ist der Begriff der Kontrolle mit der Vorstellung der Macht in stärkster Weise verbandelt. Kontrolle zielt darauf ab, denjenigen, dem sie gilt, ganz in den Griff zu bekommen, so, dass ihm am Ende jede Autonomie genommen wird. Das ist es aber genau, was ja auch Macht mit dem anstrebt, worauf sie sich richtet. Auch jene Kleinbürger, welche von der Vorstellung der Kontrolle fasziniert sind, stellen so gesehen also Machtmenschen dar; bloss solche, die selbst nicht als eigenständige Personen in Erscheinung treten und keine eigenen Ziele anstreben, perfekte Erfüllungsgehilfen von Macht also.

Insofern aber, als das der Fall ist, gelten nun auch für alle Formen von angestrebter Kontrolle die Bedenken gegenüber Macht bzw. jener Gesamtdeutung, welche Macht anstrebt. So wie Macht aus epistemologischen Gründen keine endgültige Gewalt über die vorgefundene *materielle* Welt gewinnen kann, kann auch Kontrolle am Ende nur scheitern. Kontrolle ist nicht nur der Vielfalt des Gegebenen nicht gewachsen – und hat in diesem Zusammenhang auch keinen Zugang zu zukünftigen Verläufen[134] –, sondern kann ebenfalls nichts ganz behändigen, weil sie ja ebenfalls keinen Zugang zu einem endgültigen Verständnis der vorgefundenen Welt hat. Bestrebungen zum Beispiel, sich selbst zu kontrollieren, werden so immer scheitern, weil sich das, worauf sich Kontrolle ausrichtet und – als Kontrolle – immer *ganz* unterjochen will, gar nicht endgültig erfassen lässt.

Das hat verschiedene Konsequenzen. Zunächst muss man festhalten, dass damit alle Bestrebungen zur Kontrolle, auch wenn sie jetzt gerade zu wirken scheinen, am Ende immer nur in einem Misserfolg enden können. Das ist für den Einzelnen (für den einzelnen Kleinbürger) deswegen so furchtbar, weil ja die Vorstellung von Kontrolle immer miteinschliesst, dass die Kontrolle *total* sei – die Idee einer Teilkontrolle stellt einen Widerspruch in sich selbst dar, weil der Begriff als Ganzer wie der der Macht auf Zweiwertigkeit aufgebaut ist: Entweder Kontrolle gelingt ganz, oder sie gelingt nicht. Im Gegensatz zu einem grossen Machthaber kann der Kleinbürger für ein solches Scheitern aber nicht irgendwelchen Gegnern oder Feinden die Schuld geben, sondern er muss anerkennen, dass er selbst es ist, der seine Ziele nicht erreicht. Wie im Zusammenhang mit religiösen Forderungen steht er – ausgerechnet er, als ein Mensch mit den höchsten Forderungen an sich selbst (wie er sich selbst gern darstellt) – am Ende mit Gewissheit als Versager da. Er kann dann – so wie er das erlebt – als Mensch, der sich als «schwach» erweist, seinen eigenen Ansprüchen nicht genügen. Dies wiederum hat zur Folge, dass seine Bereitschaft, sich ihm, wie es scheint, überlegenen Menschen, also Machtmenschen, anzuschliessen, wächst: Nur sie scheinen ihm ein Eintauchen in jene Totalmacht zu gewähren, zu dem er sich, wie er meint, selbst als nicht fähig erweist.

Wie sehr die Vorstellung der Kontrolle in die Irre geht, erkennt man, wenn man sie zu der Vorstellung der *Verantwortung* in Beziehung setzt. Verantwortung trägt im Gegensatz zu Kontrolle der Tatsache Rechnung, dass es dem Menschen verwehrt ist, im Rahmen der *materiellen* Welt Totalherrschaft zu erreichen. Statt dass sie eine illusionäre, nicht erreichbare Perfektion anstrebte, die sich aus sich heraus rechtfertigte, nimmt in ihr ein verantwortliches Subjekt Gestalt an, das dem Charakter der vorgefundenen *materiellen* Welt gerecht zu werden versucht. Im Rahmen der Vorstellung der Kontrolle ist das nicht der Fall: Kontrolle scheint man dann zu haben, wenn man – gewissermassen auf der Basis einer Liste der Anforderungen – alles erreicht hat, was man erreichen muss. Eine solche Vorstellung setzt kein wertendes Subjekt voraus, weil alleiniger Massstab des Handelns die genannte Liste darstellt. (Und wie im Zusammenhang mit der Macht hat dabei auch die vorgefundene Welt keine Eigenbedeutung: Sie soll ja erschöpfend «kontrolliert» werden.) Von einem Subjekt wahrgenommene Verantwortung dagegen tritt erstens als autonom wertender Massstab in Erscheinung und nimmt zweitens im Rahmen einer vorgefundenen Welt, die nicht zu Ende erfasst werden kann, Stellung. Sie gibt sich nicht dem (stolzen) Plan hin, dereinst über die vorgefundene Welt ganz verfügen zu können, sondern nimmt die Aufgabe an, in einem *Spiel, das nicht irgendwie endgültig gewonnen werden kann*, nach selbstverantworteten Massstäben zu agieren. Sie nimmt dabei in Kauf, dass sie der vorgefundenen Welt nie ganz gerecht werden kann. Stattdessen versucht sie, wenn man so will, ihr Bestes zu geben, in Anerkennung des Grundsatzes *ultra posse nemo obligatur*,[135] dabei freilich immer auch in Anerkennung der Tatsache, dass nicht zweifellos bestimmt werden kann, wo sich die Grenze ihres Eingreifenmüssens befindet. Aus diesem Grunde lieben es schwache Personen, sich die Vorstellung der Kontrolle anzueignen. Sie bietet die Basis des seltsam verdrückten Hochmuts jener Menschen, die sich anheischig machen, über etwas Kontrolle zu entwickeln: Sie unterstellen, dass *sie* der Welt irgendwie «fehlerlos» begegnen können werden.[136]

Der Anspruch, Kontrolle auszuüben, mag dabei so aussehen wie Verantwortungsgefühl – eine solche Auffassung geht aber in die Irre, weil in ihm kein Subjekt zu Wort kommt, das verantwortlich in Erscheinung treten würde. Dazu sind freilich Kleinbürger im Übrigen gerade nicht in der Lage: Sie dürfen sich ja keine eigenen Urteile und Wertungen erlauben, weil sie, als Urteilende oder Wertende, als eigenständige Personen auftreten würden: Gerade das aber versagen sie sich bzw. wird ihnen versagt. Sie dürfen keine Subjekte mit eigenen Werturteilen sein.

Sie mögen sich in Träumen von Kontrolle über ihnen Unterstellte und sich selbst ergehen, aber die Massstäbe, nach denen sie mittels einer solchen die Welt zu «ordnen» vorgeben, bestimmen sie nicht selbst, sondern sie übernehmen sie im Gefolge jener Mächte, denen sie sich unterordnen.

Das Ziel, in jeder Hinsicht Kontrolle auszuüben, mündet am Ende auch in eine seltsame *Statik* des Lebens. Zunächst einmal kann es im Rahmen eines solchen Planes kein eigenständiges Gegenüber geben – alles Einrichten des Lebens erschöpft sich in dem Gehalt, welchen die Massstäbe der Kontrolle vorgeben. Statt einer Begegnung zwischen einem Subjekt, das sein Leben verantwortlich anordnete, und einer unabhängigen Welt – statt einer Begegnung also, aus der sich immer Neues und Gehaltreiches ergeben kann – endet alles in einer eigentlichen Gefangenschaft in der Kontrolle selbst.[137] Und vollumfängliche Kontrolle ist am Ende nur dadurch zu erreichen, dass sich der sich Kontrollierende alle Betätigungen verbietet, welche in Unwägbarkeiten hineinführen – mit dem Ergebnis, dass Kontrolle (wie Macht) in Zerstörung letztlich jeder Lebensäusserung mündet. Am sichersten – das ist die tragische Konsequenz eines solchen verfehlten Denkens – ist Kontrolle dann, wenn gar nichts mehr stattfindet, was der Kontrolle bedürfte, das heisst, wenn die notwendige Bedingung jeder Bewegung aus dem Wege geschafft ist und so (wiederum) alles zerstört ist.[138]

In diesem Zusammenhang wird auch jene nicht enden wollende Faszination durch Unglücksfälle und Katastrophen verständlich, welche den Kleinbürger auszeichnet (und von auf die Bewirtschaftung einer solchen Sehnsucht spezialisierte Massenmedien ja ausgiebig bedient wird), so sehr er sich äusserlich als Inbegriff von Ordentlichkeit und Ruhe inszenieren mag. Sogenannte Katastrophen tragen mehrere Züge, die sich gut in sein Lebensgefühl und sein Verhältnis zu Macht einfügen. Zum Ersten scheint sich in ihnen eine «höhere Macht» zu offenbaren, die nicht in Frage gestellt werden kann: In ihnen nimmt also, wie es scheint, die Tatsache Gestalt an, dass der Hintergrund der Welt von unbeeinflussbaren Kräften, also von Macht, bestimmt ist. (Angesichts der Tatsache, dass er selbst im Allgemeinen von solchen Katastrophen ja kaum berührt ist,[139] liegt es auf der Hand, dass sich in der beschriebenen Faszination das projektionsmässig widerspiegelt, was sein wirkliches Lebensgefühl ist, aber nicht gespürt werden darf.) Damit einher geht dann zum Zweiten auch, dass man dort, wo angeblich «höhere Mächte» am Werk sind, selbst nicht in Erscheinung treten kann. Angesichts jener unkontrollierbaren Mächte, die einen hin- und herschieben, kann man ja nicht als verantwortlicher Mensch in sein Leben eingreifen, sondern muss dieses entweder dem «Fatum» oder jenen Grossen, die sich ihm entgegenzustellen wagen, in die Hände geben. Und zudem scheint man der Frage überhoben, ob richtig oder gerecht ist, was mit einem geschieht: Eigene Wertungen erscheinen angesichts von Katastrophen fehl am Platz. In Katastrophenvorstellungen nimmt zum Dritten schliesslich auch wieder Gestalt an, dass Macht mit Zerstörung verschwägert zu sein scheint. Mächte in Form eines unbeeinflussbaren Fatums könnten ja auch zum Guten in die Welt eingreifen – eine *solche* Vorstellung findet sich aber kaum irgendwo, weder im Repertoire von Kleinbürgern noch in jenem von Machthabern.

Im Rahmen einer solchen Kleinbürgeroptik geht gleichzeitig verloren, dass es gar nicht Katastrophen oder Revolutionen aller Art sind, welche das Leben voranbringen. Schon eine solche Vorstellung entsteht aus der Bereitschaft, Macht als Formprinzip der Welt anzuerkennen.[140] In Tat und Wahrheit ist der Fortgang des Lebens viel stärker, als das Kleinbürger zugeben mögen, durch evolutionäre Neuordnungen geprägt, dadurch also, dass Zustände immer wieder in der Begegnung mit neuen Sichtweisen und neuen Menschen und neuen Erkenntnissen verändert werden. In solchen nun freilich geschieht nicht einfach etwas ohne menschliches Zutun – wie im Falle von unaufhaltsamen Katastrophen –, sondern Menschen treten auf und bringen sich in Erscheinung: wertend, Stellung nehmend, ihre Lebenswelt mitgestaltend.[141] Indem sich Kleinbürger so gern allerlei Katastrophenvorstellungen hingeben, gehen sie auch dem Umstand aus dem Wege, dass auch sie sich eben so zur vorgefundenen Welt einstellen müssten bzw. die Möglichkeit dazu haben müssten, sich so einzustellen.[142] Ihre Behauptung, das Leben zeichne sich wesentlich durch Ausgesetztsein aus, ist nicht das Ergebnis einer irgendwie grossartigen Einsicht oder Ergebung, sondern bildet die Rationalisierung ihrer faktisch bestehenden Ohnmacht in einer Welt, die von Macht geprägt ist.

Kleinbürger mögen sich immer unter die grosse Macht unterordnen müssen – dass das so sein muss, scheint ausser Frage zu stehen. Gleichzeitig reihen sie sich damit – als grundsätzlich ohnmächtige Wesen – auch in eine Bewegung ein, die sich durch Erfolg auszeichnet: Es ist ja Macht, die Erfolg hat. So können sie sich, indem sie sich selbst nicht achten und sich so opfern, auf die Seite des *Erfolgs* stellen, und an einem solchen nach Massen wenigstens partizipieren. Und *Erfolg an sich*, nicht eigene Erfolge und nicht Erfolg für irgendwelche Ziele scheint ihnen der Inbegriff dessen darzustellen, worum es in der Welt geht. In dem Sinne können sie meinen zu gewinnen, auch wenn sie sich in Wirklichkeit verlieren. Und das Weltprinzip, dass Macht sein müsse, scheint bestätigt zu sein.

Freilich ist es dann am Ende gar nicht so sehr der Erfolg, der sie in Bann schlägt – und unüberwindliche Triumphgefühle dürfen sie sich ja sowieso nicht erlauben, weil solchen ein eigenartiger Anarchismus eigen ist, und über die Stränge schlagen erlauben sie sich nicht[143] –, sondern wiederum die (angebliche) *Unausweichlichkeit* eines Sieges, die so sehr in ihre Vorstellung von «Ordnung» passt.

Dass eine Bemühung oder ein Aneinandermessen auch einen anderen Ausgang hätte nehmen können, findet keinen Eingang in ihr Denken und Sehnen: Wie bei einem mittelalterlichen Gottesurteil ist scheinbar alles so gekommen, wie es hat kommen müssen.[144] Etwas anderes können Kleinbürger nicht fassen, weil solche Situationen die feste Überzeugung, dass alles festgefügt sein muss, über den Haufen werfen würde. Aus der Tatsache, dass ein Sieg statthat, konstruieren sie die Überzeugung, dass der Sieg hat statthaben *müssen,* und das behauptet ja auch der Sieger, also die grosse Macht selbst. Und so ist es in Tat und Wahrheit die Unterstellung, dass nichts *zufällig* sei, sondern umgekehrt alles «gemeint» oder vorausbestimmt sei, die siegt. Alles, was geschieht, ist das Ergebnis von Unausweichlichkeit.

Wenn man nun zum Schluss feststellt, dass sich nicht nur die Kleinbürger gern Unausweichlichkeiten aller Art unterstellen, sondern auch die grossen Machthaber immer wieder betonen, dass sie nur vollzögen, was sie vollziehen müssten, dass sie sich auf ihre Weise also ebenfalls Unausweichlichkeiten (höherer Art) unterwürfen, kommt man zu dem Ergebnis, dass sich so der Kreis schliesst. Nicht nur kann man bemerken, dass die grossen Machthaber (jedenfalls der neueren Zeit) im Allgemeinen dem Kleinbürgermilieu entstammen und ihre sie treibenden Machtvorstellungen zu grossen Teilen aus diesem gezogen haben.[145] Der Bezug auf *Unausweichlichkeit,* wie er sowohl der grossen Macht wie der Kleinbürgermacht eigen ist, lässt auch erkennen, dass hinter der Sehnsucht, sich Macht zu übergeben, offenbar die Angst steht, gewissermassen einfach so in der Welt zu stehen, wie man dasteht, ohne Verankerung in etwas, was *an sich* geboten zu sein scheint.

8 Der ethische Hintergrund des Handelns

Menschliches Handeln muss sich nicht nur an jenen unbeeinflussbaren Bedingungen ausrichten, welche die vorgefundene empirische Welt bietet, soweit diese überhaupt verstanden werden kann, sondern sieht sich auch dem Anspruch gegenüber, sich an *ethischen Vorstellungen* zu orientieren. Worin ethische Forderungen letztlich gründen (ob in göttlichen Geboten, in Geboten, welche die menschliche Vernunft aufstellen mag, oder etwa in Geboten, die in Liebe für den Mitmenschen oder in Anerkennung und Achtung gegenüber diesem fussen), mag dabei offen bleiben – gewiss ist aber, dass sie wie die Bedingungen der vorgefundenen Welt dem Menschen einen *Rahmen* für sein Handeln geben. Indem sich der Mensch im Allgemeinen an solche Regeln hält, trägt er dem Umstand Rechnung, dass nicht nur das, was der Fall *ist* (bzw. der Fall zu sein scheint), sondern auch das, was der Fall sein *soll*, dazu beiträgt, dass er sich entfalten kann. Dass sich der Mensch in einem *ethischen* Raum bewegen kann, derart, dass sich alle oder fast alle Menschen gewissermassen an die für alle geltenden Spielregeln halten, trägt zur Entstehung jener *Verlässlichkeit* bei, den er braucht, damit er sich in der Welt handelnd einzurichten versuchen kann.[146]

Ethische Forderungen zeichnen sich dadurch aus – wenn sie einen ethischen Sinn haben sollen –, dass sie, was auch immer ihre Wurzeln sein mögen, *uneingeschränkt* gelten müssen, sich also, Spielregeln gleich, menschlichen Formierungsversuchen und Umdeutungen im Hinblick auf Partikularinteressen entziehen. Wie dies in Bezug auf epistemologische Beschränkungen der Fall ist, kann sich Macht mit ihrem Absolutheitsanspruch freilich auch in Hinsicht darauf, sich von ethischen Forderungen *begrenzen* lassen zu müssen, nicht abfinden. Wie man weiss, beansprucht sie als Macht ganz ohne Rechtfertigung eine *Sonderstellung*. Wenn sie schon in Bezug auf die vorgefundene empirische Welt versucht, sich mit ihrem Machtwillen über die vorgefundene Welt zu stellen, so tut sie das erst recht in Bezug auf ethische Vorstellungen: Selbstverständlich will sich Macht auch von ihnen nicht beschränken lassen.[147] Der einzige Gesichtspunkt, der ihr von Bedeutung zu sein scheint, stellt ihr uneingeschränkter Wunsch nach Herrschaft dar. Dass sich diesem etwas entgegenstellen könnte, kann sie nicht fassen. Und der unsichere Status, den ethische Forderungen haben, tut das Seine dazu, dass sie diese leicht beiseite wischen kann. Dabei verhält es sich nicht so, dass sie sich (etwa in Notsituationen) etwas entwinden würde, dem sie an sich durchaus Geltung zusprechen würde – sie kann als Macht vielmehr die Vorstellung grundsätzlich nicht gelten lassen, dass es etwas anderes als sie und ihre Ziele geben könnte.[148] Aus denselben Interessen heraus kann Macht aber auf der anderen Seite Eigenständigkeit, eigene Wertsetzungen und eigenes Wollen der ihr Untergebenen nicht zulassen. Sie will *allein* herrschen. Deswegen ist sie, wie sich zeigt, nicht grundsätzlich dagegen eingestellt, dass es ethische Forderungen gibt: Sie weist einfach *das Ansinnen, dass sie sich selbst ebenfalls an solche zu halten habe,* von sich. Ihr Anspruch auf eine Sonderrolle besteht also auch darin, dass sie umgekehrt, wenn es ihr nützt, ihr Herrschenwollen mittels Macht durchaus durch Instrumentalisierung von ethischen Forderungen gegenüber den ihr Unterworfenen ergänzt. Als Macht, die sich über alles stellt, will sie das Verhalten der ihr Unterworfenen uneingeschränkt kontrollieren und verpflichtet diese allenfalls auch auf ethische Normen oder bedient sich bestehender ethischer Selbstverpflichtungen der ihr Unterworfenen.[149] Sie spielt also, wie man sagen könnte, in Bezug auf ethische Vorstellungen ein *Doppelspiel,* ein Doppelspiel, das sie, wie zu ergänzen ist, nun entweder mit fragwürdigen Beweisen als seinerseits geboten darzustellen versucht oder mittels schöner Worte nach Kräften verschleiert.

Damit missbraucht Macht Ethik abermals: Ethische Vorstellungen zeichnen sich vielmehr dadurch aus, dass sie allem menschlichen Handeln vorausgehen. Aus diesem Grunde kann sich nicht nur keine Instanz aus den Forderungen, welche damit einhergehen, ausklinken, sondern es kann gleichzeitig umgekehrt auch keine Instanz geben, die selbst in die Hände nehmen dürfte, Menschen ihres Beliebens auf ethische Vorstellungen zu verpflichten. Beides widerspricht dem Universalitätsanspruch, der Ethik eingeschrieben ist.

Die banalste Form, mit der Macht ihre Position gegenüber ethischen Vorstellungen rechtfertigt, besteht bekanntlich darin, geltend zu machen, mit ihrem Auftreten *allein* nachzuvollziehen, wie die «Natur» organisiert sei. Diese sei nicht ethisch geformt, sondern faktisch von Stärkeverhältnissen geprägt. Es gebe in der «Natur» «nun einmal» «Stärkere» und «Schwächere», und es seien die «Starken», welche den Ton angeben würden, ja müssten, und die «Schwachen» hätten ihnen zu gehorchen.[150] Ein solcher kruder Sozialdarwinismus mag nach einem Jahrhundert, in dem er sich zum Glück, freilich unter Hinterlassung von furchtbarsten Verwüstungen, am Ende entlarvt hat, schlecht und recht versteckt immer weiter wirken – spätestens in der neueren Moderne sieht sich Macht aber allenfalls dazu gezwungen, ihr Ziel, selbst ohne Grenzen agieren zu können, zu verstecken, indem sie ihren Wunsch nach uneingeschränktem Handeln allein gemäss ihrem eigenen Willen in ein Gewand von Ehrbarkeit, Berechtigung und (wie sie gern sagt) Alternativlosigkeit kleidet, also den Anschein erweckt, selbst, sogar nach den höchsten Massstäben, ethisch zu handeln (in einem religiösen Umfeld tut sie das seit jeher).[151] Auf diese Weise entzieht sie sich dann dem Vorwurf, eigenmächtig zu handeln – sie erscheint nun gerade umgekehrt als Ausbund einer Kraft, die sich zugunsten von Grossem zurücknimmt.

Dem Vorwurf, sich über alles Gebotene hinwegzusetzen und aus einem reinen sich selbst setzenden subjektiven Voluntarismus, wie er für Macht bezeichnend ist, heraus zu handeln, geht sie nun damit aus dem Wege, dass sie vorgibt, ihr Handeln an etwas auszurichten, das (scheinbar) aus sich heraus gilt.[152] So macht sie im Grossen etwa geltend, Gottes Willen zu repräsentieren, «grosse Ideen» wie das Wohl des Vaterlandes oder die Wahrung der Gesundheit der Bevölkerung oder wirtschaftliches Wachstum oder den Schutz des Weltklimas oder irgendeine drängende «Not» abzuwehren, im Auge zu haben oder sogar nichts Geringeres als «die Ordnung» selbst herstellen oder wiederherstellen zu beabsichtigen. Und im Kleinen macht sie geltend, Kinder vor allerlei Gefahren «schützen» oder «das Beste» für Kinder oder Partner erstreben zu wollen.[153] Was auch immer dabei ins Spiel gebracht wird, scheint den Charakter zu haben, *zweifelsfrei* und *uneingeschränkt* es wert zu sein, verfolgt zu werden, oder als Vorstellung gar *selbstevident* zu sein.

Der Gewinn, den Macht dabei erzielt, besteht darin, dass ihr Handeln, indem sie sich auf solche Werte bezieht, nun scheinbar ethisch gerechtfertigt ist – solche Ziele verfolgen zu wollen scheint jede Form von willkürlicher Anmassung abgestreift zu haben und als absolut gut gelten können.[154]

Freilich nimmt in solchen scheinbaren Unterstellungen von Macht unter «grosse Ziele» versteckterweise erneut eine Form von Machtanspruch Gestalt an, wie man schnell erkennt, wenn man sich nicht von schönen Worten und bekundeten Absichten täuschen lässt. Man muss sich vielmehr genau vor Augen halten, welchen Charakter die Ausrichtung auf die ins Spiel gebrachten «grossen Ziele» hat und wie der Anspruch, angeblich gute Ziele zu verwirklichen, zu Machtzwecken verwendet werden kann. Zunächst muss man sich darüber Rechenschaft geben, dass «grosse Ziele» wie die genannten, wie es scheint, unter keinen Umständen in Zweifel gezogen werden können, ohne dass man sich dem Vorwurf aussetzen würde, selbst Schlechtes zu propagieren. Indem sich Macht solche Ziele auf die Fahnen schreibt, macht sie sich also gleichzeitig eine Stellung zu eigen, die scheinbar nicht angreifbar ist: Sie erwirbt sich also indirekt eine absolute Position. Wie könnte man etwa im Grossen geltend machen, dass Notständen nicht Abhilfe geschaffen werden müsste oder das «Klima» vernachlässigt werden könnte, oder wie könnte man sich dagegen wenden, dass «Ordnung» geschaffen würde? Und wie könnte man sich im Kleinen allen Ernstes gegen etwas wehren, was zu eines «Besten» geschieht?

Täuschen lässt man sich nun aber nur, solange man sich mit grossen Worten zufriedengibt. Mit der Berufung auf «grosse», immerzu *materielle*, empirische[155] «Ideen» ist es freilich nicht getan. Zu begründen wäre stattdessen erstens, wieso Macht *gerade dieses* und nicht ein anderes Ziel wählt. Und begründet werden müsste zweitens, wieso sie behauptet, dass *bloss das ausgewählte einzelne Ziel* allein und nicht gleichzeitig weitere Ziele verfolgt werden müssten. Dabei gilt es zu beachten, dass selbst dann, wenn ein ins Zentrum gestelltes Ziel als in sich (allein) wertvoll erscheinen könnte – das ist indessen bei *materiellen* Zielen unmöglich –, es doch nicht aus sich heraus begründen kann, inwiefern es den *einzigen* Wert darstellt, der Beachtung finden müsste. Wenn man das unterstellen würde, würde man den sogenannten Sein-Sollen-Fehlschluss begehen – so ist etwa der Schutz des Klimas vor Entgleisung gewiss ein Wert, der Beachtung verdient, nicht aber weil das Klima für sich selbst sprechen würde (es hat sich ja auch ohne menschliches Zutun über die Jahrtausende immer geändert), sondern weil man etwa aus Verantwortung den kommenden Generationen oder der Vielfalt der vorgefundenen Natur gegenüber als Mensch eine solche Obsorge schuldig ist. Dass sich Macht einem bestimmten Ziel zuwendet, stellt also den Akt einer *Wahl* dar. Solange indessen eine getroffene Wahl nicht gerechtfertigt worden ist, also nicht begründet worden ist, wieso man sie vornimmt, stellt ein Handeln auf ein gewähltes Ziel am Ende, so gut das Ziel auch erscheinen möge, dennoch nur einen Akt von Willkür dar und kommt damit Machtausübung gleich.[156] Und die Einschränkung auf einen Wert unter vielen möglichen macht sich gleichzeitig allenfalls der Verletzung eines Gesamtgesichtspunktes schuldig: Zum einen kann die Wahl eines bestimmten Wertes unerwünschte Nebenfolgen haben, zum anderen verdienten es vielleicht andere Werte, gleichzeitig *ebenfalls* beachtet zu werden, oder der Versuch zum Dritten, möglichst viele Werte zu wahren, würde einen besseren Effekt haben.[157]

Und zum Zweiten muss man festhalten, dass es keine *materiellen* Werte gibt, die *an sich* bestehen – das gilt nicht einmal für «Ordnung»[158] –, sodass Macht höchstens *gewisse Massstäbe* installieren kann, welche etwas als wertvoll erscheinen lassen, nicht einen Wert an sich. Mit ihrer angeblichen Unterordnung unter einen «grossen Wert» unterstellt sich Macht mit anderen Worten gar nicht, wie sie behauptet, einem Wert *«an sich»*, sondern verabsolutiert einzig eine bestimmte *Sichtweise* in Bezug auf den gewählten Wert. Das stellt dann aber einen Akt von Macht dar, nicht eine grundsätzlich gebotene Unterordnung unter eine Idee *an sich*.

Das mag im Zusammenhang mit dem Anspruch Einzelner oder ganzer Institutionen, Gottes Vorstellungen an die Welt heranzutragen, am deutlichsten zu Tage treten. Für einen gläubigen Menschen steht Gott bekanntlich über allem, erscheint als nicht kritisierbar und mag endlich auch als «unerforschlich» gelten. Bei allem, was Einzelne oder Institutionen vorbringen mögen, kann es sich dagegen allein um Interpretationen mit all den mit solchen verbundenen Unsicherheiten handeln – Gott selbst kann man nicht erkennen. Nun mag man Gott über alles stellen – daraus folgt aber nicht, dass das, was Ausleger welcher Art auch immer *in seinem Namen* vorbringen, den gleichen Wert hat wie das, wofür Gott steht.[159] Und Notstände, also andere Umstände, die scheinbar absolute Forderungen stellen, kann man, wie anzufügen ist (wie man ja aus der Geschichte weiss), als Machthaber auch selbst herbeiführen; mit dem Ergebnis, dass alles daraus abgeleitete Verhalten fragwürdig bleibt, solange nicht bewiesen ist, dass Not *an sich* besteht. Zu untersuchen ist in einem solchen Falle nicht, ob Massnahmen, die ergriffen werden, sinnvoll sind, sondern ob ein Notstand wirklich besteht, wenn man Machtmissbrauch den Riegel vorschieben will.

Wie man erkennt, macht sich Macht in den beschriebenen Situationen den Umstand zunutze, dass es sich bei den «grossen Ideen», denen sie sich angeblich unterstellt, immer um Werte handelt, die als *materielle* Gegebenheiten grundsätzlich interpretierbar sind und deswegen nach Belieben deutbar und umdeutbar sind. Wie man weiss, hat sich noch nie eine Macht zum Ziele gesetzt, etwa *«endlich»* den Kategorischen Imperativ durchzusetzen, weil dieser, als jene *formale* Regel, die er darstellt, zum einen nicht irgendwie passend umgedeutet werden kann und so zum anderen keine Lesart zulässt, die eine Zweiteilung des ethischen Raumes erlauben würde: Wenn wirklich gilt, dass kein Mensch Gegenstand eines anderen sein kann, hat auch Macht kein Recht, über jemanden zu verfügen, und der Einzelne kann gleichzeitig erkennen, wenn er nicht richtig behandelt wird, und beanstanden, wenn das der Fall ist. Das Verbot, über einen Menschen zu verfügen, gilt für alle Menschen gleichermassen.[160] Die Werte, die sich Macht zu eigen macht – scheinbar zu eigen macht –, lassen sich dagegen immer so umformen, dass eine Zweiteilung des ethischen Raumes möglich ist, mit dem Argument etwa, dass nur Machthaber erkennen könnten, was geboten sei, und man sich deswegen ihnen unterordnen müsse.

Bei der Fraktionierung des ethischen Raumes hilft weiter jener Missbrauch der utilitaristischen Ethik, den Macht so gern vornimmt. Macht kann dann geltend machen, dass sie, wie es die utilitaristische Ethik fordere, das grösste «Glück» der ihr Unterworfenen im Auge habe – also eben dadurch wieder ethisch handle –, indem sie das durchsetzt, was sie für die Förderung des maximalen Glücks für nötig hält. Eine solche Argumentation – abermals im Gewande von Ethik – ist natürlich deswegen fragwürdig, weil sie von einem Einzelnen nicht widerlegt werden kann. Ein Einzelner kann ja nicht darauf hinweisen, dass sein «Glück» gar nicht gefördert werde, weil der Utilitarismus nicht das «Glück» des Einzelnen anstrebt, sondern das «Glück» der grössten Zahl, und ob wieder das wirklich der Fall ist, kann er in seiner Einzelheit nicht beurteilen. Er ist also einerseits hilflos der Interpretation von Personen, die über eine höhere Einsicht zu verfügen vorgeben, ausgeliefert[161] und andererseits kann alles ihm gegenüber als ethisch gefordert dargestellt werden, selbst sein Schaden.[162] So lässt sich am Ende auch die Ethik des Utilitarismus selbst, obwohl sie von ihrem Begründer gewiss mit einem emanzipatorischen Ziel entwickelt wurde, zu einem Machtinstrument umformen. Das ist insofern der Fall, als Macht den zentralen Begriff des «Glücks» immer so umdeuten kann, dass eine solche Umdeutung allein ihrer Sichtweise zupasskommt. Der Einzelne kann nicht, wie im Falle des Kategorischen Imperativs, geltend machen, dass dieser ihm gegenüber nicht erfüllt sei, sondern er mag darüber belehrt werden, dass es auf ihn gar nicht ankomme, weil «übergeordnete Werte» von Bedeutung seien (auf deren Bildung oder Anerkennung er keinen Einfluss hat) und seine Bedürfnisse im Hinblick auf höhere Werte zurückstehen müssten, ja man mag seine Bedürfnisse gar als Forderungen eines überbordenden «Individualismus» schlechtreden.[163] Das Ergebnis ist dann, dass der Einzelne jene Befähigung, die ihn erst zu einem Menschen macht – seine Intentionalität, seine Fähigkeit, sich zu dem einzustellen, was ihm widerfährt – nicht nutzen kann: Er wird zu einem Gegenstand, über den verfügt wird.[164]

Wie auch immer im Einzelnen die Formen von Argumentation, die Macht ins Treffen führt, aussehen mögen (und wie gut es Macht gelingen mag, ihre Absichten zu vernebeln) – dahinter steht immer der Anspruch, als Macht selbst bestimmen zu können, was als Ausrichtungspunkt eines «guten» Verhaltens gilt. Das Gegenstück zu einem solchen Bestreben von Macht, sich über ethische Vorstellungen zu stellen, sei es nun einfach faktisch-brutal oder raffiniert-verschleiert, besteht nun darin, dass Macht von den ihr Unterworfenen umgekehrt uneingeschränkte Unterordnung unter sich oder uneingeschränkten Gehorsam ihr gegenüber fordert. Etwas anderes als absolutes Gehorchen wird ihnen nicht gestattet – mit der Macht eingeschriebenen Zweiwertigkeit unterstellt sie sofort, dass jede Abweichung von dem, was sie fordert, absolute Unbotmässigkeit darstellt und zu verdammen und zu verfolgen ist.[165] Ethisches Verhalten scheint sich nun in bedingungsloser und kritikloser Unterordnung, ja Unterwerfung zu erschöpfen. Freilich handelt es sich nun aber auch dabei – wieder von vielen Menschen nicht erkennbar – erneut um eine Zerrform von Ethik. Während sich Macht keinen wie auch immer gearteten ethischen Massstäben unterwerfen will, wird von den ihr Unterworfenen damit umgekehrt absolute *Gefolgschaft*, gewissermassen Gefolgschaft *an sich*, ohne eine wirkliche Auseinandersetzung mit dem, was von ihnen gefordert wird, verlangt. Wer aber allein *gehorcht*, handelt damit nicht ethisch (selbst wenn er so in gewissen Fällen Gutes in die Welt tragen würde), weil er in seinem Handeln gar nicht als Person in Erscheinung tritt: Sein Handeln ist ja nicht davon geprägt, dass er dieses *verantworten* würde, sondern er handelt nur auf Befehl (oder als Folge von Einschüchterung). (So wie sich Macht der Auseinandersetzung mit ethischen Forderungen entzieht, indem sie diese als Ganze von sich weist, ist er umgekehrt einer solchen Auseinandersetzung insofern entzogen, als er sein Handeln gar nicht daraufhin prüfen darf, wie er sich zu diesem einstellen müsste.)[166] Er zeigt also höchstens, dass er gehorchen kann – sein Gehorchen kann aber bekanntlich verschiedene Gründe haben: einerseits vielleicht wirklich Einsicht in die Berechtigung dessen, was von ihm verlangt wird, andererseits (das ist wohl eher der Fall) besinnungslose Verantwortungslosigkeit, Bequemlichkeit, Angst vor Beziehungsverlust, Angst vor Nachteilen oder autoritäre Gesinnung. Und bei allem, was man sagen mag, muss man sich immer vor Augen halten, dass sich das geforderte Gehorchen ja nicht auf ein ethisch Gutes *an sich* bezieht, sondern auf jene Gebote und Inhalte, die Macht willkürlich bestimmt hat. Wenn es absolut geltende Gebote gäbe (und diese erkennbar wären), wäre zu gehorchen selbst uneingeschränkt geboten – Macht aber fordert Gehorsam in Bezug auf jene Forderungen, die allein ihr dienen: Ihnen zu gehorchen kann so selbst als Gehorchen keinen ethischen Wert *an sich* Wirklichkeit werden lassen, sondern verwirklicht nur das, was Macht *will*, dass es sei.[167] Was von den Macht Untergebenen gefordert wird, verstösst so auf zwei Weisen gegen das, worauf Ethik zielt: Indem der Einzelne unter dem Einfluss von Macht erstens nur im Rahmen dessen handelt oder sich zu handeln gezwungen sieht, was Macht als gut deklariert, verlängert er die Partikularisierung von Ethik, wie sie Macht unternimmt. Indem er sich dabei zweitens als nur Gehorchender nicht selbst als beurteilende Instanz ins Spiel bringt, entzieht er sich jener Verantwortung, die ethisches Verhalten von jedem Menschen verlangt. (Wirkliches ethisches Verhalten kann nur auf der Basis von Freiheit entstehen: indem der Einzelne sich entweder einer ethischen Forderung unterstellt, wenn sie ihm geboten erscheint, oder sich ihr aber entziehen kann, wenn er sie bei allem guten Willen nicht verantworten kann.)

Dazu kommt der folgende Umstand: Ein solches Ansinnen der Macht fällt nun in den ihr Untergebenen nicht nur infolge der Nötigung, die mit einer solchen Zweiwertigkeit einhergeht, auf einen fruchtbaren Boden – wie man meinen mag –, sondern weil es paradoxerweise Vorstellungen von Macht, wie sie in den Unterworfenen schon längst bereitstehen, entgegenkommt. Und was dann der Fall ist, besteht darin, dass sich gewissermassen eine kleinere Macht der grösseren in die Arme wirft. Paradoxerweise ist religiöse, bürgerliche oder kleinbürgerliche Erziehung, ohne dass das erkannt oder gar zugegeben würde, wie gezeigt worden ist, ebenfalls durch und durch von Machtvorstellungen geprägt. Herkömmlicherweise sind sie auf *Bravheit* bzw. Gefolgschaft gegenüber Autoritäten aller Art (Priestern, Eltern, Lehrern und Lehrerinnen, Chefs) ausgerichtet, mit dem Ergebnis, dass dann als ethisch wertvoll zu gelten scheint, dem zu gehorchen, der befiehlt. (Dazu tritt die kleinbürgerliche gegenseitige Kontrolle von Macht Unterworfenen, die das vollendet, was Überwachung nicht zu leisten imstande ist: indem Nachbarn einander daraufhin kontrollieren, ob sie sich dem, was von ihnen gefordert wird, ebenfalls unterziehen.) «Ethisches» Verhalten scheint sich in diesem Zusammenhang darin zu erschöpfen, sich dem unterordnen zu können, was gefordert ist, und sich gleichzeitig als eigenständige (oder gar selbst Rechte einfordernde) Person auszuschalten. Vollends entfaltet sich eine solche Unterordnung paradoxerweise in Form des Stolzes des Einzelnen, sich selbst «kontrollieren» zu können, wie er sich als Gipfelpunkt religiöser oder bürgerlicher Erziehung (oder sportlichen Trainings oder musikalischen Unterrichts[168]) einstellen kann. Als Form der Macht gibt sich ein solches Denken offensichtlich schon dadurch zu erkennen, dass es als Gipfelpunkt von Ethik die *Auslöschung* der Persönlichkeit als eines bestimmenden Faktors erklärt: Es mündet also wie Macht in *Zerstörung*, statt dass es in der einen oder anderen Form die Tatsache würdigen würde, dass in immer neuen Personen neue Sichtweisen

Gestalt annehmen. Aus welchem Grunde, wenn nicht allein dem, dass Macht völlige Unterordnung wünscht, wäre denn herzuleiten, dass die Vielfalt, welche in den je immer neuen Einzelnen, die entstehen, unbeachtet bleiben sollte, ja, dass es ein Wert sein sollte, dass diese Vielfalt nicht Gestalt annehmen können sollte?

Wer erfolgreich dazu angeführt worden ist, seine Eigenständigkeit und das Urteil, das allenfalls aus ihr erfolgen könnte, klein zu achten oder gar zu nichts zu machen, stellt dann eine leichte Beute für den Missbrauch der Macht dar: Er selbst mag meinen, sich durch autonome Grösse auszuzeichnen – er erreicht so aber nicht einen autonomen Zustand, wie er sich schmeicheln mag, sondern sieht einfach nicht über sich hinaus und kann ebendeswegen von über ihm stehenden Mächten leicht manipuliert werden, indem sich diese seiner Disziplin gegenüber sich selbst bemächtigen.[169]

Ein Ergebnis beider Zerrformen von ethischem Verständnis – der Auffassung der Macht einerseits, sie stehe über allen ethischen Vorstellungen, der Auffassung der ihr Unterworfenen, ethisches Verhalten erschöpfe sich in Gehorsam andererseits – besteht darin, dass mit ihnen der Gesichtspunkt der *Schuld* in den Hintergrund tritt. Macht ist sich nie einer wie auch immer gearteten Schuld bewusst, weil sie als Macht jede Institution und jedes Wertsystem von sich weist, die es sich erlauben könnten, sie und ihr Handeln zu beurteilen.[170] Sie erwirbt sich mit ihrer Absolutheitsanmassung Schuldlosigkeit – es kann, nach ihrem Verständnis, nichts über ihr geben, also muss die Forderung nach Rechtfertigung ihres Handelns ihrem Selbstverständnis gemäss für sie verfehlt erscheinen. Massstab kann für sie höchstens *Wirksamkeit* darstellen. Aus diesem Grunde ist die sich immer wieder einstellende Hoffnung, dass Macht jedenfalls dann, wenn sie mit ihrem Handeln gescheitert ist – oder gar zu verbrecherischen Methoden gegriffen hat, wie man im Nachhinein feststellen mag –, anerkennen könnte, dass sie Schuld auf sich geladen hat, vergebens. Man weiss, wie sich Macht stattdessen verhält: Sie greift ohne jede Auseinandersetzung mit ihrem Verhalten – und ohne jeden Lerneffekt – auf Neues zu, das sie erneut allein gemäss ihren Vorstellungen ordnen wird. Sie kann gar nicht verstehen, was von ihr gefordert wird. Wenn sie dazu aufgefordert wird, sich dem zu stellen, was sie angerichtet hat, kommt sie höchstens zum Ergebnis, dass ihr Handeln nicht *effektiv* gewesen ist, aber das nächste Mal wird das (scheinbar) korrigiert sein. So produziert Macht Machthaber, die lügen, die Menschen ohne Zögern diskriminieren, wenn sich das, was diese vertreten, nicht in ihre Ziele einfügt, die Menschen um ihre Rechte bringen, ja ganze Staaten ins Verderben führen. Mangels der Anerkennung eines Massstabes über ihr kann dann Macht aber gar nicht nachvollziehen, was man meint, wenn man sie zur Verantwortung ziehen will. Ein solcher Schritt wäre ja nur berechtigt, wenn es eine Instanz gäbe, der gegenüber sie rechenschaftspflichtig wäre – eine solche kann es für Macht aber, wie ihr scheint, insofern sie sich aus Ethik ausklinkt, nicht geben.

Untergebene der Macht ihrerseits entziehen sich Schuldzuweisungen damit, dass sie vorgeben, *nur* gehorcht zu haben. Sie mögen dann geltend machen, dass sie *nur* ihre Pflicht getan hätten – und das haben sie in der Tat ja oft wirklich getan: Schuld entsteht aber natürlich nicht aus einem solchen inneren Prozess, sondern daraus, was aus einem Handeln erwächst. Indem man pflichtmässig alles vollzieht, was ein Verbrecher von einem fordert, handelt man am Ende selbst verbrecherisch. Wer beansprucht, ethisch gehandelt zu haben, muss also selbst mitbeurteilen, was er tut, auch wenn er Pflichten erfüllt.

Gestalt nimmt die Unfähigkeit, Schuld anzuerkennen, bekanntlich unter anderem darin an, dass sich Machthaber, die Furchtbares angerichtet haben, zum Schluss auf billige Weise einfach davonzustehlen suchen, indem sie beteuern, man müsse «jetzt» in die Zukunft sehen, statt sich in Schuldzuweisungen in Bezug auf die Vergangenheit zu *verlieren*. Ein solcher Versuch gelingt, wie man weiss, meistens; nicht zuletzt deswegen, weil auch die Menschen, die sich von Macht haben in die Irre leiten lassen, nicht gern der Tatsache in die Augen sehen, was sie sich haben zu Schulden kommen lassen. So richtig es sein mag, dass neue Zeiten und Aufgaben neue Herausforderungen stellen, denen man sich zuwenden muss, so falsch ist es dennoch, einen solchen Umstand als Entschuldigung dafür, dass man nicht mehr ansehen will, was der Fall gewesen ist, ins Spiel zu bringen. Wenn man das täte, könnte man wenigstens *lernen,* lernen, was für Missgriffe man sich zu Schulden hat kommen lassen und wie man sich, indem man mit dem, was man hat durchsetzen wollen, schuldig gemacht hat: im Hinblick darauf, dass man die Verirrungen, der man sich schuldig gemacht hat, nicht wiederhole. Ein solches Vorgehen wendet man bekanntlich im Zusammenhang mit dem Versuch, die empirische Welt zu erkunden, an; nicht mit dem Ergebnis, dass man nie mehr Fehler macht, sondern mit dem Ergebnis zu erkennen, was «nicht geht». Erst recht ist dazu aber Macht *als Macht* nicht fähig: Sich einzugestehen, dass sie in die Irre gegangen ist, käme dem Eingeständnis von Machtlosigkeit gleich. Und dazu, sich vorzunehmen, sich in Zukunft vor Verfehlungen zu hüten, ist Macht erst recht nicht fähig, weil sie ja als Macht uneingeschränkt sein will.

Zu wenig gesehen wird, wie man zum Schluss bemerken muss, das Folgende: Was Macht begründet, indem sie sich auch aus allen ethischen Verpflichtungen ausklinkt, mündet am Ende nicht nur in eine Form von Verkennung dessen, was Ethik sein müsste, sondern auch in eine Form völliger *Orientierungslosigkeit.* Autoritativ geführte Menschen ersehnen sich, wie man zuerst erwähnen muss, am Ende nichts anderes mehr als Führung, komme die dann, woher sie wolle. Selbst haben sie ethische Gefühle nie wirklich entwickelt oder unter dem faktischen Einfluss von Macht allenfalls verloren. Sie sind dann als solche paradoxerweise auf Macht angewiesen und denken so selbst als Macht Unterworfene am Ende wirklich, dass alles Macht sei und Macht sein müsse – sie können sich ja nichts anderes vorstellen, als dass es die Aufgabe des Menschen sei, sich einer irgendwo bereitstehenden Macht zu unterwerfen. Und sie können sich nicht einmal mehr in Form von Hoffnung oder Sehnsucht eine wie auch immer gut eingerichtete Welt denken: Sie sind dann davon überzeugt, dass *alle* Einrichtungen, mittels derer sich die Menschheit organisiert, von allem Anfang an nur im Sinne eines Machtinteresses funktionierten: Freundschaften unter den Menschen, das Verhalten von Eltern oder Partnern und Partnerinnen, Spielregeln, die Tätigkeit von Lehrern und Lehrerinnen, endlich Gerichte[171] – ja sie sind auch davon überzeugt, dass etwas anderes als eine solche Vorstellung von ihrer Wirksamkeit gar nicht *möglich* sei, nicht einmal als, mit den Worten Kants, regulative Ideen, in Form also von Zielen, die man anstreben soll und kann.

Die entstehende Orientierungslosigkeit erstreckt sich zum Schluss aber auch auf die Macht selbst. Macht erstrebt einen Zustand, in dessen Rahmen sie sich völlig ungebunden über alles hinwegsetzen und uneingeschränkt wirken kann. Ein solcher Zustand hätte – wenn er erreicht werden könnte – aber gar keinen Bezugspunkt mehr und liesse keine Form von Entfaltung mehr zu: In seinem Rahmen gäbe es ja gar nichts mehr, das Macht ergreifen könnte. Wie absolute Freiheit stellte so auch absolute Macht ein Unding dar: eine Vorstellung, die in nichts Wirklichkeit werden könnte. Macht ohne Gegenüber, worüber sie Macht ausüben könnte und worauf sie sich beziehen könnte, würde sich in sich selbst auflösen. Was dabei vor sich geht, erkennt man, wenn man einen Verweis auf den Charakter von Spielen zur Erklärung hinzuzieht. Spiele erstehen ja eben daraus – paradoxerweise, wie man sagen müsste –, dass sie Beschränkungen errichten, ja sie konstituieren sich mittels eines Systems solcher Beschränkungen eben erst. So schaffen sie gerade mittels Regeln und Begrenzungen Freiheit. Sie *erschaffen* einen Raum, in dem Neues und Grosses möglich ist. Wenn Macht im Rahmen solcher Spiele nun so aktiv würde, wie sie es für sich immerzu in Anspruch nimmt, so unternähme sie Folgendes: Sie würde die Regeln für sich ausser Kraft setzen, sie würde Schiedsrichter bestechen oder sich botmässig machen, sie würde ihren Gegnern gewissermassen verbieten, gegen sie zu siegen zu versuchen: Das alles läge in ihrer Macht, und sie würde darin auch erfolgreich sein, wie man weiss. *Mit einem solchen Vorgehen würde sie aber gleichzeitig das Spiel selbst zerstören* (dieses besteht ja eben in einem System von Regeln, die für alle gelten) und damit am Ende sich selbst, weil nichts mehr da wäre, in dessen Rahmen sie triumphieren könnte.

So führt am Ende die Sehnsucht nach absoluter Macht nicht in irgendeine Form von Fülle, sondern umgekehrt in absolute Leere. Macht, die sich absolut setzte, würde paradoxerweise, wie man sagen müsste, unwirklich: Indem sie alle Formen von Bestimmtheit von sich wiese, könnte sie am Ende nicht mehr Gestalt annehmen. Das faktische Korrelat zu einer solchen Macht stellen jene Machthaber in der Welt dar, die auf dem Höhepunkt jener Sonderstellung, die sie zu erreichen suchen, sich seltsam ziellos zu gebärden beginnen. Ihre Macht mag nun grenzenlos erscheinen, greift nun aber, sozusagen als Macht *an sich*, als gewissermassen *reine* Macht, in die Leere – und muss sich nun selbst verzweifelt Gegenstände suchen, an denen sie sich beweisen könnte. Eine solche Suche stellte paradoxerweise aber gerade in seiner Abhängigkeit das Gegenteil von Macht dar.

9 Macht als verfehlte Reaktion auf die existentielle Situation des Menschen in der Welt

Der Mensch tritt in eine Welt ein, die in mehrfacher Weise undurchschaubar ist und für ihn keine fertigen Pläne und Karten bereithält, die ihm seinen Weg in ein wie auch immer geartetes «Wahres» oder gar in eine Form von Erfüllung und Glück weisen würden.[172] Es wird von ihm gefordert, sich in die Gesellschaft einzufügen, er muss sich dabei aber in einer unübersichtlichen Vielfalt von Menschen und Inhalten so positionieren, dass auch er in seinem Leben gewissermassen «vorkommt».[173] Er muss in diesem Zusammenhang immer wieder (im sartreschen Sinn) eine Wahl treffen, ohne dass ihm jemand zeigen würde, wie er wählen muss. Und er mag selbst (wenn er ein «guter» Mensch sein will) den Wunsch hegen, sein Handeln an «Gutem» auszurichten (was als solches gelten soll, ist aber dann wiederum nicht klar). Die vorgefundene empirische Welt kann er sich ferner nie endgültig zu eigen machen, und am Ende mag er gar das Bedürfnis entwickeln, in seinem Leben einen «Sinn» zu finden, der ihn tragen würde, ohne dass er wissen könnte, wo er einen solchen finden könnte.[174]

Das alles ist deswegen bedrängend, weil der Mensch als Mensch *handeln* will. Er will sich ja nicht als Stäubchen in der vorgefundenen Welt herumblasen lassen, sondern mit einem gezielten Handeln als eine bestimmte Person in Erscheinung treten. Weil er sich als Mensch, im Gegensatz zu einem blossen Gegenstand oder einer Maschine, zu seinem Leben *einstellen* kann und will, genügt es ihm nicht, irgendwie tätig zu sein (oder bloss Gefolgschaft zu leisten)[175], sondern er will sich in Beziehung zu Inhalten setzen, die seinem Tun eine Richtung geben. Eben insofern, als das der Fall ist, muss er es als verstörend erleben, für sein Handeln keine gewissen Bezugspunkte zu finden. Handeln zeichnet sich vor blossem Tun zum einen ja dadurch aus, dass es sich auf etwas Bestimmtes ausrichtet (sei es dann berechtigt oder nicht) – erst dann ist es Ergebnis dessen, was sich ein Mensch zum Ziel setzt. Dabei hegt der Mensch, der handeln will, zum anderen gleichzeitig den Wunsch, dass sein Ziel irgendwie berechtigt (oder sogar wertvoll) sei – handeln ohne ein irgendwie sinnvoll erscheinendes Ziel würde ihn ebenfalls nicht befriedigen: Er will ja mit seinem Handeln dazu beitragen, dass etwas Bestimmtes, von ihm als bedeutungsvoll Erkanntes Gestalt annimmt.[176] Daher kommt der Wunsch des Menschen nach Bezugspunkten oder nach Verankerung in etwas, was zweifelsfrei gilt – erst wenn er sich mit seinem

Handeln auf Unbezweifelbares bzw. absolut Richtiges bezieht (so mag es ihm erscheinen), wird sein Handeln selbst gross oder scheint, gemäss banalerem Denken, sicheren Erfolg zu versprechen.[177] Oder er mag sich (im Rahmen einer Minimalform einer solchen Sehnsucht) allein dann jedenfalls sicher davor fühlen, sich nicht ganz zu verfehlen.

In ins Negative gewendeter Weise nimmt die Suche nach einer Verankerung in der Welt nämlich eine sich in all sein Bestreben hineindrängende Hoffnung Gestalt an, unter keinen Umständen «Fehler» zu machen. Man mag Angst davor haben, wenn man keine wie auch immer geartete gewisse Positionierung in der Welt finde, sich zu verfehlen oder einen falschen Weg einzuschlagen und so ganz in die Irre zu gehen. Auch eine solche Angst setzt natürlich voraus, dass es im Hintergrund der Welt eine Form von «Ordnung» gebe, die *an sich* besteht. Dass es aber allenfalls *gar keine solche «Ordnung»* geben könnte – was ja auch wirklich der Fall ist –, erwägt jemand, der von einer solchen Angst getrieben ist, nie.[178] Auf eine seltsam verdrehte Weise stellt also seine Suche nach Verortung in der Welt in Wirklichkeit eine Form von Abwehr der Angst dar, sich nicht nur in der Leere der Welt zu verlieren, wenn man keine solche findet, sondern auch eine Form von Schuld auf sich zu laden.

Freilich ist in dem beschriebenen Wunsch – wie man schon hier erwähnen muss – offensichtlich ein *Paradox* versteckt. Wenn es tatsächlich unverrückbare Bezugspunkte für das Handeln der Menschen oder gar feste Leitlinien gäbe, würde der je neu ins Leben tretende Mensch in der Begegnung mit solchen um seine Freiheit und die Entfaltung dessen, was in ihm in die Welt kommt, gebracht. Er könnte dann nur erfüllen, was geboten wäre – die Welt, in die er einträte, wäre also nicht *offen* für jenes Neue, das mit ihm in Erscheinung tritt.[179] Im Allgemeinen wird dieses Paradox bekanntlich so aufgelöst, dass Freiheit zwar gefordert wird, dann aber mit dem Auftreten von Macht, sei es in Form einer einzelnen Sichtweise, sei es ferner in Form eines einzelnen Machthabers oder einer Institution, die sich über alles stellt, auf dem Stand, den sie repräsentiert, *eingefroren* wird: Die von ihnen je propagierten (angeblichen) Idealvorstellungen behaupten, die Welt gewissermassen zu Ende «geordnet» zu haben, und die nachfolgenden Generationen haben sich dann ihrem Anspruch gehorchend nach einer solchen «Ordnung» zu richten.[180] Darin verbirgt sich die Anmassung, den Lauf der Welt zu einem Ende führen zu können und zu dürfen, was nicht zuletzt deswegen, weil ja die vorgefundene Welt nicht zu Ende erkannt werden kann, verfehlt ist.[181]

Eine Weile lang mag ein Mensch, wenn sein Aufwachsen günstig verläuft, in kindlichem Narzissmus befangen und gut eingebettet in eine Umgebung, in der er sich zunächst ohne Einschränkungen entfalten kann, freilich nicht erfassen (und sich auch nicht damit auseinandersetzen), wie sich sein Verhältnis zur vorgefundenen Welt gestaltet. Vor einer solchen Erkenntnis mag er auch geschützt sein oder sich selbst schützen, indem er später in den Strom dessen, was man pathetisch «das Leben» nennt, eintaucht oder ungefähr so lebt wie die «anderen» und sich so in dem Glauben wähnt, sich nicht verfehlen zu können.[182] Das kann aber nicht die grundsätzliche Tatsache zunichtemachen, dass in seinem Leben alles schwierig und letztlich ohne jede Gewissheit ist, wie ihm irgendwann einmal bewusst werden mag.[183]

Man weiss, wie die Öffentlichkeit reagiert, wenn einzelnen Menschen schmerzlich bewusst wird, dass das der Fall ist: Im Alltag werden sie auf der Stelle krankgeschrieben, als Menschen, die, wie es scheint, mit dem Leben nicht zurechtkommen. (Deswegen begraben sie, was sie zu bewegen beginnt, allenfalls auch wieder schnell in ihrer Brust und spielen in einer Welt, die scheinbar alles im Griff hat, mit.) In Tat und Wahrheit aber treten sie vielleicht in Kontakt mit dem, was der Status des Menschen in der Welt ist, und werden von der Erkenntnis überrascht, wie *offen* die Welt ist, in die sie eingetreten sind. Im Lichte dessen, was tatsächlich der Fall ist, erscheinen dann nicht die Fragen, die sie stellen, und die Sehnsucht nach Gewissheit, die sie zu plagen beginnt, als verfehlt, sondern die Leugnung der Tatsache, dass die Fragen wirklich bestehen.[184]

Es gibt, wie man erkennt, Formen des Lebensvollzugs, welche den Status des Menschen in der vorgefundenen Welt nicht einfach leugnen, sondern aufnehmen, wie er ist, und ihn, wie man pathetisch – oder ungeschickt – sagen könnte, *aushalten* oder gar in produktiver Weise zum Gegenstand des Handelns machen.

Der Mensch kann sich auf der einen Seite so in seinen Status fügen, dass er sich darin einrichtet und sein Leben, ganz unphilosophisch, also unreflektiert so gut es irgend geht, lebt: nicht indem er sich unter all jene Instanzen, die dazu bereitstehen, ihn zu «führen» oder gar zu unterjochen, duckt oder sich auf der anderen Seite mittels wortreich beschworener, angeblich nicht angreifbarer Eigenheiten seiner Persönlichkeit vor anderen inszeniert, sondern am Ende ohne Verzweiflung darüber, dass sein Leben stets unsicher bleibt, einfach seinen eigenen Weg geht.[185] Natürlich handelt sich ein Mensch, der das kann, von allen Seiten auf der Stelle den Vorwurf ein, *oberflächlich* zu leben – aber eben das tut er nicht: Er lebt einfach. Und seine seltsame, schwer zu beschreibende *Würde* besteht darin, dass er das tut: mitten zwischen der Versuchung, sich zu ergeben, und der Versuchung, eine wie auch immer geartete Gewissheit anzustreben.[186] Das ist schwierig, weil es für ein solches Leben keine Form von Versicherung gibt. Er muss einfach aus sich heraus leben, ohne Gewissheit, aber immerzu von ihm als einer Person verantwortet, die ein solches Leben zu leben versucht. Aus einer solchen Mitte erwächst dann freilich bekanntlich alles Grosse und Schöne und Neue – eben *weil* es nicht endgültig verortet ist und sein will.

Auf eine ähnliche Weise scheinen sich produktive Künstler und Künstlerinnen (und Philosophen) in der vorgefundenen Welt zu bewegen und bewegt zu haben. Geleitet sind sie von dem, was ihnen als bedeutungsvoll erscheint, und selbst Misserfolg, fehlende Anerkennung oder gar Spott kann sie nicht davon abhalten, das zu gestalten, was ihnen zu gestalten als wertvoll erscheint.[187] Und in unscheinbarerer und auch bescheidener Weise finden auch Menschen, die im Sinne Harry Frankfurts etwas «wichtig nehmen» oder etwas «lieben», einen Bezugspunkt vor, der ihrem Leben Richtung gibt: Sie wissen nicht, wieso sie lieben, und sie mögen sogar gegen ihre Überzeugungen lieben – dem Gegenstand, den sie lieben – mag es nun ein Ideal oder ein bestimmter Mensch sein –, widmen sie aber ihr ganzes Leben, indem sie dessen Gedeihen über alles stellen.[188]

Die Erkenntnis, dass der Mensch die vorgefundene Welt nicht zu Ende erfassen kann, muss ihn auf der anderen Seite aber im Übrigen gar nicht davon abhalten, diese immer weiter zu ergründen.[189] Er kann «das Abenteuer der Forschung»[190] auf sich nehmen und sie, mittels Überprüfung immer neuer Hypothesen, auf *Zusehen* hin zu verstehen versuchen, dabei aber immer anerkennen, dass ihm nie mehr gelingen wird. Er wird damit nicht *Gewissheit* gewinnen, der vorgefundenen Welt aber nach und nach immer neue Einsichten abtrotzen und ein solches Gewinnen von Land als immer weiter interessant bleibende Herausforderung an seinen Scharfsinn auffassen.[191] Er mag nie Endgültigkeit und endgültige Wahrheit erreichen können, findet aber immer wieder in der Begegnung mit neuen Fragestellungen ein würdiges Betätigungsfeld, in dem er im Übrigen auch selbst als ein Mensch vorkommt, der sich würdig betätigt. Wertvoll ist ja nicht nur, was er erreichen mag, sondern auch das, als was er im Zusammenhang mit seinem Forschen *in Erscheinung tritt*.[192]

Auf diese Weise das «Abenteuer des Lebens» auf sich zu nehmen (wie man in Fortführung der Aussagen von Karl Popper sagen könnte) ist aber vielen Menschen nicht genug – ungeachtet des (nicht änderbaren) Status des Menschen in der vorgefundenen Welt suchen sie immer weiter nach Gewissheit und nehmen dann als solche an, was immer sich ihnen als Gewissheit präsentiert. Ja mehr noch: Sich ohne Gewissheit durch ihr Leben zu bewegen stellt offenbar für viele Menschen eine so unerträgliche existentielle Last dar, dass sie alles tun, um sie auf der Stelle von ihren Schultern abzuwälzen. Dabei geht es nicht um die vielleicht noch harmlose Sehnsucht eines unsicheren Menschen, etwa herauszufinden, was ein Partner oder eine Partnerin, das andere Geschlecht als Ganzes, eine Branche, in deren Rahmen er aufsteigen will, oder dann gar Gott von ihm erwartet, sondern darum, dass Menschen von der Angst getrieben sind, in einer Offenheit, die sie nicht anders denn als Leere empfinden können, unterzugehen oder zu verfehlen, was von ihnen gefordert wird. Sie suchen dann nicht das, was man neutral als Verankerung in der Welt bezeichnen könnte, sondern eine Eingliederung in ein Ganzes, das so geartet ist, dass in ihm keine Fragen mehr offen bleiben.

Die trivialste Form eines solchen Bemühens besteht darin, sich in dem Sinn *brav* in die vorgefundene Welt einzufügen, als man sich ganz jenen Menschen und Institutionen überantwortet, die für sich in Anspruch nehmen, endgültige Antworten zu kennen: Eltern, Lehrer und Lehrerinnen, Chefs aller Art, religiöse

Funktionäre und «Kulturen»[193], welche bestimmen, was der Fall sein soll. Diese – so mag man sich einsagen oder gar selbst wirklich glauben – weisen einem mit ihrer Autorität gewiss in die richtige Richtung.[194] Und gleichzeitig scheint man sich, wenn man sich ihnen unterstellt, auch nicht verfehlen zu können oder gar Schuld auf sich zu laden. Mit einer solchen Einsicht im Rücken mag man sich sogar zu Gefolgschaft zwingen: Mittels allerlei pragmatischer Verrenkungen mag man sich einreden, die beste Wahl damit zu treffen, dass man nicht selbst wählt. Oder man lässt es bei der banalen Ausrede, dass man nicht anders handeln kann, sein Bewenden haben.

Erleichterung von der Aufgabe, ein Leben ohne Versicherung zu leben, bieten dann erst recht kollektive Angebote dazu, sich in grosse Bewegungen einzufügen, die angeben, endgültig zwischen Gut und Böse zu unterscheiden, wie sie immer wieder in Erscheinung treten.[195] In ihrem Schoss kann man, wie es scheint, ohne eigenes Urteil ein angeblich endgültiges Richtiges tun – eigene Urteile sind dann gar nicht mehr nötig, ja sogar gefährlich, weil man damit etwas in Zweifel zöge, was doch den Anschein erweckt, unbezweifelbar richtig zu sein. Darin eingeschlossen ist, dass man zusätzlich etwa klar definierte Ansichten oder klar definierte Personengruppen hassen darf – auch indem man diese hasst, findet man seinen Ort, weil man sich auch mit seinem Hass in eine Bewegung einfügt.[196] Und indem man sich auf eine solche Weise ganz in eine Bewegung einfügt, kann man gleichzeitig auch glauben, ein schuldfreies Leben zu führen: einerseits dadurch, dass man alle Zweifel in Bezug auf sein Handeln von sich weisen kann, andererseits dadurch, dass man, auch wenn man hasst, ja nur hasst, was man hassen darf, ja, scheinbar, gerechterweise hasst.

Viele Menschen vor allem in der Moderne scheinen einen ungleich mutigeren Weg einzuschlagen, insofern, als sie in einer seltsamen Form von angeblichem Individualismus sich selbst und ihre Wünsche über alles stellen, indem sie sich in der einen oder anderen Form über andere erheben, weil sie «besser», erfolgreicher oder reicher als diese zu sein meinen, oder sich einer eigenen Befindlichkeit, die unwiderlegbar zu sein scheint, überantworten: damit, dass sie sich ihrem «Bauch» oder etwa ihrer («weiblichen») Intuition ergeben oder uneingeschränkt ihrer Vernunft folgen oder (angeblich) nur den Tatsachen folgen.[197]

Andere Menschen gehen der Aufgabe, ihr Leben zu wählen, aus dem Weg, indem sie sich, tatsächlich genötigt oder auf eine seltsame Weise bereitwillig, in die Arme von Gruppen- oder Sachzwängen werfen, oder sie leben, als Workaholics, ein unfreies Leben.

Und manche Menschen mögen endlich, scheinbar demütig, geltend machen, dass sie zum Beispiel nun, da sie erfahren hätten, unheilbaren Krankheiten ausgeliefert zu sein, in diesen einen absoluten und zweifelsfreien Bezugspunkt gefunden hätten. Und sie mögen einen solchen Moment gar feiern und sich – endlich – davon befreit fühlen, einen Weg für sich wählen zu müssen, weil nun alles seinen Lauf nimmt, wie es der Fall sein *muss*, oder sie behaupten, nun wüssten sie endlich, worauf es im Leben ankomme und was «wirklich» wichtig sei.

So grossartig sich solche Muster der Ergebung in angeblich Grösseres und angeblich endgültig Bestimmtes auch zeigen mögen, so offenbar ist indessen der Wunsch dahinter, in der vorgefundenen Welt eben doch einen Bezugspunkt zu finden, der je nicht in Frage gestellt werden kann, sondern gewissermassen letzte Antworten gibt. So furchteinflössend mag für viele Menschen die Aufgabe erscheinen, ein Leben in einer ungewissen Welt leben zu müssen, dass selbst die Aufgabe der Freiheit oder gar die eigene Vernichtung der Unsicherheit vorzuziehen ist.

Es mag nach diesen Überlegungen nun klar werden, in welchem Zusammenhang diese zum Thema Macht stehen. Macht stellt sich als immer erfolgreich dar, Macht scheint immer zu siegen. Sie tritt als eine Instanz auf, welche alle Unwägbarkeiten des Lebens kontrollieren kann. Sie behauptet, dazu fähig zu sein, alles zu Ende zu ordnen. *Indem man sich Macht ergibt oder selbst Macht ausübt, glaubt man also, den Status des Menschen in der vorgefundenen Welt hinter sich zu lassen:* Man tritt, wie man meinen mag, in eine *Welt der endgültigen Gewissheit* ein. Mit ihr scheinen alle Bedenken ein Ende zu finden: Macht antwortet in mehr als einer Hinsicht genau auf die Sehnsucht, sich ganz etwas Unbedingtem ergeben zu können. Indem man sich entweder Macht aneignet oder sich Macht unterwirft (oder wenigstens im Geheimen oder in stammtischartigen Männerbünden in eigenen Machtphantasien schwelgt), scheint man sich seinem existentiellen Elend zu entheben. Dabei geht es am Ende gar nicht um irgendwelche Inhalte, die Macht zu verwirklichen verspricht, *sondern um das Erleben von Macht an sich*. (Inhalte selbst könnten ja nicht zu Gewissheit führen, weil immer weiter diskutiert werden könnte, ob man sie oder andere Inhalte wählen müsste bzw. ob sie so oder anders verwirklicht werden müssten.)[198] *Das Heilmittel, das die Einschränkung des menschlichen Daseins beendet, scheint vielmehr darin zu bestehen, entweder Macht als solche an sich zu reissen oder dann die Fähigkeit zur Machtausübung zu bewundern und sich dieser zu ergeben.*[199]

Wie man schnell erkennt, handelt es sich bei diesem Heilmittel selbstverständlich um eine *Illusion*, aber um eine Illusion, die einem starken Wunsch des Menschen entspricht und deswegen immer wieder bereitwillig aufgenommen wird. Man kann es nie genug sagen: Auch wenn Macht oder Machthaber das Gegenteil versprechen und behaupten, *sie* könnten sich den Bedingungen des menschlichen Status entziehen, kann es eine solche Allmacht faktisch nicht geben.[200] Der Mensch kann sich die vorgefundene Welt nur damit zu eigen machen, dass er sich mit ihr *beschäftigt*, in ihr zu leben versucht und zu verstehen versucht, was in ihr der Fall ist.

Das tut Macht aus verschiedenen Gründen nicht, ja, sie *kann* es nicht tun. Zum einen ist sie in Zweiwertigkeit gefangen: Sie kann nur Macht sein *oder* Ohnmacht, und so kann sie zu allen Formen des Zweifelns und Suchens in keine sinnvolle Beziehung treten. Eine Folge davon ist, dass sie immer und auf der Stelle Macht sein will – sie kann die Welt nicht nach und nach ergründen: Das käme einer mindestens zeitweiligen Ohnmachtserklärung gleich. Zum anderen kann sie den Status des Menschen in der vorgefundenen empirischen Welt nicht anerkennen – wenn sie das täte, würde offengelegt, dass ihr Projekt nie erfolgreich sein kann.

Wenn man das zu Ende denkt, kommt man zu dem Ergebnis, dass es gar nicht der Umstand ist, dass Macht in Bezug auf ihre Wirksamkeit Illusionen nährt, der fragwürdig ist, sondern die Tatsache, dass sie in dieser ihrer Illusion *verhaftet* bleiben muss, wenn sie immer weiter Macht sein will. Illusionen zu nähren allein ist ja nicht fragwürdig – jeder Mensch, der ins Leben tritt, jeder Mensch, der ein Projekt verfolgt, mag Illusionen etwa in Form von Hoffnung darauf haben, dass er Erfolg haben werde. Und es mögen gerade Illusionen sein, die ihn dazu bewegen, hoffnungsvoll ins Leben zu treten.[201] (Es ist ja umgekehrt die Zerstörung etwa von Illusionen Jugendlicher mittels des Hinweises, dass sie gewiss scheitern würden, welche selbst eine Form von Machtausübung darstellt, weil sie sich selbst ein gewisses Wissen zuschreibt, das es nicht geben kann.)

Die Qualität der Illusionen, welche die Basis von Macht bildet, ist eine andere. Die Illusion, die sie trägt, besteht nicht aus einer Art Hoffnung und enthält nicht die Anerkennung einer wie auch immer gearteten Offenheit der Welt, welche Hoffnung eingeschrieben ist. Macht behauptet stattdessen, dass sie *gewiss* sei, dass sie immer Erfolg haben werde und dass ein anderer Ausgang der Angelegenheiten gar nicht *möglich* sei. Es ist diese Behauptung, die Macht für Menschen attraktiv macht, die Sicherheit suchen. Das gilt auch für Machthaber selbst: Sie mögen sich einreden, über Ungewissheit erhaben zu sein. Eine solche Illusion muss angesichts des Status des Menschen in der vorgefundenen Welt aber ins Leere gehen.[202] Das ist, wie man schnell erkennt, auch dann der Fall, wenn sich der Anspruch der Macht, über alle Zweifel erhaben zu sein und absolut zu gelten, in das Gewand des (angeblich) «Logischen» oder der «Vernunft» kleidet.[203]

Weil Macht nun, im Zusammenhang mit ihrer Gefangenschaft in Illusionen, die Behauptung verkörpert, nicht korrigiert werden zu können – wenn das der Fall wäre, würde sie sich selbst zerstören –, muss sie sich, wenn sie sich an der vorgefundenen Welt bricht, in *Fiktionen* flüchten. Sie tut dies – von vielen Menschen offensichtlich unerkannt –, indem sie, statt das zu verwirklichen, was sie verspricht, ihr *Tätigkeitsfeld* ändert. In Tat und Wahrheit greift sie dann nicht auf der Basis eines Verstehens – zu dem, wie sie behauptet, nur sie fähig sei – sinnvoll in die Welt ein, sondern verhindert mit Machtmitteln, dass offenbar werde, dass sie eben das nicht mehr tut. In dem Augenblick, da sie den Zugriff auf die vorgefundene Welt verliert, müsste sie beginnen, sich mit dieser auseinanderzusetzen, sie besser verstehen zu versuchen und sich so eingestehen, dass sie jetzt nicht mehr oder vielleicht am Ende gar nie (mehr) wirksam werden kann. Eben dazu ist sie aber nicht in der Lage. Indessen kann sie den *Anschein von Wirksamkeit* immer weiter aufrechterhalten, indem sie Menschen, die darauf hinweisen, dass sie nicht mehr wirksam ist, ausschaltet, indem sie diese verunglimpft, isoliert oder am Ende zu Tode bringt. Dazu ist sie in jedem Fall fähig, darin ist sie nun immer weiter effektvoll, und so mag sie sich und die ihr Folgenden darüber hinwegtäuschen, dass sie über keinen gewissen Zugang zur Welt verfügt. So hat sie höchstens (jedenfalls noch eine Zeit lang) die Möglichkeit, den Glauben, dass sie effektiv sei, am Leben zu erhalten. Das mag Macht genügen, weil Macht vor allem verfügen will. Und es mag Menschen, die sich vor Unsicherheit fürchten, als Beweis genügen, dass Macht über allem stehe. Sobald man aber untersucht, ob Macht mit Gewissheit über die vorgefundene Welt siege, kommt man zu einem anderen Urteil. Sie mag den *Anschein* erwecken, immer siegreich zu sein, ist es aber nicht, ja ist es, wie man anfügen muss, paradoxerweise noch viel weniger als Menschen oder Instanzen, die weniger versprechen als einen endgültigen Zugang zur Welt. Weil sie zu jeder Form von Austausch mit der vorgefundenen Welt unfähig ist, *kann* sie am Ende nur in die Irre führen.

Die *Gefahr*, die von Macht und Machthabern ausgeht, ist also zweifacher Natur. Zum einen bedienen diese mit ihrem Anspruch die Sehnsucht, welche die Menschen in einer undurchschaubaren Welt haben – freilich eben auf illusionäre oder gar lügnerische Weise. Zu den Getäuschten gehören am Ende ja auch die Machthaber selbst, weil sie in einer Art Grössenwahn befangen sind, welcher in der vorgefundenen Welt nicht verankert sein kann. Dabei rechnen sie sich nicht nur selbst Fähigkeiten zu, die es aus prinzipiellen Gründen nicht geben *kann,* sondern unterliegen wie diejenigen, die sie täuschen, der Illusion, dass es in der vorgefundenen Welt Gewissheit geben könnte. (Das ist wohl überhaupt die Motivation ihres Suchens nach totaler Überlegenheit.) Zum anderen aber mögen sie, in ihrer Allmachtsvorstellung befangen, die Welt nach ihren Vorstellungen «ordnen» wollen. Auch eine solche Neuordnung kann aber nur wieder illusionär sein. Dabei kann sie sich nicht auf eine Auffassung der Welt stützen, die in sich korrekt wäre – eine solche Auffassung der vorgefundenen Welt kann es aus epistemologischen Gründen nicht geben.[204] Dazu kommt ausserdem, dass Macht ja gerade im Gegensatz zu ihrem Selbstverständnis die vorgefundene Welt am allerschlechtesten aufnehmen kann, weil sie zu Begegnungen mit einer unabhängigen vorgefundenen Welt unfähig ist. Was sie dann als «Ordnung» etablieren mag (oder wünschen mag, etablieren zu können), kann so nur in Verkennung der vorgefundenen Welt und am Ende in reiner Machtausübung enden. Gesucht sind aber natürlich Vorstellungen der Bezugnahme zur vorgefundenen Welt, in welchen die vorgefundene Welt ebenfalls vorkommt; auch wenn es für den Menschen schwierig ist, sich in dieser zu bewegen.

Weil Macht die vorgefundene Welt nicht erkennt, ja sich ihr nicht aussetzen kann, kann sie am Ende nicht mehr in einer Weise handeln, die man als sinnvoll bezeichnen könnte. Mangels Verständnis dessen, was in der vorgefundenen Welt der Fall ist, kann sie nach allfälligen Anfangserfolgen in diese nicht wirklich so eingreifen, dass etwas Gestalt annähme. Sie kann aber immer noch weiter *verhindern*, dass Menschen zu ihr in Beziehung treten und eine Art von Verhältnis zu ihr herstellen. So endet Macht nicht im Finden und in der Etablierung von Inhalten, sondern in Zerstörung. Gehalte zu zerstören ist immer möglich, solange Menschen solche in Form einer echten Begegnung mit der vorgefundenen Welt herzustellen suchen. Auch das mag dann noch eine magere und widerliche Weise sein, sich wenigstens in etwas – dem reinen Zerstören – als irgendwie wirklich zu erleben: Indem man zerstört, ist man nicht irgendwie produktiv, kann sich aber immer noch als *effektiv* vorkommen und so meinen, einer Stellung in der Welt, die man nur als Verlorenheit auffassen kann, zu entgehen: Man tut noch etwas, und man kommt in dem, was man tut, wenigstens unzweifelhaft vor. In Umwandlung des bekannten descartesschen Satzes mag man dann sagen: Ich kann zerstören, also bin ich.

Eine solche Form von Selbstvergewisserung hinterlässt aber einen schalen Eindruck. In einem formalen Sinn mag freilich stimmen, was sie geltend macht. Insofern, als derjenige, der nur als Zerstörender in Erscheinung tritt, seine Wirksamkeit aber borgen muss – er kann ja nur etwas zerstören, was da ist und von anderen geschaffen worden ist –, ist er bei aller Effektivität, die er so erreichen mag, nurmehr in einem minimalen Sinne *formend* und damit *wertvoll* wirksam. Aus der Tatsache auf der anderen Seite, dass so viele Menschen von der Vorstellung, Macht zu gewinnen, so sehr gebannt sind und am Ende Macht auch in einer billigen Form – in der Form der Zerstörung – immer weiter als Macht feiern und auch eine solche Macht auszuüben als Lebensform anstreben, mag man schliessen, dass sich viele Menschen in einer freien Welt nicht einrichten können.

10 Angst als Macht – Macht mittels Angsterzeugung

Jedermann, der einmal von schwerer Angst ergriffen worden ist, weiss, was dabei mit ihm vor sich gegangen ist (auch wenn er das, was er erlebt hat, vielleicht nicht in Worten wie den unten gewählten hätte beschreiben können, unter anderem deswegen, weil er sich im Banne der Angst gewissermassen selbst aufgelöst hat und gar nicht mehr hätte aussprechen können, was ihm widerfahren ist). Die Angst dominiert einen Menschen nicht nur, sondern sie erscheint im Moment der Angstattacke als buchstäblich *alles:* Es gibt *nichts* mehr neben ihr. Er hat nicht Angst, sondern die Angst hat *ihn.* Sie nimmt alles in Beschlag, nichts kann neben ihr bestehen: weder Hoffnung noch der Blick auf einen Ausweg, nicht die Vorstellung, dass es andere Befunde als die, welche Angst bietet, geben könnte, weder Sehnsucht noch klares abwägendes Denken, auch kein Trost, welchen sich der von Angst Ergriffene selbst spenden könnte, und erst recht nicht jene basale Selbstliebe, die einen Menschen sonst tragen mag. Und auch gute Worte von nahen Bezugspersonen helfen nichts mehr, weil sie niemanden mehr erreichen – allein die Angst ist da, nur sie redet.

Es wird (angeblich) sicher das eintreten, was die Angst in ihrer uneingeschränkten Dominanz über den von ihr Ergriffenen ihm vor Augen führt. Wer von Angst ergriffen worden ist, kann sich keine anderen Inhalte und Entwicklungen (mehr) denken als die, welche ihm die Angst einsagt. Auch Zweifel an deren Voraussagen oder Formen von Hoffnung erscheinen nicht möglich. *Man könnte zwar wissen, dass es in der vorgefundenen empirischen Welt keine Gewissheit geben kann* – Angst überrennt solche Erkenntnisse aber mit Leichtigkeit, indem sie als Angst *wirkend* alles genaue Denken und genaue Fühlen auflöst. Was sie voraussagt, wird angeblich geschehen. Die Interpretation, die sie gibt, ist die einzig richtige. Es *kann* – wie es scheint – keine andere Sichtweise als die ihre geben. Und am Ende jener Entwicklungen, die Angst als gewiss präsentiert, stehen immerzu Qual, Leere und Vernichtung.[205]

Angst und das, was sie einsagt, haben tatsächlich Gewissheit auf ihrer Seite – wie man anfügen muss –, aber nur in dem Sinn, als das, was sie geltend macht, mit Gewissheit *möglich* wäre: Alles, was nicht unmöglich ist, ist (gemäss einer trivialen Erkenntnis der Modallogik) möglich. Sie wird also spätestens mit einer solchen Argumentation intellektuell gesehen unwiderlegbar begründen können, dass sie immer Recht habe, und der Mensch, der sich im Zustand des Ergriffenseins von Angst befindet, wird auf der Basis einer absurden Umkehrung dieses Arguments (und als Folge des Tunnelblicks, welchen Angst erzeugt) schliessen, dass aus der Tatsache, dass Angst in diesem Sinn immer Recht hat, sie auch in dem schrecklichen *Bestimmten,* das sie voraussagt, Recht haben werde (obwohl ja aus ihr gerade umgekehrt hervorginge, dass *alles* Mögliche, nicht allein also das, was sie voraussagt, möglich ist).[206] Mit einer solchen Hoffnung begibt er sich – so funktioniert die Irreführung – aber in Ungewisses und als Form von Ungewissem in nicht *Beweisbares* hinein, während die Angst immer Recht hat und zuletzt immer über ihn siegen wird.[207] So kann er – so scheint es – gegenüber ihr nicht bestehen: Während er im Bereich des Unsicheren stecken bleibt, sich deswegen als «schwach» empfinden mag und allenfalls möglicherweise Unrecht bekäme, wird die Angst immer Recht haben. So erscheint dann auch etwa Hoffnung allein als Betrug, weil sie im Unterschied zu Angst nicht *gewiss* ist. Auch nur möglicherweise Unrecht zu haben ist einem von Angst ergriffenen Menschen Beweis genug dafür, dass er gegenüber Angst unterlegen ist.[208]

Es scheint gar nicht mehr möglich zu sein oder gar möglich sein zu *dürfen,* etwas anderes zu denken oder zu fühlen, als das, was die Angst einsagt, weil diese ja den Anspruch erhebt und durchsetzen kann, dass sie immer Recht hat. Indem Angst so jede Form von Reaktion darauf – also jede Form einer Einstellung auf sie – dadurch zunichtemacht, dass sie eine solche völlig entwertet, zerstört sie damit am Ende auch das Subjekt selbst, das sich der Angst gegenübersieht bzw. von ihr ergriffen wird. Was ein Subjekt hoffen oder ersehnen mag oder als immer noch möglich auffasst, scheint dann keine Bedeutung zu haben. Angst löscht so das Subjekt von Angst ganz aus.[209]

Auf diese Weise errichtet Angst – in der Terminologie dieser Studie – eine allein *zweiwertige* Weltsicht, und zwar auf eine extreme Weise. Zweiwertige Weltsichten zeichnen sich grundsätzlich dadurch aus, dass sie behaupten, es gebe nur zwei mögliche Sichtweisen: die (angeblich allein) richtige, zum Beispiel die der (angeblichen) «Ordnung» bzw. die einer Stimme oder Haltung, die für sich beansprucht, die einzig richtige zu sein, und eine zweite, welche sich allein darin erschöpft, das (angeblich) Richtige bzw. die (angeblich) einzig mögliche «Ordnung» zu leugnen und so nicht weniger als zerstören zu wollen.[210] So ist zum Beispiel in der Zeit der Coronavirus-Pandemie mit allen Mitteln von Politikern, Pharmafirmen und ihnen ergebenen Medien eine angeblich allein richtige Sichtweise etabliert worden (geschönt mit dem fragwürdigen Begriff des Faktums oder, ganz absurde Wege gehend, mit der Behauptung, diese Sichtweise sei wissenschaftlich als einzig richtig erwiesen), und wer sich nicht hinter sie stellte, wurde pauschal diskreditiert bzw. als Verbreiter von «Fake-News» bezeichnet oder dann gar mit dummen abwertenden Bezeichnungen à la «Nazi», «Verschwörungstheoretiker», «Covidiot», «Aluhut» oder «Schwurbler» entmenschlichend eingedeckt.[211] Solch eine Einrichtung der Dinge ist natürlich aus verschiedenen Gründen verfehlt. Auch wenn man anerkennt, dass gewissermassen auf der anderen Seite, am entgegengesetzten Ende des Spektrums, fragwürdige Sichtweisen und Spinnereien auftreten, ist damit noch nicht gesagt, dass es *zwischen* einerseits einer offiziellen Sichtweise und andererseits einer tatsächlich durch und durch fragwürdigen Sichtweise nicht auch noch eine ganze Reihe von Sichtweisen geben könnte, die weder zu der einen Seite noch zu der anderen Seite zu rechnen sind, sondern eben etwas *Drittes* darstellen, *das sowohl von der (angeblichen) Ordnung wie von ihrer Gegenseite nicht gesehen wird, aber immer bedacht werden muss*. Oder anders gesagt: Nicht alles, was der angeblich absolut geltenden Sehweise nicht entspricht, ist *allein schon deswegen* fragwürdig – weil eben in Bezug auf die vorgefundene empirische Welt *Dreiwertigkeit* gilt: Es gibt die jeweils für richtig angesehene Sichtweise, ihr konträres Gegenteil am anderen Ende des Spektrums *und als dritten Bereich alles, was dazwischenliegt*.

Angst nun geht noch einen Schritt weiter. Sie nimmt – wie dargestellt – für sich in Anspruch, *alles* zu sein, *alles* zu wissen, *alles* richtig aufzufassen. Auf der anderen Seite steht in Angstzusammenhängen dann ein Subjekt, das von Angst ganz überrollt wird.[212] Dem Subjekt als dem Gegenüber von Angst – das Subjekt möchte ja keine Angst haben oder das, was Angst ihm einsagt, relativieren oder gar von sich weisen – wird alle Bedeutung genommen. Zweiwertigkeit wird in dem Sinne errichtet, als das Subjekt (mit allem, was es selbst zu sagen hätte) ganz entwertet wird.[213]

Das Subjekt wird nun aber von Angst nicht nur, wie dies im Rahmen von ideologischen Prozessen der Fall ist, unglaubhaft gemacht, diskreditiert oder bedroht, sondern im Grunde genommen völlig ausgelöscht. So wie Macht den Eindruck zu erwecken versucht, dass jeder Widerstand gegen sie zwecklos sei, macht auch Angst den von ihr ergriffenen Menschen mundtot: Alles, was er hoffen mag, ja am Ende auch nur die unabhängige Existenz, die ihm zukommt, wird genichtet.[214] Die Angst und das, was sie vorstellt, erscheinen so gross und so bestimmend und damit unbezweifelbar, dass keine andere Position mehr auch nur *denkbar* erscheint. Im Zuge einer solchen Totalentwertung jeder anderen Sichtweise wird ein Denken oder Fühlen oder allenfalls ein einfaches Nur-Sein-Wollen, also Haltungen, die je noch versuchen, sich gegen die Angst, die alles ist, ins Spiel zu bringen, zum Schweigen gebracht, und damit wird endlich das Subjekt als Ganzes gewissermassen zunichtegemacht. (Am Ende scheinen dann Formen davon, sich ganz aufzugeben, erst noch – wie das verdrehte religiöse oder ideologische Deutungen suggerieren mögen – als auf ihre Weise gross, insofern sich der sich Aufgebende ganz in die Arme von etwas angeblich über allem Stehenden, immer Richtigem wirft;[215] mit dem Ergebnis, dass auch so eine verdrehte Zweiwertigkeit errichtet wird: Hier steht die Angst, die alles zu sein beansprucht, dort das sich ganz ergebende und so auslöschende Subjekt.)

Nur um der Vollständigkeit willen sei nachgetragen, dass Menschen auch damit, dass sie sich einer Angst ergeben – und sich in einem solchen Zusammenhang ganz aufgeben –, ebenfalls paradoxerweise in einer grundsätzlich unsicheren Welt allen Tatsachen zum Trotze meinen können, eben dadurch eine feste Heimat zu gewinnen. Sie sind – gemäss der Denkweise, die sie anleitet (oder zu der sie verführt werden) – zwar niemand mehr, aber haben eben damit auch Unsicherheit hinter sich gelassen und einen nicht mehr mit Zweifeln behafteten Wert erworben. Das mag zwar seltsam erscheinen, ist aber dennoch nachvollziehbar. Selbst der Tod kann für einen Menschen, der zutiefst von Zweifeln geplagt ist, insofern Erlösung darstellen, als er in eine Form von Sicherheit zu führen scheint.[216]

Mit der beschriebenen Wirkungsweise zeigt die Wirkungsform von Angst, wie man im Sinn eines Zwischenergebnisses festhalten kann, in mehr als einer Hinsicht Parallelen zur Wirkungsweise von Macht. Wie Macht stellt sich erstens Angst *absolut*. Sie erkennt nichts *über* sich an – sie zeigt also keine Einsicht, beugt sich keiner Form von Erkenntnis. Nichts, das ihr entgegentreten könnte, ist auch nur denkbar. Und auch das Subjekt, in dem sie in Erscheinung tritt, bedeutet ihr nichts (so wie ja auch Macht entgegen all ihren Beteuerungen zugunsten der unterworfenen Subjekte nichts unternimmt). Angst will nur herrschen, und das bedeutet, dass sie (wie Macht) *allein* herrschen will. Wie Macht beansprucht Angst ferner, auf der einen Seite alles zu sein, und sie vernichtet auf der anderen Seite jeden Widerstand gegen eine solche Deutung der Dinge. Auch Angst mündet so zweitens in die Errichtung von Zweiwertigkeit und in diesem Zusammenhang in eine Zweiwertigkeit, in der die Gegenseite – in diesem Falle der der Angst unterworfene Einzelne – völlig entwertet wird.

Dabei macht sich Angst zusätzlich den Umstand zunutze, dass das Subjekt anders als hinsichtlich seiner Unterworfenheit unter Macht meint, in seiner Angst allein *sich selbst* zu begegnen. Macht schlägt von aussen zu – Angst jedoch entsteht in der Seele des Subjektes selbst und scheint deswegen immer *seine eigene* Angst zu sein. Dass Angst oder jedenfalls deren Inhalte auch von aussen gewissermassen in seine Seele gesetzt sein könnten, vermag es nicht zu erwägen, weil es sich all seine seelischen Regungen selbst zurechnet.[217] Und weil seine Angst von innen zu kommen scheint, mag es meinen, dass es gegen sie erst recht keine Wirksamkeit gebe: Sie ist als die *seine* da; es selbst – so setzt sich die Verwirrung fort – scheint die Angst zu sein.[218]

Dazu kommt zum Schluss, dass Angst, wie auch Macht, alles ins *Existentielle* wendet. Am Ende macht sie nicht geltend, in einem gewissen Sinne Zugang zu etwas Richtigem, also einen epistemologischen Gewinn zu verschaffen oder Grosses oder jedenfalls Wahres zu begründen, sondern droht mit der Vernichtung alles dessen, das sich ihr in den Weg stellt. Einziger Bezugspunkt auch von Angst ist so Angst vor Zerstörung und Tod – andere Dinge bedeuten dort, wo sie herrscht, nichts. Wie Macht zieht sie ihre Wirkung daraus, dass sie das zu zerstören droht, was Menschen lieb und teuer ist.

Anfügen muss man, dass Angst bzw. Angsterzeugung mit Autoritarismus verschwistert ist. Autoritarismus beruft sich zunächst darauf, über eine besondere Einsicht in die Welt zu verfügen, die ihn in einzigartiger Weise (angeblich) dazu befähigt, die Welt zu verstehen bzw. anzuordnen bzw. anderen Menschen den Weg dazu zu weisen, wie eine solche Ordnung der Dinge erreichbar sei. Seine Berechtigung leite sich also daraus ab, dass er in ausgezeichneter Qualität Zugang zu Richtigem oder gar ewig Richtigem habe. Weil es aber einen solchen Zugang angesichts der beschränkten Fähigkeit des Menschen, die vorgefundene empirische Welt zu erkennen, gar nicht geben *kann,* muss jede Form von Autoritarismus in Nöte kommen bzw. an eine Grenze stossen, an der sie nicht mehr wirklich auf die Welt zugreifen kann. An diesem Punkt wechselt Autoritarismus dann gewissermassen seine Methode. Weil er keinen echten Zugriff auf die vorgefundene Welt mehr leisten kann, *behauptet* er, über einen solchen immer weiter zu verfügen, und erzwingt stattdessen Gefolgschaft.[219] Schnell setzt er dabei auf verschiedene Formen der Bedrohung: Bedrohung (im vergleichsweise harmlosen Fall) durch Karriereeinbrüche etwa im Rahmen von akademischen Karrieren, drohenden Misserfolg bei Prüfungen, Bedrohung durch Personen, die vorgeben, gewissermassen «das Richtige» zu repräsentieren, also Bedrohung durch Lehrer und Lehrerinnen, Bedrohung durch Verlust der Anerkennung. So erzeugt Autoritarismus schnell (und schnell hemmungslos) Angst und bedient sich dabei der Funktionsweise von Angst. Menschen, die Angst haben, zweifeln an ihrer Urteilsfähigkeit und lassen sich dann gut in die Richtung eines angestrebten Zieles lenken; mit dem Ergebnis, dass Autoritarismus sich auch trotz seiner (eigentlich in die Augen springenden) Unfähigkeit, die Welt zu begreifen, immer weiter halten kann.[220]

Und Autoritarismus endlich, der allein nur Autorität anstrebt, also nicht tatsächlich in der Sehnsucht nach Erkenntnis oder heilbringender Tatkraft begründet ist oder allenfalls in guten Treuen glaubt, Gutes zu schaffen, sondern allein Unterordnung von anderen erzeugen will – und dann Unterordnung *an sich* als Wert erklärt –, lässt es bei Angsterzeugung sein Bewenden haben. Kleinbürgerautoritarismus zum Beispiel strebt Autorität um der Autorität willen an und stellt absolute Gefolgschaft damit her, dass er ihm Unterworfene von allem Anfang an in Angst setzt; mit dem alleinigen Ziel, Widerstand von Subjekten zu brechen, damit sie beherrschbar seien.[221] Wie man weiss, wird diese Methode vor allem gegenüber Kindern eingesetzt: Kinder lassen sich erstens von Erwachsenen über die Massen beeindrucken und verfügen zweitens über keine Form von innerer Substanz – im Sinne von Kenntnissen über die Welt –, mittels welcher sie sich einer solchen Angsterzeugung erwehren könnten. Spätestens mit der Angst vor Alleingelassenwerden oder plötzlichem Tod lässt sich ihr Widerstand brechen.[222]

Angesichts einer solchen Wirkungsweise von Angst kann es nun nicht erstaunen, dass Macht im Rahmen ihrer Machenschaften bzw. ihres Zerstörungswerks auch gezielt Angst einsetzt bzw. sich darauf stützt, Angst zu erzeugen.[223] Angst wirkt – es ist gesagt worden – wie wirkliche Zerstörung, indem sie Menschen gefügig macht und so Subjekte auslöscht. So mögen Menschen Angst vor einem Atomkrieg, vor Entbehrung, Gefängnis, wirtschaftlicher Erledigung, Entwürdigung oder am Ende dann immer vor dem Tod haben. Dabei aber geht Macht oft eigenen Taten – die sich vielleicht gar nicht durchführen liessen, ja zu denen sie vielleicht gar nicht den nötigen Mut hätte – aus dem Wege, sondern lähmt Menschen von innen heraus. Sie kann sich dabei – was ihr Vorgehen besonders abstossend macht – der Seele des je Einzelnen bedienen. Sie macht sich dabei zunutze, dass Menschen aus religiösen Gefühlen heraus an sich zweifeln, dass sie im Rahmen der bürgerlichen und kleinbürgerlichen Erziehung nie ganz sicher sind, ob sie alle Forderungen, die an sie gestellt sind, erfüllen können – und am Ende macht sich Macht selbst jenes höchst ehrenwerte Gefühl für Verantwortlichkeit, das integre Menschen steuert, zunutze. Tatsächlich ist die vorgefundene Welt nicht zweifelsfrei erkennbar. Das hat zur Folge, dass auch verantwortungsbewusste Menschen einerseits immer nur nach bestem, vorläufigem Wissen heraus urteilen können und *wissen,* dass es nicht anders sein kann, und andererseits die Lücken, die sich vor ihnen auftun, nur durch Entscheidungen, die in ihnen gewachsen sind, aber nicht gewiss sein können, füllen können, also grundsätzlich immer *unsicher* sein müssen bzw. dass verantwortlich handelnde Menschen die Angst in sich tragen müssen, in die Irre gehen zu können. Auch sie mögen deswegen gegenüber Angriffen auf ihre Sichtweisen nicht gefeit sein und so «schwach» erscheinen und sich in schwachen Momenten allenfalls der Sehnsucht nach festem Wissen ergeben. So – indem sie jenes Eingeständnis von Unsicherheit, welches Grundlage der erkennenden Methode des Menschen sein *muss,* ausnützt – scheint Macht noch einmal zu siegen: indem sie sogar eine Verhaltensweise, welche den Gipfelpunkt menschlicher Erkenntnis und Integrität darstellt, instrumentalisiert. Es kann unter keinen Umständen eine gewisse Erkenntnis der vorgefundenen Welt geben – Macht behauptet für sich aber eben das. Macht zerstört alles, was sich ihr entgegensetzen könnte, und ist darin so lange erfolgreich, als die Überzeugung dafür besteht, dass es wirkliche, totale Einsicht in die vorgefundene Welt geben könnte.

Wie man nun erkennt, bedient sich Macht im Zusammenhang mit ihrem gegen das Subjekt gerichteten Zerstörungswerk in der Folge erneut jener Zweiwertigkeit, welche sie etabliert und gleichzeitig ihr Denken bestimmt und welche sie als allein richtig erklärt. Sie kann nun behaupten, *allein* sie verfüge über die Mittel, Angst abzuwehren bzw. zu verhindern, dass eintreffe, was die Angst einem Subjekt einsagt. Auch solche (All-)Machtvorstellungen sind von Zweiwertigkeit bestimmt: Erneut gibt es nur zwei Zustände: das, was Angst einsagt, und ein Subjekt, das nichts ist bzw. keinen Wert verdient (und als Folge davon auch nicht irgendwie selbst Angst abwehren könnte). Strukturell gesehen stehen dabei eine Instanz, die in ihren Urteilen und in ihrem Geltungsanspruch scheinbar unfehlbar ist, und eine Instanz, der durch diese erste Instanz alle Bedeutung abgesprochen wird und sich so der alles bestimmenden Instanz (angeblich) ergeben muss, einander gegenüber. Nun tritt an die Stelle von Angst Macht. Sie übernimmt die Rolle des Geltungsanspruchs von Angst, also die Unterstellung, dass allein *sie* Zugang zum Richtigen habe. In diesem Zusammenhang behauptet Macht nun, allein *sie*, etwa indem sie «durchgreife», «Massnahmen» ergreife, tätig werde und so «Ordnung» schaffe,[224] sei in der Lage, Subjekte zu erretten. Das, behauptet sie in der Folge, könne sie dann erreichen, wenn ihr freie Hand gegeben werde, das in die Wege zu leiten, was sie – allein sie – für richtig erachte, ohne dass sie dabei von Diskussionen oder anderen Ansichten gestört werde. Der Einzelne – so lautet die Behauptung – sei dazu nicht in der Lage: Es sei erst die Macht, welche den richtigen Weg dazu finden werde. Der Einzelne sei ja, wie ihm seine Angst ja auch einsagt, *nichts*.

Macht unterstellt dabei, dass sie selbst sowohl unfehlbar sei wie auch selbst von Angst nicht ergriffen werden könne. Sie selbst, behauptet sie selbst von sich, sei weder «schwach» noch sterblich,[225] in Umkehr des Befunds, dass der Einzelne eben das von sich weiss oder zu wissen meint. Ihre je augenblickliche faktische Machtausübung unterstützt diesen Anschein: Es ist schwer, sich faktisch ausgeübter Macht bzw. dem Erlebnis, einer solchen unterworfen zu sein, zu entziehen. Die blosse, rohe Tatsächlichkeit einer Begegnung mit Macht und die rohe Tatsächlichkeit der Folgen davon stellen sich ja immer gleich jetzt ein und scheinen für sich zu sprechen, weil sie faktisch unübersehbar da sind. Was jetzt der Fall ist, macht den Anschein, der Fall sein zu *müssen* und sich insofern, als es der Fall ist, immerzu so zu verhalten *müssen* – Tatsächlichkeit scheint sich selbst zu rechtfertigen und die Vorstellung, dass anderes möglich sein könnte, zum Verschwinden zu bringen.[226] Dazu treten zwei Dinge: Macht einerseits mittels gut gesetzter Symbole (etwa mittels Palästen oder grossartiger Machtinszenierungen)[227], mittels von ihr eingesetzter Machtinstrumente (etwa einer scheinbar allgegenwärtigen Geheimpolizei oder der Etablierung eines Bildes von Gott, dessen Allmacht vor allem darin liegt, alles «sehen» zu können)[228] und mittels der Unterstellung, nun gewissermassen ewig zu gelten (etwa mittels der Behauptung, Zehntausende von Jahren zu bestehen)[229], den Eindruck zu erwecken, unter keinen Umständen wanken zu können. Und andererseits macht sie sich einen banalen, wahrscheinlichkeitsrechnungsmässigen Befund zunutze: Die Wahrscheinlichkeit etwa, dass sie bzw. ihre Exponenten zum Beispiel krank werden oder gar dem Tode entgegensehen müssen, ist in einem gegebenen Zeitraum wegen ihrer geringen Zahl gering,[230] während aus der Masse der ihr Unterworfenen angesichts ihrer grossen Menge eine grosse Zahl von Opfern zu erwarten ist[231] – was dann zum einen so aussieht, also ob sie, die Macht, immun sei und die ihr Unterworfenen «schwach» seien.

Eine solche Darstellung der Dinge ist freilich so verfehlt, wie der Anspruch der Macht verfehlt ist, zu einem gewissen Wissen vorgestossen zu sein. In der vorgefundenen Welt kann sich alles, was jetzt ist, im nächsten Augenblick ändern. Dem Menschen ist es verwehrt – man kann es nie genug sagen –, in Bezug auf die vorgefundene empirische Welt ein gewisses Wissen zu entwickeln, und jedermann kann «schwach werden» und sterben. So müssen auch Macht und Machtausübung zu einem Ende kommen. Der Einzelne und erst recht ein Einzelner, der Macht zum Opfer fällt, mag das allenfalls nicht selbst (mehr) erleben, aber es ist gewiss; eben weil die Situation des Menschen grundsätzlich darin besteht – und davon können sich auch Machthaber nicht ausnehmen –, die vorgefundene Welt nicht zu Ende zu verstehen und selbst mehr zu sein als ein vergängliches Element dieser Welt.

11 Macht, Spiel, «Ernst»

Zu sagen, dass Macht nicht *spielen* könne, heisst Eulen nach Athen tragen. Alles an (echten) Spielen muss Macht zuwider sein.[232] (Echte) Spiele entziehen sich totaler Kontrolle, ihr Ausgang ist ungewiss, und die Haltung, welche Spielende ihrem Tun entgegenbringen, ist Macht als Ganzes fremd: Ohne Wunsch nach einer umfassenden Beherrschung alles dessen, was geschieht, hinzunehmen, dass alles ungewiss ist, und erst noch Freude daraus zu ziehen, ferner ein Handeln zu zeigen, das gewissermassen an sich selbst sein Genügen hat, statt seine Berechtigung aus einem angestrebten Ziel herzuleiten, kann Macht nicht verstehen. Spielende wollen zwar durchaus gewinnen, aber es ist am Ende vor allem *das Spielen selbst*, das ihnen Genuss bereitet.[233] Dazu kommt, dass Spiele je in einem ganz eigenen Rahmen stattfinden, sich also vom Alltag und damit vom in der Sichtweise von Macht einzig wirklichen und wichtigen Umfeld entfernen. Und der Spielende selbst entwickelt eine Handlungsweise, welche sich ebenfalls der, wie es scheint, einzig wirklichen Aufgabe eines Menschen – nämlich in seinem Alltag erfolgreich zu sein – entzieht. Stattdessen macht er sich eine seltsame Verhaltensweise *zwischen* eigener Zielgerichtetheit und Hingabe an eine Umgebung, in der Autonomes geschehen mag, zu eigen. (Spiele, in deren Rahmen der Zufall *keine* Rolle spielte, erfüllen einen solchen Anspruch nicht. Und wer auch in einem echten Spiel alles auf Berechnung setzt, zeigt damit, dass er nicht wirklich spielen kann.)

Vollends Macht unverständlich ist schliesslich *die Weise, wie Spielende streben*. Sie strengen sich zwar an – ohne eine solche Anstrengung würde das Spiel gehaltlos –, aber allein aus Lust, sich etwas hinzugeben, das eine Herausforderung bietet, an der sie sich *bewähren* können. Dabei ist es die Bewährung, die zählt – die angestrebten Ziele selbst können, ohne dass das der Qualität des Spiels Abbruch täte, nutzlos oder wertlos oder gar absurd sein.[234]

Es sind höchstens Spiele, welche kaum einen wirklich ins Gewicht fallenden Anteil von Zufall zeigen bzw. deren Ausgang von gezielt trainierten Leistungen geprägt sind – wie etwa das Schachspiel –, also Spiele, die gerade kaum etwas Spielerisches in sich tragen, welche Macht gelten lassen kann. Vor allem aber liebt sie Wettbewerbe – etwa Rennen (zum Beispiel Skirennen, Langlaufrennen) –, Veranstaltungen also, die am Ende gar keinen Spielcharakter haben, sondern die zum Ziel haben, «Stärkere» und «Schwächere» zu bestimmen und dann siegen oder unterliegen zu lassen.[235] Solche Wettbewerbe gipfeln in Formen von

Leistungen, die sich durch die Möglichkeit auszeichnen, schon vor dem Wettbewerb möglichst alles so zu optimieren, dass der Ausgang so gewiss ist, wie das nur immer möglich ist, und die dann in der Folge vor allem in der Vermeidung von «Fehlern» bestehen. So mögen solche Wettbewerbe «Helden» und «Heldinnen» produzieren, die mit grösster Sicherheit Rennen um Rennen gewinnen.[236] Ein Merkmal solcher Wettbewerbe ist damit gleichzeitig, dass es allein auf den Sieger oder die Siegerin ankommt – dass auch die weiteren Teilnehmer und Teilnehmerinnen Aussergewöhnliches leisten, fällt ausser Betracht.[237]

In einem solchen Zusammenhang werden Spiele gern als «Kampf» bezeichnet (etwa von Sportreportern, die damit ein kollektives Missverständnis nachvollziehen oder jedenfalls prolongieren, wenn sie dieses nicht gar selbst produzieren).[238] Gerade das aber sind sie nicht: Im Unterschied zu einem «Kampf» – ein solcher ist allein auf Sieg und Vernichtung des Gegners ausgerichtet – ist es beim Spielen *das Spiel selbst*, das wichtig ist. Die Spielenden wollen die anderen Spielenden nicht irgendwie überwinden oder gar «erledigen», sondern sich spielerisch an ihnen messen, was etwas ganz anderes ist – es macht Spass, sich an anderen zu messen, weil das den Spielenden auf seine Weise herausfordert und eben damit das Spiel konstituiert. Und Spiele, in denen immer die gleichen Personen obenaus schwingen, sind so witzlos wie Spiele, die immer den gleichen Ausgang nehmen. Erst recht ist die Vorstellung, dass es «logische» Sieger und Siegerinnen geben könnte, wie Sportreporter mit wichtiger Miene gern sagen, nicht nur epistemologisch völlig unsinnig, sondern sie offenbart vor allem auch, dass, wer so redet, nicht verstanden hat, worauf es bei einem echten Spiel ankommt. Träten Ergebnisse von Spielen mit Gewissheit ein, handelte es sich dabei gar nicht um wirkliche Spiele: Ein Merkmal von solchen besteht ja umgekehrt eben darin, dass ihre Ergebnisse immer offen sind *und die Spielenden daran Freude haben, dass das der Fall ist.*

Dass Macht nicht spielen kann, ja eben eigentlich gar nicht zu erfassen in der Lage ist, was am Spielen schön ist – das Spielen selbst und dann eben sein freier Ausgang –, zeigt sich endlich daran, dass sie, wenn ihr das nötig erscheint, auch nicht davor zurückschreckt, mittels jeder auch nur erdenklichen Form von Betrug jenes Ergebnis herbeizuführen, das ihr genehm ist. Indem sie Schiedsrichter oder Jurymitglieder einschüchtert oder besticht, Spielregeln nicht einhält oder deren Schwächen ausnützt, potentielle Sieger oder Siegerinnen so beeinflusst, dass sie sich nicht entfalten können, oder systematisches Doping einsetzt, mag sie jenes Ergebnis eines Spiels oder Wettbewerbs erzielen, das sie erreichen will, und so jenen Zufall ausschalten, dem auch Macht nicht gewachsen ist. Das kann ihr, wie man weiss, ohne Weiteres gelingen – gleichzeitig wird aber, wenn sie damit Erfolg hat, das Spiel *als Spiel* zerstört. Merkmal des Spiels ist ja eben gerade umgekehrt, dass es in einem gewissen Sinne einen autonomen Charakter zeigt, sich nicht beeinflussen lässt und Ungewissheit beinhalten *muss*, wenn es nicht seinen Spielcharakter verlieren will. Spielende würden sagen: Es macht einfach keinen

Spass zu spielen, wenn Spiele manipuliert sind und nur die siegen werden, die betrügen (oder jedenfalls ihr Verhalten so optimieren, dass fast nichts anderes geschehen kann, als dass sie gewinnen). Am Ende muss man sagen: Macht kann wohl den Ausgang von Spielen verfälschen, aber mit so erreichten Erfolgen feiert sie allein Pyrrhussiege: Sie kann wohl Ergebnisse zurechtbiegen, aber indem sie das tut, zerstört sie gleichzeitig das, worin sie siegen will.[239]

Freilich darf man bei einer solchen Beobachtung nicht stehenbleiben. Schlimmer noch als jene Verfälschungen, die sie zustande bringen mag, ist, dass Macht das, was sie nicht ertragen (und ja auch nicht wirklich bewältigen) kann, als Ganzes zu entwerten sucht, indem sie echtes Spiel auf der einen Seite als kindlich, unvernünftig und irrational darstellt und sich auf der anderen Seite erstens mit dem, was sie «Ernst» nennt, in eins setzt und zweitens (das mag weniger auffallen) die Behauptung aufstellt, dass der Mensch die vorgefundene Welt überhaupt nur mittels «Ernst» gewinnen könne. Das fällt ihr insofern leicht, als sie sich dabei nutzbar macht, dass der Begriff Ernst, wie etwa der Begriff der Ordnung, ohne weiteres Nachdenken gewissermassen als selbstklärend und aus sich selbst heraus Berechtigung schaffend erscheint. «Ernst» erscheint so ohne weitere Begründung nicht etwa nur als *an sich* wertvoll, sondern *an sich* gefordert zu sein. Und wie «Ordnung» scheint «Ernst» ein Ganzes darzustellen, das weder in Frage gestellt werden kann noch verfälschbar ist. Indem jemand geltend macht, dass er selbst oder seine Vorstellungen «Ordnung» repräsentieren, scheint er jeder Kritik entzogen zu sein. In gleicher Weise macht es in dem Augenblick, da jemand seine Ziele als «ernste» Ziele deklariert, den Anschein, dass sich gegen ihn keine Zweifel mehr richten können.

Was sich so hinter grossen Worten versteckt, stellt indessen (erneut) die Errichtung jener Zweiwertigkeit dar, welcher sich Macht immer bedient, wenn sie ihre Gegner zum Schweigen bringen will, und zwar nun auf zwei Weisen:[240] Zum einen unterstellt das Herausgreifen von «Ernst» als jener Haltung, die *allein* geboten sei, wenn es darum gehe, der Welt gegenüberzutreten, dass es keine anderen Weltzugänge für den Menschen gebe, als sich der vorgefundenen Welt «ernst» zuzuwenden. (Es wäre doch denkbar, dass auch andere Formen des Weltzugangs – zum Beispiel jener der Kunst – brauchbar wären oder gar besser dazu geeignet wären, in Kontakt mit der vorgefundenen Welt zu treten.) Anders gesagt: «Ernst» (worin immer er dann wirklich bestehe – das grosse Wort müsste ja noch mit einem genauen Inhalt gefüllt werden) stellt nur *eine* der Haltungen aus einer *Vielzahl von anderen Haltungen* dar, welche dem Mensch zu wählen möglich wäre. Und erst ganz am Ende einer umfangreichen Skala aller möglichen Haltungen stünde eine Haltung, die der Begegnung mit der vorgefundenen Welt ganz ausweichen würde oder sich gar weigern würde, von ihr Notiz zu nehmen.

In der beschriebenen Weise nimmt Zweiwertigkeit damit erstens so Gestalt an, dass «Ernst» als Haltung sozusagen absolut gesetzt wird und alle anderen Haltungen diskreditiert werden.[241] Zweiwertigkeit wird nun aber zweitens auch gewissermassen *innerhalb* des Begriffs unterstellt. Wie auf der anderen Seite von «Ordnung» nicht einfach Chaos, sondern «Ordnung» unter anderen Gesichtspunkten steht und sich erst am Ende der Skala totale Missachtung von «Ordnung» einstellen mag, stehen auf der anderen Seite von «Ernst» ebenfalls nicht einfach Unernst, sondern all jene Formen von «Ernst», die im Hinblick auf einen anderen Bezugspunkt gelten – und (wieder) erst am absoluten Ende der Skala folgt blanker «Unernst».

Mit einer so installierten Zweiwertigkeit kann jede Form von Auseinandersetzung mit «Ernst» auf der Stelle zum Schweigen gebracht werden. Was sich einer via Machtausübung als allein für richtig erklärten Ausprägung von «Ernst» entgegensetzt, kann im Rahmen von Zweiwertigkeit unmittelbar als Unernst diskreditiert werden – statt dass man den Gedanken fassen würde, dass es verschiedene Formen von «Ernst» geben könnte und sich diese je auf ihre eigene Weise *würdig* erweisen könnten. Alles, was sich jenem «Ernst» entgegenstellt, den Macht als absolut setzen will, wird als «unreif», «unseriös» und «oberflächlich» etikettiert, und am Schluss mag man dann noch die Keule der Berufung darauf, dass in «Ernst» an der Stelle von «Gefühlen» *Vernunft* Gestalt annehme, einsetzen, obwohl man doch eigentlich wissen müsste, dass Vernunft immer nur auf Massstäbe bezogen «vernünftig» ist, Massstäbe aber immer problematisch sein mögen.

Wer sich als Vertreter von «Ernst» zu inszenieren vermag – etwa Lehrer und Lehrerinnen, Priester, Politiker und Politikerinnen –, hat, wenn es ihm gelingt, eine zweiwertige Weltsicht zu etablieren, gewonnen, bevor eine Auseinandersetzung anheben könnte: Wer den von ihnen vertretenen «Ernst» in Frage stellt, kann auf einer solchen Basis sofort entwertet werden.[242] Gezeigter «Ernst» scheint nicht nur alles richtig zu machen, sondern scheint die Welt auch so aufzunehmen, wie sie (angeblich) aufgenommen werden muss: als ein Gefüge von «Tatsachen», die ihrerseits «ernst» genommen werden müssen, weil sie, wie es dann heisst, angeblich «unverrückbar» seien. Eine solche Position hat also mit allem, was ihr begegnet, ein leichtes Spiel: Sie kann immer geltend machen, dass alles, was sich gegen sie wendet, nichts wert sei (so wie jeder Angriff auf «Ordnung» auf der Stelle als Bestreben, Unordnung zu schaffen, entwertet werden kann).

Auf der Strecke bleiben muss im Gefolge eines solchen Denkens am Ende auch die Vorstellung des Spiels – und im Weiteren jede Form von angeblicher Irrationalität und Phantasie und schliesslich auch Begeisterung und Freude. Spiel erscheint im Rahmen einer solchen Sehweise nicht als eine Lebensform für sich, geschweige denn als eine wertvolle Lebensform, sondern allein als ein Defizit: ein Defizit an «ernstem» Bemühen. Und die gleiche Bewertung erfahren dann in der Folge Phantasie, Begeisterung und Freude. Sie erscheinen als allenfalls unter gewissen Bedingungen angenehme Begleiterscheinung,[243] aber immer entwertet als Irrationalität, *die in Tat und Wahrheit unfähig ist, «Ernst» zu zeigen.*

Freilich ist genau die umgekehrte Denkweise möglich, ja eben angezeigt: Eine Verhaltensweise, die etwas *nur ernst nehmen kann*, wenn es auf etwas angeblich Ernstes zielt, zeigt eine eigenartige Unfähigkeit. Sie scheint nämlich zu wirklicher, aus sich selbst heraus folgender Setzung von Ernst nicht in der Lage. So kann man sagen: Spielend kommt der Mensch zu sich, weil er sich dabei als ein Wesen zeigt, das sein Handeln selbst und damit sich selbst ernst nehmen kann. Als Krücke dient dabei nicht etwas, was der Mensch *erreichen* will oder (angeblich) erreichen muss oder was zu erreichen angenehm ist, sondern worin er zu sich selbst kommt: als ein Wesen, das der Möglichkeit nach *jede* Form von Zielen, sein eigenes Setzen von Zielen und am Ende vor allem *sein eigenes Handeln* ernst nehmen kann. (Es ist in diesem Zusammenhang kein Zufall, dass alle Macht – und viele Menschen dazu – nicht nur nicht spielen will, sondern auch nicht spielen *kann*, eben weil sie nur etwas «ernst» nehmen kann, was aus sich heraus «ernst» erscheint.)[244]

Im Spiel kommt der Mensch nicht irgendwie auf nebelhafte Weise zu sich selbst, weil es angeblich das Irrationale wäre, das eine höhere Würde zeigte, sondern weil er sich erst dann wirklich in Besitz nehmen kann, wenn er handelt – und sich ernst nimmt –, ohne sein Handeln von einem angeblich ernsten (äusseren) Ziel bestimmen zu lassen. Denkt man diese Dinge zu Ende, so kommt man zum Schluss zu dem paradoxen Ergebnis, *dass auch das Spiel ernst ist*: freilich auf eine viel weiter gefasste Weise. In ihm nimmt der Mensch erst richtig Gestalt an und kommt zu sich. Das ist der Fall, weil in ihm sein Tun im Vordergrund steht, nicht, was er damit erreichen kann.

Das Ergebnis ist, dass zwischen Ernst und Spiel kein Gegensatz besteht, wie Macht suggerieren will – und erst recht nicht, dass das eine das andere ausschlösse –, sondern sich das Leben des Menschen in beidem verwirklicht bzw. das Spiel den höheren Ernst repräsentiert, weil sich in ihm der Mensch in Besitz nimmt. Nur wer spielen kann, kann die im Spiel gezeigte Ernsthaftigkeit am Ende auf alle Gegenstände richten – er kann umgekehrt etwas «ernst» nehmen, weil er sich selbst ernst nehmen kann.

Zu einer solchen Einsicht – geschweige denn den daraus folgenden Handlungen – ist Macht freilich nicht in der Lage; womit sie abermals offenbart, dass sie allenfalls Erfolg hat, in ihrem Erfolg aber keine *Vollständigkeit* erreicht. So ist sie am Ende auf der eine Seite nicht nur nicht *alles*, wie sie meint, sondern erweist sich auf der anderen Seite, recht besehen, sogar als eigentlich unfähig. Sie *kann* etwas nicht: Sie kann nicht spielen.[245]

12 Die Ziele der Macht und ihr missbräuchliches Sichberufen auf «Ideale»

Macht erhebt immer den Anspruch, auf grosse Ziele ausgerichtet zu sein, ja, diese Ziele *müssen* sogar gross sein, weil sich in der Grösse ihrer Ziele ihre eigene Grösse widerzuspiegeln scheint – nicht zuletzt eben darin, dass sie grosse Herausforderungen in Angriff zu nehmen in der Lage zu sein scheint, zeigt sich in ihrem Selbstverständnis ihre eigene Grösse.[246] Kraft ihres einzigartigen Vermögens zu handeln, das sie sich zuschreibt, behauptet sie dann weiter, diese Ziele tatsächlich in die Wirklichkeit überzuführen und vor allem (allein) dazu fähig zu sein.[247]

Recht betrachtet ist aber oft genau das nicht der Fall. Die Ziele, die sich Macht, wie es scheint, zu eigen macht, erreicht sie nicht nur kaum je wirklich,[248] sondern sie *will* sie oft auch gar nicht wirklich erreichen. Stattdessen ist ihr ganzes Bestreben darauf ausgerichtet, alles *in der Schwebe* zu halten: so, dass sie selbst und ihr Eingreifen immer weiter notwendig zu sein scheinen und immer weiter der Eindruck erhalten bleibt, dass sie immer weiter bestehen müsse, weil angeblich *allein sie* dazu befähigt sei, die Ziele, die ihr gemäss von Bedeutung sind, zu erreichen. Dabei hilft ihr, dass sie, wie sie behauptet, stets «*ideale*» Ziele im Auge hat. Solche Ziele erscheinen auf der einen Seite als grossartig. Auf der anderen Seite aber kann Macht wegen der Unbestimmtheit, die mit «Idealen» einhergeht, immer vorschützen, dass man diese noch längst nicht erreicht habe und (angeblich) weitere Bemühungen nötig seien, bis das «Ideal» verwirklicht sei.[249]

Würde Macht wirklich etwas erreichen – die Errichtung eines grossartigen Bauwerks, die Errichtung eines (definierten) grossartigen Gesellschaftszustands, die wirkliche Behebung eines Übels, die endgültige Überwindung einer Krise, einen Zustand von Null-COVID-19-Infektionen oder Null-CO_2-Ausstoss, die Schaffung gar (wie sie zu sagen liebt) von *Ordnung an sich* –, stünde etwas ausserhalb ihr als etwas *Eigenständiges* da, in Form dessen, was sie bewerkstelligt oder erreicht hätte. Das hätte nun aber zwei seltsame Folgen: Auf der einen Seite gäbe es dann nicht nur Macht – Macht will ja immer *alles* sein –, sondern es existierte *zusätzlich* dieses Geschaffene. Und wenn es nun so grossartig wäre, wie es versprochen worden ist, hätte niemand mehr Interesse an Macht, sondern würde sich dem von ihr geschaffenen Wunderbaren zuwenden bzw. im Erreichten selbstständig zu leben beginnen. Solange aber noch nichts abgeschlossen ist, ist man immer weiter auf Macht angewiesen. Und auf der anderen Seite stellte das Geschaffene einen Gegenstand oder Inhalt dar, den man *beurteilen* könnte. Es könnte sich dann allenfalls auch herausstellen, dass das, was Macht erreicht hat, gar nicht so grossartig ist, wie sie es versprochen hat. Dies wiederum würde die Leistung von Macht in einem zweifelhaften Licht erscheinen lassen: Was man an dem von ihr geschaffenen Wunderbaren auszusetzen hätte, würde auf die Macht selbst zurückfallen. Wenn es Mängel aufwiese, wäre das auch ein Zeichen dafür, dass die Macht, die es geschaffen hat, selbst nicht so grossartig ist, wie sie zu sein behauptet. Und da Macht auf der Basis der ihr innewohnenden Zweiwertigkeit nur *alles* oder nichts sein kann, sähe sie sich damit radikal in Zweifel gezogen. Indem sie den Abschluss des von ihr Versprochenen also immer weiter hinauszögert, entzieht sich Macht damit einerseits ihres Überflüssigwerdens und andererseits aller Bewertung.[250]

Am besten kann Macht – es ist mehrfach gesagt worden – *zerstören*, aber selbst das stimmt vielleicht nur in Grenzen. Im Grunde will Macht nämlich deswegen gar nicht unbedingt zerstören, weil sie sich mit einem solchen Zerstörungsakt ja auch ihres eigenen Wirkungsfeldes beraubte und selbst mituterginge. Stattdessen ist sie darauf ausgerichtet, *immer weiter zu warnen, zu drohen, zu quälen und Angst vor etwas, dem angeblich nur sie entgegentreten kann, zu verbreiten* – so kann sie wirkungsvoll immer weiter wirken. Ein Merkmal eines solchen Auftretens ist, dass es an Menschen schmarotzen *muss* – *diese* sind es ja, die sich (allenfalls) einschüchtern lassen und so gewissermassen das Material produzieren, dessen sich Macht bedienen kann. Wenn es Macht gelänge, alle Menschen zu lähmen, ja gar zu zerstören, könnte sie dagegen nicht mehr wirksam werden, weil der Effekt, den sie erreicht – einzig erreichen kann –, ja, recht besehen, in Wirklichkeit von den Menschen ausgeht, die sie unter Kontrolle zu bringen versucht.[251]

Die ihr Unterworfenen macht sie in diesem Zusammenhang zunächst einmal so wehrlos, dass sie in Bezug auf die *Tatsachen*, auf die man sich angeblich ausrichten muss bzw. auf die sie sich selbst ausrichtet, entweder behauptet, nur sie als Macht habe einen sicheren Zugang zu diesen, oder dadurch, dass sie diese gar unter allerlei Vorwänden unter Verschluss hält. Nur sie – suggeriert sie – könne eine wahre Übersicht haben, nur sie verfüge über die nötige Einsicht in das, was der Fall ist. Nur sie *verstehe*, was aus dem, was der Fall ist, folge.[252] Umgekehrt verwehrt sie den ihr Unterworfenen einen solchen Zugang, indem sie diese unter allerlei Vorwänden – mittels der Berufung auf (von Laien angeblich unverständliche) Computermodelle oder nur ihr zugänglicher Datenmengen oder gar mittels einer unterstellten Notwendigkeit zur Geheimhaltung – an der Bildung eines eigenen Urteils hindert. Das Ziel dabei besteht darin, es den Menschen zu verunmöglichen, mangels eines Zugriffs auf alle Daten, Erkenntnisse oder Modelle, ein eigenständiges Urteil zu fällen und so, indem sie das täten, nicht nur Kritik üben zu können, sondern ihren Status als von der Macht geleitete und behütete Lämmchen zu überwinden.[253]

Was Macht inszeniert, bleibt – jedenfalls über eine gewisse Zeit – auch deswegen unentdeckt, weil sie ihr eigenes Unvermögen in Forderungen den Menschen gegenüber ummünzt[254] und so zum Beispiel geltend macht, dass sie ihre Ziele schnell erreichen würde, wenn diese sich ganz in das einfügen würden, was sie anstrebt.[255] (Damit macht sie sich zunutze, dass Menschen über die Jahrhunderte hinweg, nicht zuletzt unter dem Einfluss von Erziehung und Religion, dazu angeleitet worden sind, sich selbst und ihr eigenes Urteilsvermögen gering zu schätzen, und allgemein dazu abgerichtet worden sind anzunehmen, sie bedürften in allen Lebenslagen der Hilfe durch Kundige.) Es scheint dann so, als ob Macht deswegen nicht zu einem endgültigen Erfolg komme bzw. sie nicht jene grossartigen *Siege* verwirklichen könne, von denen sie so gern spricht, weil die von ihr angeleiteten Menschen nicht fähig oder nicht willens seien, ihr zu folgen, oder erst noch dazu *erzogen* werden müssten, die richtigen Wege zu gehen.

Dass die Menschen einen solchen Vorwurf nicht einfach von sich weisen, erreicht Macht, indem sie auf verborgene Weise jeweils zwei Gesichtspunkte ins Spiel bringt. Auf der einen Seite macht sie immer geltend, dass das «wirkliche» Ziel *noch nicht* (oder gar noch längst nicht) erreicht sei.[256] Das kann sie behaupten, weil sie als Zielpunkt jeweils ein *«Ideal»* setzt, das sie nicht genau umschreibt.[257] Dieses als «Ideal» zu bezeichnen scheint schon zu genügen, damit es nicht in Frage gestellt wird. Wie der Begriff der *Ordnung* scheint auch der Begriff des *Ideals* jeder Kritik und Fragwürdigkeit entzogen zu sein – allein der Umstand, dass es den *Begriff* gibt, scheint zu beweisen, dass dem Begriff auch wirklich etwas entspricht. Die Tatsache nun aber wieder, dass es als angebliches «Ideal» nicht umschrieben oder in Worte gefasst werden kann, hat auf der anderen Seite zur Folge, dass niemand beurteilen kann, was genau man je bis jetzt erreicht hat oder ob es *überhaupt* erreichbar sei. Auf diese Weise bleibt unter allen Umständen immer alles offen, und es kann niemand zur Ruhe kommen. Diesen Umstand macht sich Macht nun insofern zunutze, als sie so immer auf ein wie immer auch geartetes Ungenügen hinweisen kann, den Menschen vorwerfen kann, den Ansprüchen, die man an sie stellen muss, nicht gerecht zu werden, oder es immer möglich bleibt, ihnen allerlei Verfehlungen zuzuschreiben und von ihnen immer weitere Anstrengungen und Bemühungen zu verlangen, statt dass Macht selbst eingestehen würde, dass sie ihre Ziele nicht erreicht oder diese gar nicht wirklich erreicht werden können.

Das soll am Beispiel dessen, was das Priestertum im Rahmen des Christentums mit Gläubigen angestellt hat und immer weiter anzustellen versucht, abgehandelt werden. Das Christentum hält allem, was ein Christenmensch tut und denkt, das «Ideal» eines vollkommenen christlichen Lebens entgegen. Das hat zum Ergebnis, dass sich alle Menschen (soweit sie jedenfalls ernst nehmen, was an sie herangetragen wird) auf der Stelle als *mangelhaft* empfinden müssen. Wie auch immer sie handeln, wie sehr sie sich auch bemühen, wirklich christlich zu leben – was sie an den Tag legen, ist, gegen das «Ideal» einer vollkommenen Christlichkeit gehalten, immer ungenügend, und sie selbst erscheinen unter allen Umständen immer weiter als Sünder. Es gibt keine Form von Verhalten, das irgendwie – immerhin zu einem gewissen Grad – als brauchbar oder sogar recht gut beschrieben werden kann. Das Ergebnis eines solchen Einsatzes eines «Ideals» besteht darin, dass man *entweder* verzweifelt und die Suche nach eigener Vervollkommnung aufgibt, weil eine solche unmöglich erscheint. Nie kann man in einem solchen Umfeld zu einer Art von Ruhe kommen, weil man nie von sich behaupten kann, jedenfalls im Augenblick, das einem Mögliche getan zu haben.[258] Wenn das der Fall ist, mag man *entweder* zutiefst zerknirscht durchs Leben gehen. *Oder* man versucht immer weiter, einen Idealzustand zu erreichen, von dem man eigentlich wissen könnte, dass man ihn nie erreichen kann, wird also verzweifeln, weil alle Bemühungen am Ende doch keine Erfüllung finden können. Was auch immer der Fall sein mag – gewiss ist, dass Menschen so im einen oder anderen Zustand (willenlose) Gegenstände von Macht bilden.[259] Das ist umso mehr der Fall, als Macht selbst (hier in Form einer angeblich heiligmässig lebenden Priesterschaft) vorgibt, ausserhalb von solchen Zweifeln zu stehen und so durch allerlei Schauspielerei – wozu vor allem auch fromme Scheindemut gehört – den Eindruck erweckt, dass es doch möglich sein könnte, das «Ideal» zu erreichen. Würde Macht dagegen zugeben, dass sie selbst in derselben Situation stünde, könnte das den Menschen helfen[260] – man könnte dann *zusammen* versuchen, so *gut* wie irgend möglich zu sein. Macht kann aber natürlich nicht einräumen, dass sie etwas nicht erfüllen *kann*. Sie wird (wie das in der Wirklichkeit ja auch tatsächlich der Fall ist) behaupten, selbst das «Ideal» zu verkörpern, und diejenigen Stimmen, welche das bezweifeln, mit ihren Mitteln zum Schweigen bringen.[261]

Die entscheidende Tatsache dabei ist, dass der Einzelne nie beurteilen kann, was der Fall ist und was nicht. Das Wissen in Bezug darauf ist ihm verwehrt. Auf diese Weise wird er zu einem Gegenstand, über den Macht verfügen kann, statt dass ihm die Würde eines Subjektes zukäme, das sich zu seinem Leben *einstellen* könnte. Er kann sein Leben nicht auf der Basis von ihm selbst Erkannten einrichten, und erst recht scheint er – als angeblich unverbesserlicher Sünder – auch weder über das Recht noch überhaupt die Befähigung dazu zu verfügen, sein Leben in den Griff zu nehmen. Der Angriff auf seine Persönlichkeit – und als Folge davon die Pflicht, sich Macht zu unterwerfen – besteht in der Unterstellung, dass er sich (angeblich) erstens in einem Umfeld bewegen muss, das er angeblich nicht selbst beurteilen kann, und ihm damit zweitens, wie es scheint, die Berechtigung als Ganzes dazu abgesprochen wird, über sich verfügen zu wollen. Nicht nur zeigt sich also die verletzende Qualität des «Ideals» darin, dass dem Menschen immer vorgeworfen werden kann, diesem nicht zu genügen,[262] sondern auch darin, dass er der Forderung, das zu tun, ja *nie* gerecht werden kann und sich so in ihr verlieren muss.[263]

Zurückbezogen auf das oben über die Strategien von Macht Gesagte wird offenbar, was Macht bewirken kann, indem sie sich in Bezug auf ihre (angeblichen) Ziele nie klar ausspricht. Sie schafft damit *einen Raum der Verwirrung*, in dem der Einzelne insofern die Übersicht verliert, als er sich einerseits in sich selbst nicht bewerten kann und andererseits nicht beurteilen kann, was im Grossen der Fall ist. Auf diese Weise kann er nicht in sein Leben eingreifen, sondern muss all sein Empfinden, sein Gefühl und seine Erkenntnisse anzweifeln – es gibt in einem solchen Rahmen ja keine klaren Bezugspunkte, an denen er sich ausrichten könnte.[264] In einem solchen Raum der Ungewissheit kann sich nun Macht wirkungsvoll in Szene setzen.[265] Gelingt es ihr, eine behauptete Bedrohungslage aufrechtzuerhalten, kann sich Macht weiter als eine Instanz präsentieren, die immer weiter nötig ist.

Macht versucht einen solchen Zustand zum Beispiel herbeizuführen, indem sie unter Vorschützung der Ausrichtung auf «Ideale» alle möglichen Formen von «Kulturrevolutionen» inszeniert. Man kennt den Begriff der Kulturrevolution selbst von jener kruden Zeit unter Mao Tse-tung, welche unter dem Vorwand, die Gesellschaft radikal zu revolutionieren, für die Menschen in China ein Maximum von Unsicherheit schuf. Nichts konnte in ihrem Rahmen mehr sicher sein, bestehen zu dürfen; mit dem Ergebnis, dass die Menschen alle Gewissheit in der Welt verloren, weil immerzu unklar blieb, was allenfalls weiter galt.[266] Solche «Kulturrevolutionen» aber erlebten auch die westlichen Gesellschaften; freilich im Gewande von allerlei wohltönenden und scheinbar von der Vernunft an sich gebotenen Titeln, hinter denen sich aber natürlich die Tatsache versteckte, dass sie der Struktur nach genau nach den gleichen Prinzipien funktionierten. Beispiele dafür bilden die «Qualitätssicherungs- und Qualitätsverbesserungsmassnahmen», die Ende des 20. Jahrhunderts plötzlich überall und in allen Bereichen des Lebens propagiert wurden,[267] die «Digitalisierung» der Welt, der von angeblichen Philanthropen in Angriff genommene «Great Reset» und (leider) auch die Forderung eines Umbaus der Gesellschaft im Hinblick auf «Klimaschutz» (um einen seltsamen Begriff aufzunehmen)[268].

Gegen die Verbesserung von Qualität scheint nichts einzuwenden zu sein – darum ging und geht es dabei aber gar nicht, wenn Macht solche Ziele installiert, sondern darum, erstens ein «Ideal» aufzurichten, von dem niemand weiss, was es umfasst, und zweitens unter Bezugnahme darauf ohne bestimmte Argumentation alles in Frage stellen zu können, was im Moment der Fall ist.[269] Die Folge davon ist immer eine (oft hinterhältig fraktionierte) Ausbreitung der Vorstellung von Ungenügen.[270] Weil es im Zusammenhang mit solchen Massnahmen alles unsicher wird, gibt es keinen Bezugspunkt des Verhaltens mehr, und alles kann bezweifelt werden, ohne dass dabei klar würde, was denn eigentlich das Ziel des Ganzen ist. Das ins Auge genommene Ziel scheint so grossartig – oder so zweifelsfrei geboten – zu sein, dass ihm ohne weitere Reflexion alles zum Opfer fallen kann. Und der Einzelne wird im Zusammenhang mit solchen Zielen sowieso ganz abgewertet: Wie könnte er so vermessen sein, sich gegenüber grossartigen «Idealen» oder Nöten zu positionieren bzw. einen eigenen Standpunkt geltend zu machen? Seinem Wohlergehen mögen solche Kulturrevolutionen angeblich dienen – zu sagen hat er in Bezug auf sie aber nichts. Dazu gehört auch, dass vor allem auch alles, was dem Einzelnen als bedeutungsvoll erscheint, was er sich zu eigen gemacht hat und was er liebt, zunichtegemacht wird, mit dem Argument, dass es zu solchen ins Auge gefassten Neuordnungen nicht «mehr» passe. Insofern, als der Einzelne, wie man sagen könnte, das «ist», was er liebt, wird er so auch selbst völlig entwertet.[271]

Es gibt – so scheint es – in Bezug auf solche Ziele keine Schritte und Etappen. Der Einzelne kann, weil ihm ja alle Einsicht abgesprochen wird, keinen Beitrag dazu leisten, der substantiell wäre, er kann selbst keine Erfolge vorweisen, er kann nichts tun, worauf er stolz sein könnte – allein das «Ideal» erhebt den Anspruch zu zählen, und so erscheinen seine (angeblich kleinen) Beiträge bedeutungslos. Stattdessen hat er sich den grossen Zielen zu unterwerfen und sich damit insbesondere der Macht zu unterstellen, die vorgibt, allein zu wissen, was zu tun ist.[272]

Wie man erkennt, machen sich ja Schul- und Kleinbürgererziehungsprinzipien ebenfalls dieses Muster zu eigen, und nicht zuletzt in ihrem Rahmen wird ja der Boden dafür gelegt, dass der Einzelne dessen nicht gewahr wird, wie sehr er mittels vorgespiegelter «Ideale» in Bezug auf die eigenen Fähigkeiten und Möglichkeiten in die Irre geführt und entwertet werden kann. In Schule und Ausbildung wird der Mensch immerzu an etwas gemessen, das allein von Lehrkräften verwaltet wird. Lehrpläne geben vor, dass dieser Vorgang von Transparenz geprägt sei – genau betrachtet zeichnen sich aber erstens solche Lehrpläne durch eine hinter grossen Worten versteckte grenzenlose Wolkigkeit aus und münden zweitens in der einen oder anderen Weise nur allzu schnell wieder in nicht beschreibbare, «ideale» Ziele. Insofern, als das der Fall ist, können Lehrkräfte immer weiter geltend machen, dass Ziele nicht wirklich erreicht seien, ohne dass sie genau sagen müssten, inwieweit das nicht der Fall sei.[273]

Sofort müsste sich der folgende Einwand einstellen: Natürlich mag der Einzelne die ganze Grösse eines «Ideals» nicht erfassen können. Natürlich kann der Einzelne – wenn einmal das Gedankengebäude des Utilitarismus errichtet ist – nicht beurteilen, was *wirklich* «gut» ist.[274] Und natürlich kann der Einzelne im Rahmen von Eintretenswahrscheinlichkeiten nicht beurteilen, was in Bezug auf ihn der Fall ist.[275] Recht besehen müsste man aber zu dem Urteil kommen, dass dazu *überhaupt* niemand fähig ist, folglich auch Machtausübende nicht. Solche Einwände stellen sich aber nicht ein – oder werden sogleich entwertet –, weil das vorgeschobene Ziel angeblich so grossartig ist, dass alle Fragen und Nachfragen ausbleiben. Schöne und grosse Worte allein sind scheinbar der Beweis dafür, dass sie tatsächlich auf etwas zugreifen. Und zusätzlich, so muss es dann erscheinen, muss es aussergewöhnliche Menschen geben, die Zugang zu solchen Vorstellungen haben. (So sieht die ewige Selbstverhexung des Idealismus aus.)

So wirkungsmächtig Macht in der Praxis auch auftreten mag[276] – in Bezug auf ihre Anmassung, die vorgefundene Welt zu verstehen und in den Griff zu bekommen, muss man festhalten, dass sich die versprochenen Erfolge kaum je einstellen, ja angesichts der Tatsache, dass kein Mensch die vorgefundene Welt zu Ende verstehen kann, gar nicht wirklich einstellen *können*.

Eine Pointe besteht dabei darin, dass der Gefahr, sich in Sackgassen von Annahmen und Behauptungen zu verlieren, ausgerechnet *sie*, die Macht *als Macht*, ausgesetzt ist. Indem sie sich auf der einen Seite die vorgefundene Welt und auf der anderen Seite ihr nicht genehme Auffassungen und Vorstellungen aufzunehmen weigert, fehlt ihr ein Widerpart. Herkömmlicherweise wird in moralisierender Sprache geltend gemacht, Macht neige zu «Hybris». Einer solchen Aussage kann man indessen einen präziseren Gehalt geben. Indem Macht sich jeder Begegnung mit der Welt auf der einen Seite und Sichtweisen, die nicht die ihren sind, auf der anderen Seite entzieht, bleibt sie allein. Sie beraubt sich so gewissermassen eines (unabhängigen) Gesprächspartners. Die Folge davon kann nur Willkür sein: eine Haltung, die sich in der Scheinfreiheit, die sie sich mit ihrem Machtverhalten schafft, verliert. Sie mag auf keinen Widerstand (mehr) stossen, greift damit aber auch in eine absolute Leere hinein, in der sie alle Konturen verliert. (Das mag sie dann dadurch wettmachen, dass sie sich selbst und ihre Taten in immer grossartiger Weise beschreibt und sich so gottähnliche Züge zuschreibt.)

Anders gestaltet sich indessen die Rolle der ihr Unterworfenen. Was auch immer Macht mit ihnen anstellen mag – sie können, *könnten* immer *wissen*, dass der Anspruch der Macht in die Irre geht, solange sie sich von ihr und ihren Behauptungen nicht täuschen liessen. Erstens müssen sie sich beharrlich darüber Rechenschaft geben – ob sie mit einer solchen Einsicht Erfolg haben oder nicht –, dass der Mensch kein irgendwie absolutes Wissen *gewinnen* kann. Der Anspruch der Macht darauf, eine aussergewöhnliche Stellung einzunehmen, ist also *auf jeden Fall* verfehlt, selbst wenn er mit allen Mitteln der Macht aufrechterhalten werden mag. Zweitens muss ihnen klar werden, dass ausgerechnet die in der einen oder anderen Form von ihnen geforderte Ausrichtung auf «Ideale» einen verborgenen Machtanspruch enthält, so gut sie auch erscheinen mag. Aus vorgeschobenen «Idealen» kann alles abgeleitet werden, weil sie gar keinen bestimmten Bezugspunkt darstellen, sondern allein behaupten, einen solchen darzustellen. Es ist einzig der Begriff, den man bilden kann, der Kraft zu haben scheint – insofern der Begriff aber immer nur die Summe von etwas, was gar nicht im Einzelnen genannt werden könnte, ins Spiel bringt, bietet er die beste Gelegenheit zu Willkür. Anders als «Ideale» im Sinn von kantschen regulativen

Ideen, die Menschen zu guten Zielen leiten können, sind «Ideale» als Entitäten, aus denen umgekehrt Forderungen abgeleitet werden können, untauglich. Der Begriff, noch einmal sei es gesagt, erweckt den Eindruck, sich auf etwas zu beziehen, ja gar die Quelle alles Guten darzustellen – dem Begriff entspricht aber nichts Fassbares, und vor allem nichts, das in sich eben doch Quelle endgültigen Wissens sein könnte.

Wissen und ein daraus abgeleitetes Handeln können – allen Beteuerungen von Macht zum Trotz – nur in Form eines von Einzelnen verantworteten Wissens und Handelns Gestalt annehmen, so gross die infantile Sehnsucht nach einer Instanz, welche über endgültiges Wissen zu verfügen behauptet, oder die Angst, Bedrängendes nur mittels Unterstellung unter eine solche Instanz bewältigen zu können, auch sein mag.

Zur Menschlichkeit einer Gesellschaft gehört auch die Möglichkeit, als Einzelner in die vorgefundene Welt je gewissermassen selbst hineinlangen zu können und sich so selbst Urteile bilden zu können. Selbstverständlich ist das, was ein Einzelner so finden mag, nicht gegen Irrtum gefeit – was er aber findet, trifft in einer freien Gesellschaft auf die Vorstellungen anderer Einzelner. Auch im Rahmen solcher Begegnungen mit anderen mag immer noch weiter Irrtum bestehen bleiben – aber die Gefahr ist gebannt, dass sich jemand mit seinen Irrtümern absolut stellen kann. *Das ist keine Garantie dafür, dass Wahrheit entsteht, aber eine Garantie dafür, dass sich Irrtum nicht verfestigen kann.* Alles, was die Gemeinschaft der Einzelnen so finden mag, mag ungenügend sein, aber ein solches Setting bleibt dafür für zukünftige Funde offen.

Im Rahmen einer solchen Organisation nimmt kein «Ideal» Gestalt an, dafür aber bleibt diese für die Zukunft aufnahmebereit, für alle Menschen, welche die Welt betreten werden. Das stellt nicht eine Bekundung von Bescheidenheit dar, sondern eine Form von Einsicht in die Natur der vorgefundenen Welt.[277]

Wenn man das Erkannte überschaut, kommt man also zu dem Ergebnis, dass «Ideale» im Argumentationshaushalt von Macht, recht betrachtet, eine seltsam *statische* Rolle spielen, obwohl Macht den Eindruck erweckt, dass gerade das Gegenteil der Fall sei (wie sie sich selbst ja immer als Quelle einer Bewegung zu Besserem hin sieht). Macht mag alles daransetzen, sich als *dynamisch* zu präsentieren, indem sie etwa vorgibt, unter Bezugnahme auf «Ideales» Grosses in die Wege zu leiten oder gar in einer unvollkommenen Welt uneingeschränkte «ideale» Zustände zu implementieren (was dann freilich nie der Fall sein wird). Ein solcher Bezug auf (angebliche) «Ideale» ist freilich offensichtlich überaus seltsam, weil ja im je auf den Schild gehobenen «Ideal» gewissermassen alles zu einem Ende kommt, bevor, wie man sagen könnte, «die Geschichte begonnen hat». Indem sich Macht als Verwalterin von «Idealen» positioniert, richtet sie sich einzig darauf aus, scheinbar an sich unumstösslich feste Wertgebilde umzusetzen, nicht also irgendwie neuen Gesichtspunkten zum Durchbruch zu verhelfen.²⁷⁸ Angesichts der Tatsache, dass die vorgefundene *materielle* Welt gar nicht endgültig erfasst werden kann, geht dabei aber alle *Offenheit* der Welt verloren. In Tat und Wahrheit ist die vorgefundene Welt im Zusammenhang mit ihrem nicht zu Ende erkennbaren, vielfältigen Sein immer für jetzt noch nicht Erkanntes offen. Diese Offenheit muss immer neu angegangen werden, von (um mit Hannah Arendt zu reden) jenen Einzelnen, mit denen immer die Welt der Möglichkeit nach anfängt, indem Menschen immer neue Schneisen in eine grosse, offene Welt legen, indem sie in einem popperschen Sinne neue Hypothesen erwägen, indem sie sich für Neues interessieren oder in Bann schlagen lassen oder sie Neues gestalten wollen.²⁷⁹ Und umgekehrt muss die Welt immer so offen bleiben, dass je neue Menschen je ein neues Betätigungsfeld finden können, auf dass sich ihr Leben als *ihr* Leben erfüllen kann.

Zu grundsätzlicher Offenheit ist Macht indessen nicht fähig, weil Offenheit Kontrolle verunmöglichte. Offenheit beinhaltet keine Massstäbe, auf die man sich ausrichten könnte. Offenheit lässt sich nicht so verwalten wie (angeblich) «Ideales», indem man auf der einen Seite behauptet, man selbst sei im Besitz aller Massstäbe und könne auf der anderen Seite deswegen Andere beurteilen. In Offenheit ist ferner (zunächst) alles möglich. Und wo alles möglich ist, kann Macht nicht zugreifen. Folglich muss Macht Offenheit mit allen Mitteln bekämpfen. Indem sie stattdessen von sich behauptet, auf «Ideale» ausgerichtet zu sein, kann sie ihren Makel (leider oft erfolgreich) vernebeln:²⁸⁰ Sie scheint etwas Gutes zu tun, gerade indem sie in Tat und Wahrheit verhindert, dass die Welt immer weiter offen bleibt.

Gesucht ist aber nicht ein «idealer» Zustand, sondern immer wieder neu eine Welt, in der Menschen gemäss ihren Vorstellungen je in verantwortlicher Weise das anstreben können und dürfen, was ihnen richtig erscheint.

13 Opfer von Macht sein

Einer Betrachtung der Frage, in welchem Verhältnis die Opfer der Macht zu jener Macht stehen, die sie zu Opfern macht, müssen zwei Vorüberlegungen vorausgehen. *Erstens* muss man darauf hinweisen, dass oft Opfer von Macht gar nicht durchschauen oder zu durchschauen in die Lage kommen (oder sich eine solche Erkenntnis überhaupt erlauben dürfen), dass sie Opfer sind. Eingeschlossen in ungerechten, aber seit jeher geltenden ungerechten Gesellschaftsverhältnissen,[281] eingeschlossen weiter in religiös gestützten, menschenverachtenden Interpretationen des Status des Einzelnen, eingeschlossen in weitere sich angeblich auf «Vernunft» stützende Verschleierungen dessen, was je einem Menschen als Mensch zusteht, mag der Einzelne zwar allenfalls dumpf spüren, am Ende dann aber als unveränderbar gegeben hinnehmen, dass ihm Unrecht widerfährt. Das ist weiter auch im Zusammenhang damit der Fall, dass er den Fehlschlüssen eines immer mehr um sich greifenden, aber kaum je wirklich reflektierten Utilitarismus unterliegt,[282] in unredliche Narrative eingebunden wird[283] oder sich der Forderung ausgesetzt sieht, sich naturwissenschaftlich begründeten und so angeblich zweifelsfrei geltenden «Tatsachen» zu unterstellen. Würde er erkennen, was in solchen Deutungsverhältnissen, in deren Rahmen er sich vorfinden mag, tatsächlich Gestalt annimmt, könnte er darauf hinarbeiten, sich von solchen Einrichtungen zu *emanzipieren,* und würde, als Folge davon, allenfalls nach und nach erkennen, dass er in Wirklichkeit seit jeher unredlich argumentierender Macht unterworfen ist. Eine solche Macht mag struktureller Natur sein (insofern, als sie den Ausfluss von angeblich gegebenen, gern zwecks Verschleierung «Ordnung» genannten Einrichtungen darstellt)[284], wird dann aber immer von konkreten Machthabern für ihre Zwecke instrumentalisiert und so vom Einzelnen in konkreten Begegnungen mit solche Deutungen nutzbar machenden Personen erlebt. Der erste Schritt besteht dann in vielen Fällen in einer Form von Bewusstwerdung in Bezug auf die Situation, in der er als Einzelner steht, und anschliessend, auf deren Basis, in einem Versuch zur *Emanzipation.* Erst wenn Menschen erkannt haben, wie sehr sie um ihre Recht betrogen werden, können sie erfassen, in welch vielfältigem Ausmass sie Macht unterworfen sind.[285] Das Ergebnis ihres Bestrebens muss dann am Ende sein, dass sie sich als Einzelne Macht entwinden können und ein eigenes, auf eigene Ziele ausgerichtetes Dasein zu führen beginnen können und schliesslich ganze Gesellschaften jene grundsätzlichen Rechte, welche Menschen zustehen, kodifizieren. Macht soll sich an diesen brechen.

Dazu tritt *zweitens* ein ganz anderer Gesichtspunkt. Allem im Folgenden Vorgebrachten muss vorausgeschickt werden, dass es in diesen Überlegungen nicht darum geht, die verzweifelte Lage, in der sich Opfer von Macht finden mögen, in dem Sinn in Zweifel zu ziehen oder gar zu verhöhnen, als man behaupten würde (wie dies ja eben auch Macht tut)[286], Opfer seien irgendwie *zu Recht* Opfer, hätten also ihren Status allenfalls selbst herbeigeführt, seien für diesen selbst verantwortlich zu machen oder verstünden sich halt nicht darauf (oder wagten es nicht), sich in der richtigen Weise zur Wehr zu setzen.[287] Und erst recht soll nicht das bei Macht ebenfalls beliebte (und unterdessen ja das Denken von vielen auch ganz biederen Menschen unterschwellig bestimmende) trivialdarwinistische Bild als geltend behauptet werden, dass das Wesen der Welt eben darin bestehe, allein durch Macht und Opferdasein («Fressen und Gefressenwerden») geprägt zu sein, und so Opfer gewissermassen Opfer *sein müssten*. Wenn man dies alles einmal vorausgeschickt hat – und man vor allem die *Notwendigkeit*, dies alles vorauszuschicken, betont hat –, mag man sich an eine Analyse davon wagen, in welcher Weise sich im Opferdasein auf seltsame Weise Macht spiegelt bzw. reproduziert.

Opfer im Grossen wie im Kleinen haben begreiflicherweise vor allem vor Augen, die Macht, die sie zu Opfern macht, zu überwinden. Im Grossen mögen sie entweder deren Überwindung (oder gar Vernichtung) oder dann eine Form von Freiheit oder die Befreiung von Lebensbedrohung ersehnen, im Kleinen mögen sie den Augenblick herbeisehnen, da sie in der Lage sind, das, was sie als Macht über sich empfinden (Eltern, die «Schule», gewalttätige oder erstickende Partner und Partnerinnen), hinter sich zu lassen und, wie sie sich dann ausdrücken, ein «eigenes» Leben zu beginnen. Dass sie das tun, versteht man gut, wenn man sich in ihre Bedrängung durch Macht einfühlt – in dem Moment, da man eine unterdrückende Macht hinter sich gelassen hat, mag man meinen, (endlich) aufleben zu können.

Eben mit einem solchen Wunsch übernehmen Opfer aber das *Gesamtsetting*, in dem sich Macht bewegt, und laufen so Gefahr – abgesehen davon, dass sie Macht unterliegen –, sich in den Umdeutungen und Fehldeutungen, die mit diesem verbunden sind, zu verlieren, in dem Sinn, dass sie sich ihre Eigenständigkeit bzw. das sie tragende Selbstverständnis nehmen lassen. Ohne zu bemerken, was dabei vor sich geht, lassen sie sich damit zu versteckten *Komplizen* der Auslegeordnung machen, die Macht ausübt.[288] Das ist im Zusammenhang damit der Fall, dass auch im Denken von Opfern jene *Zweiwertigkeit* Gestalt annimmt, welche die Weltauffassung von Macht bestimmt, und zwar auf zweifache Weise.

Zunächst einmal scheint es gemäss dieser Zweiwertigkeit auf der einen Seite nur Macht und auf der anderen Seite nur all das Schlechte und Böse, das Macht unterdrücken will bzw. vorgibt, unterdrücken zu *müssen*, zu geben. Und als Folge wieder davon scheint alles Bedeutungsvolle, das die Welt bestimmt, *Kampf* und *Sieg* der Macht in diesem Kampf darzustellen. Indem Opfer ihr Denken und Trachten, wie dargestellt worden ist, ausschliesslich auf die Überwindung der Macht zu richten beginnen – dass das der Fall ist, ist angesichts der Tatsache, dass sie von Macht zu Opfern gemacht werden, an sich gut verständlich –, lassen sich Opfer damit in einen *Machtkampf* hineinziehen, obwohl sie einen solchen Kampf ja ursprünglich gar nicht gesucht haben, und in einen Machtkampf überdies, dem sie überdies nicht gewachsen sein können. Ihr Anliegen und das, wofür sie stehen, hat ja ursprünglich in den meisten Fällen nicht darin bestanden, Macht zu gewinnen, sondern einem Inhalt, der ihnen bedeutungsvoll erscheint, Geltung zu verschaffen.[289] Zu der zweiwertigen Weltsicht, der sich Opfer überlassen, wenn sie die Interpretation der Macht übernehmen, gehört nun aber gleichzeitig, dass diese sie und ihre Anliegen nicht nur entwertet, sondern am Ende vielleicht auch kriminalisiert bzw. als nichtswürdig darstellt. Alles Handeln und Denken, das nicht dem entspricht, was Macht als das einzig Wahre verkündet, wird als Folge der Zweiwertigkeit, die ihr Denken und Beurteilen beherrscht, als Gegnerschaft aufgefasst und muss, wie es ihr dann scheint, beiseitegeschafft werden. Etwas Drittes, also ganz andere Positionen (als das angeblich allein Gute und dessen Widerpart), scheint es nicht nur nicht zu geben, sondern auch nicht geben zu dürfen.[290] Jener dritte Bereich, in dem Leben stattfand und jene Vielfalt von Inhalten Gestalt annimmt, welche dieses auszeichnet, bzw. schon allein die *Möglichkeit*, dass es einen solchen geben *könnte*, leugnet die zweiwertige Weltsicht der Macht ganz, mit dem Ergebnis, dass es, wie es scheint, neben ihr nichts geben darf. Als Ergebnis einer solchen Einstellung entzieht sie nicht nur allem, was sie *nicht* ist, jeden Wert, sondern mag mit der Zeit all jene Haltungen, die sich ihr entgegenstellen, nicht nur entmutigen, sondern nach und nach an sich selbst irre werden lassen (und sie am Ende zerstören wollen). Sich etwa dauernd sagen lassen zu müssen, dass man absurde Vorstellungen habe, dass man die «Realität» verkenne, dass man zu «Vernunft» nicht fähig oder gar verrückt oder bösartig sei, wenn man nicht die Wertungen der Macht übernehme, muss – vor allem dann, wenn solche Wertungen von Mitläufern der Macht mitgetragen werden – fast sicher am Ende die Wirkung haben, dass auch Opfer zu zweifeln oder gar den Glauben an sich und die Berechtigung ihrer Sache zu verlieren beginnen oder sich gar selbst in das zweiwertige Denken hineinziehen lassen, das von Macht als angeblich einzig richtig erklärt wird.[291]

In spiegelverkehrter Weise wird so Opfern bzw. dem, wofür Opfer stehen, zugeschrieben, in ihnen nehme eine (angeblich) abstossende, wenn nicht (angeblich) verbrecherische Ziele verfolgende Gegenmacht Gestalt an – obwohl Opfer von Macht ja ursprünglich eine umfassendere Position eingenommen haben mögen (oder mit der Weltsicht der Macht gar nichts zu schaffen gehabt haben mögen). Wer zum Opfer von Macht geworden ist, mag ja ursprünglich mit dem, was ihm als wertvoll erscheint, mit den es leitenden Wertmassstäben einfach nicht in die Weltdeutung von Macht gepasst haben.[292] Aber eben: Sie werden nicht nur in dem Sinn zu Opfern, als sie von Macht zum Opferdasein gezwungen werden, sondern auch insofern, als sie jenes Spiel, das Macht spielt, allenfalls nach und nach gewissermassen *als das Ganze* aufzufassen beginnen und sich so in einem gewissen Sinne zum zweiten Mal verlieren. Indem sie nur noch erträumen, *nicht* Opfer von Macht zu sein, und meinen, mit ihrer Befreiung aus Macht sei schon alles gewonnen, verlieren sie das Bewusstsein, wirklich für etwas zu stehen, was eine ganz andere Rolle, ausgerichtet auf ganz andere Gehalte, spielen könnte. Freiheit von Unterdrückung zu gewinnen stellt ja – so schön die Vorstellung davon ist – erst die *notwendige Bedingung* dafür dar, dass etwas Gehaltvolles entstehen kann. Wenn etwa – im Grossen – die unterdrückten Talschaften im Drama *Wilhelm Tell* von Friedrich Schiller die Tatsache feiern, dass sie die «Freiheit» gewonnen hätten und – im Kleinen – etwa ein Teenager den Moment feiern mag, da er mit gewonnener Mündigkeit der Befehlsgewalt seiner Eltern entronnen ist, so ist damit im einen wie im anderen Falle mit einer solchen Befreiung noch kein *Inhalt* gewonnen. Und Opfer mögen die gewonnene Freiheit dann schnell wieder zu Schanden kommen lassen[293] oder am Ende gar doch nicht erringen, weil gewonnene Freiheit zuerst noch mit verantworteten Verhaltensweisen und selbstgewählten Inhalten gefüllt werden muss.

Dabei kommt etwas noch viel Gefährlicheres ins Spiel, das Opfer von Macht erst recht zu Opfern formt.[294] Erlebte Unterdrückung mag furchtbar sein – gleichzeitig aber schenkt sie den Unterdrückten paradoxerweise einen festen Ort in einer Welt, die ja keine Gewissheit liefern kann. Wer unterdrückt ist, mag an seinem Status leiden, *weiss dann aber das immer gewiss,* dass er ein armes Opfer ist. Wäre er frei, müsste er einen Weg in die Welt hinein gehen und damit im Zusammenhang ohne Gewissheit einen Weg *wählen* (und könnte sich so verfehlen). Paradoxerweise ist wie Macht Opferdasein also jener Unsicherheit enthoben, welche das Dasein des Menschen in der Welt ausmacht. *Diese* Verletzung – die Verletzung, die aus Unsicherheit resultiert – mag am Ende so furchtbar sein, dass Opfer ihre Stellung entgegen all ihren Beteuerungen *gar nicht verlassen wollen*. Opfer zu sein scheint würdig zu sein (weil man ja immer für etwas grosses Mögliches einsteht) und entbindet einen gleichzeitig davon, wenn man kein Opfer mehr wäre, *Entscheidungen* zu treffen und auf diese Weise in jene Unwägbarkeiten einzutreten, welche ein grundsätzlich ungewisses Leben bieten würde. Als Opfer kann man sich immerzu auf eine einem vorschwebende «ideale Welt» beziehen: Weil man als Opfer nicht dazu in der Lage ist, eine solche Welt dann irgendwie einzurichten, ist man auch davor gefeit, Fehler zu machen, sich in Widersprüche zu verstricken – wo dies doch eben zur grundsätzlichen Stellung des Menschen in der Welt gehört.[295]

Dasselbe gilt in einem vielleicht harmloseren Sinn schon von allen Formen von *Gehorsam*. Indem man gehorsam einem Befehlenden folgt – oder dann zu Recht oder nicht behauptet, man sei zu Gehorsam gezwungen –, kann man Verantwortung abwenden und gewinnt – abermals – einen sicheren Platz in der Welt. Man tauscht also Unterwürfigkeit gegen Sicherheit.

Man würde (sagt man sich allenfalls ein), wenn man frei wäre, allerlei Grosses in die Wege leiten, kann das aber nicht, weil man gehorsam sein muss oder weil man sich möglicherweise sogar dafür feiert, dass man gehorsam sein kann. Auf diese Weise kann man rechtfertigen, dass man mutlos durch sein Leben geht, also nicht jenen Beitrag zum Leben wagt, der das Leben weiterführen würde. Man macht – im harmlosen Fall – «Gruppendruck» geltend (als ob es unter keinen Umständen möglich sei, sich auch gegen Gruppen zu stellen), oder man verneint die Möglichkeit zu Zivilcourage, indem man dem folgt, was «die anderen» tun, oder man schützt Notwendigkeiten vor, die Verhaltensweisen angeblich absolut fordern, oder man folgt jenen aus dem Boden schiessenden «Experten» und «Expertinnen», die behaupten, *sie* verstünden alles, und man müsse sich *ihrem* Urteil fügen.[296]

So kommt man zu dem Ergebnis, dass ausgerechnet die Opfer von Macht, also Menschen, welche als Gegner der Macht gewissermassen jene Fachleute darstellen müssten, welche den Weg zur Überwindung von Macht weisen können müssten, die Leere, welche Macht errichtet, weitertragen. Das hängt damit zusammen, dass sie, wie eingangs erwähnt worden ist, indem sie Macht überwinden wollen, sich deren *zweiwertige* Sichtweise zu eigen machen. Das tun sie schon damit, dass sie gegen die Macht *kämpfen* wollen. Schon *Kämpfen* selbst stellt eine zweiwertige Kategorie dar (insofern es in einem Kampf ja nur einen Sieger und einen Besiegten geben kann). Und dazu tritt, dass man ja nur mit jenen Waffen kämpfen kann, mit welchen der Gegner einen angreift, und in der Wahl ihrer Waffen ist Macht ihrer selbst sicher: In einem solchen Kampf kann man nur untergehen.

Man mag sich dabei als Untergehender gross vorkommen und, ebenfalls mittels einer zweiwertigen Deutung, geltend machen, dass man, *weil* man untergeht, wertvoll sei, erreicht aber nichts, ja führt Macht gerade umgekehrt allenfalls sogar noch zu einem Erfolgsgefühl. Gewinnen kann man gegen Macht nur insofern, als man all jene Bereiche des Lebens hochhält, welche Macht negiert, indem man also die Vorstellung jener Dreiwertigkeit am Leben hält, die von Macht zerstört wird, ja von der Macht kategorisch ausschliesst, dass es sie überhaupt geben könnte. Opfer dürften nicht selbstvergessen als Folge davon, dass sie selbst Opfer sind, das opfern, das einmal ihr Gehalt gewesen ist. Macht macht geltend, dass es einen solchen mittleren Bereich nicht geben kann, bzw. will glaubhaft machen, dass die Unterstellung eines solchen mittleren Bereichs in die Irre gehe: weil man nicht irgendwie *beweisen* kann, dass es ihn gibt, weil er bloss Spekulation oder irrational sei und was solcher entwertender Beschreibungen noch mehr sind. Schönheit, ethische Wertvorstellungen, Kontemplation, Verpflichtungen auf Werte im Grossen scheinen ihr gemäss, wie sie in ihrem Nihilismus meinen mag, nichts wert zu sein. Aber eben: Dass sie solche Gegenstände nicht achten kann, zeichnet Macht aus.²⁹⁷ Und alle Gegnerschaft von Macht zeichnet sich umgekehrt dadurch aus, dass sie sie achten kann. *Das* darf das Opfer nicht vergessen. Hier liegt seine Stärke.

14 Einsamkeit der Macht, Macht als Flucht

Macht zeichnet sich dadurch aus, dass sie für sich in Anspruch nimmt, *alles* zu sein. Darin scheint sich nichts anderes als schiere Überhebung auszudrücken. Ein genauerer Blick darauf, wie sich Macht zur Welt stellt, zeigt freilich, dass Macht eben darin gleichzeitig auch die *Gefangene ihrer selbst* ist. Trivialerweise ist das insofern der Fall, als sie sich in tausendfacher Weise von der Welt, die sie beherrscht, physisch absondern muss: im harmlosen Fall in Form von angemasster unangreifbarer Sonderstellung, nicht durchbrechbarer Absonderung oder Verstecken hinter protokollgesteuerten Begegnungen, im schlimmeren Fall in Form von Dauerbewachung durch Leibwächter und Aufenthalt in allerlei Behausungen und Bunkern, die vor allen Gefahren geschützt sind.[298] Das ist das eine. Paradoxerweise ist Macht, so selbstherrlich sie sich auch geben mag, aber auch dazu gezwungen, sich hinsichtlich ihrer *Vorstellungen von der Welt* in sich selbst zu verschliessen – sie *kann* gar nicht offen gegenüber anderem und erst recht nicht offen gegenüber der Vielfalt der Welt sein. Das ist deswegen der Fall, weil Macht gleichzeitig nur auf der Grundlage einer *zweiwertigen Weltsicht* funktionieren kann: Macht und Zweiwertigkeit sind unlöslich miteinander verbunden. Macht – das gilt für alle Formen von Macht – kann sich nur als einzig möglichen Zugang zur Welt verstehen und muss damit gleichzeitig alle anderen Sichtweisen von sich weisen. Wenn es nämlich etwas anderes gäbe, das *ebenfalls noch* Bedeutung tragen würde, müsste sie einen solchen Befund im Zusammenhang mit der ihr innewohnenden Zweiwertigkeit als Einbusse, ja Leugnung ihrer Macht erleben: Sie gälte dann ja nicht in allumfassender Weise. Das führt dazu, dass sie nichts und niemanden *achten* kann – täte sie das, würde sie sich eingestehen, dass es *neben* ihr noch anderes Wertvolles gäbe. Selbst für etwas anderes oder jemand anderen ein Interesse zu zeigen, das mehr darstellte als eine Vorstellung von Verfügung,[299] oder anderem oder anderen Menschen *Achtung*, Anerkennung oder gar Verehrung zu erweisen ist ihr also unmöglich.

Sie mag durchaus Orden verteilen oder andere Menschen auch manchmal loben (vorzugsweise etwa Kinder oder jugendliche Sportler und Sportlerinnen oder persönlichkeitslose Streber) – aber nur in Bezug auf Tätigkeiten oder Fähigkeiten, die nicht in Konkurrenz mit ihr treten oder ihr untergeordnet zu sein scheinen, die also nicht irgendwie ihrer Machtausübung in die Quere kommen können oder die sie nicht wirklich interessieren. Wenn sie es tut, geht es ihr vor allem wiederum darum, sich selbst als Macht in Szene zu setzen: *Sie* ist es ja, welche die Befugnis dazu hat zu bestimmen, wer und was angeblich gelobt werden soll[300] – wirkliche Geltung schreibt sie dabei aber niemandem und nichts zu.[301]

Insofern, als Macht in der beschriebenen Weise Gefangene ihres Weltzugangs ist, mündet sie notwendigerweise in *Einsamkeit*. Sie kann ausserhalb ihrer selbst nichts gelten lassen: Sie kann nichts erleben, was eine Qualität *in sich* trüge, sie kann ihre Sichtweise nicht erweitern, sie kann nichts Neues in diese integrieren und erst recht kann sie ihren Horizont nicht in spielerischer Weise erweitern. Es *darf* ausserhalb ihrer nichts geben, wie es ihr scheint, mit dem Ergebnis, dass sie so recht eigentlich verarmt (statt dass sie in wachsendem Masse an der Vielfalt der Welt partizipierte – angesichts der Tatsache, dass sie als Macht einen viel breiteren Zugang zur Welt hat als ein Einzelner, könnte sie ihre Stellung ja zu diesem Zweck ausnützen). Wie erfolgreich sie in ihrem Tun in der Aussenwelt auch erscheinen mag, so bewegt sie sich damit doch in eine Sackgasse hinein. Am Anfang mag einfach Langweile stehen – diese mag Macht, indem sie ihre Gegner aufspürt und malträtiert, noch eine Weile überwinden können und sich in den damit zusammenhängen Erfolgen sonnen. In der Folge kann sich indessen nur Leere auftun, weil sich Macht ja mangels des Wunschs nach einer möglichst vollständigen Aufnahme der Welt nie neuen Aufgaben und Herausforderungen zuwendet und so alles bei dem stehenbleibt, was sie anstrebt (und auch ihre Ziele erreicht sie ja kaum je).

Was folgt, ist bekannt: Abschottung, Sichumgeben mit Speichelleckern, Formen von wachsendem Cäsarenwahnsinn, Hineingleiten in immer wahnwitzigere Machtvorstellungen, in denen sich alles nur noch um Macht *an sich* (also Macht ohne Ziele) und die eigene angemasste ewige Geltung dreht – und eine wachsende Verbitterung darüber, auf nichts mehr zu stossen, das es wert wäre, mit Macht zu besetzen, oder überhaupt ein erstrebenswertes Ziel darstellte, weil ja jeder *Inhalt* am Ende in sich begrenzt sein muss.[302] Und dies notabene, während die von ihr Bedrängten – solange sie jedenfalls immer noch eine Form von Existenz haben können[303] – paradoxerweise immer noch ein reiches und vielfältiges Leben geniessen können.

Dass dies alles der Fall ist, ist, wie man erkennt, der Preis jener Absolutstellung, welche Macht für sich in Anspruch nimmt. Wer eine solche Stellung *nicht* anstrebt, mag sich immerzu unsicher fühlen und sich immer wieder als Geschobener des Schicksals vorkommen – aber er erlebt so auch ein reiches Leben; ohne die Möglichkeit zur Totalkontrolle dessen, was ihm widerfährt, aber vielfältig. Eine solche Sicht der Dinge darf freilich nicht mit einem Versprechen ewigen Glücks, wie es ein Guru vortragen mag, verwechselt werden: Man kann nur sagen: Ein macht-loses Leben ist – jedenfalls der Möglichkeit nach – voll und vielfältig, während Machtgehabe paradoxerweise mit Gewissheit in wachsende Eingeschlossenheit und Öde mündet. Die eine Entwicklung ist eine *potentielle*

Entwicklung hin zu Möglichem, die andere führt *notwendigerweise* in Leere hinein.

Anders gesagt: Der Versuch der Macht, *alles* zu sein, stellt nicht nur Hybris dar – das ist natürlich auch der Fall –, sondern eine *Flucht* davor, dass jeder Mensch als Einzelner nie mehr als ein Einzelner sein kann. Macht kann nicht der Tatsache ins Auge sehen, dass sie entgegen ihrem Wunsch nicht *alles* sein kann, weil die *condition humaine* das verunmöglichen muss. Und als Flucht kommt sie nicht zum Erfolg, sondern befördert immer mehr das, wovor sie flüchtet. Am Ende steht – im Zusammenhang mit der Abwendung von allem anderen, vor allen anderen Menschen, vor allem, was auch noch der Fall sein könnte – nur eine einfältige[304] Beschränkung auf die Statik eines allein und absolut für richtig Gehaltenen. Dem Einzelnen dagegen, der annehmen kann, dass er immer nur ein Einzelner sein wird, ist es immer möglich, sich auf anderes beziehen, ohne dass er damit wie Macht in ihrem Allgültigkeitsanspruch zerstört würde. Er mag an anderen Menschen Interesse zeigen, nach anderem Sehnsucht haben oder Begegnungen mit ihm Fremdem anstreben. Damit geht einher, was dazu gehört: Überraschungen, Herausforderungen, Bewegung und durchaus auch unangenehme Erlebnisse – der Vielfalt der Welt zu begegnen kann aber der Möglichkeit nach erfüllend sein, weil sie die Eingeschränktheit eines Menschen in sich selbst auflöst. Ein solches Erleben führt aus der Eingeschlossenheit des Einzelnen in sich selbst heraus, und mit ihm kommt gewissermassen Material ins Spiel. Und der Einzelne zeichnet sich vor allem auch durch *Würde* aus, wenn er sich dem ergibt, was mit seinem Status als Einzelnem verbunden ist und verbunden sein muss, statt sich in Überhebung und Flucht zu verlieren. Er ist ein *Einzelner* und als solcher bestimmt und als Bestimmter nicht *alles,* sondern eingegrenzt. Er *soll* indessen bestimmt sein. Eine interessante Welt kann nur aus vielen solchen Einzelnen zusammengenommen entstehen, nicht aus Niemanden: Mit ihnen allen hebt die Vielfalt des Möglichen an.

15 Macht und der Einzelne

Indem Macht zu wirken beginnt, setzt sie sich über all jenes Einzelne (was immer es dann sei), über das sie Macht ausübt, hinweg. Als Macht will sie ja vor allem verfügen und wirken bzw. sich in Szene setzen und *erleben*, dass sie verfügt und wirkt. Dabei ist sie – was angesichts des Anspruchs, den sie erhebt, gewiss seltsam und auch in einem gewissen Sinne unvorsichtig erscheinen muss – an der Vielfalt selbst, der sie Herr werden will, aber nicht wirklich interessiert. Gegenstand ihres Interesses ist vielmehr, dass ihre Machtausübung lückenlos zu Erfolg führt.[305] (So bleibt sie also gewissermassen mit sich selbst kurzgeschlossen.)

Dass Macht so vorgehen müsse, scheint sich nach erstem Überlegen freilich aufzudrängen. Wie etwa Naturwissenschaften bei der Bildung von Gesetzen von Einzelfällen bzw. von unwesentlich aufgefassten Zügen der einzelnen Tatsachen, mit denen sie sich beschäftigen, absehen, wenn sie Allgemeines erkennen wollen, will sich auch Macht nicht im Einzelnen verlieren. Sie *darf* sich, wie es ihr erscheint, wenn sie über ein Ganzes verfügen will, gar nicht mit dem Einzelnen beschäftigen – es sind vielmehr, wie man etwa sagt, «die grossen Linien», an denen sie sich ausrichten muss, wenn sie mächtig sein will. Deswegen darf sie sich (so macht es den Anschein) nicht in Einzelheiten oder in die Beschäftigung mit einzelnen Menschen hineinziehen lassen. Dass sie das tut, beschreibt sie zuweilen euphemistisch gar als eine ausserordentliche Fähigkeit zu *Härte* gegenüber einer solchen «Versuchung». (Wie man weiss, sind etwa Machthaber ohne zu zögern zum Beispiel dazu bereit, Hunderttausende junger Männer auf einem Schlachtfeld zu opfern. Statt dass ein solches Verhalten als Unfähigkeit, sich auszumalen, was damit an Elend verbunden ist, erschiene, stellen sie eine solche Verhaltensweise gar als Tugend dar oder werden dafür belobigt, dass sie sich – anders als sich in Sentimentalitäten verlierende «Gutmenschen» – so leicht der Wirkung dessen entziehen, was sie mit ihren Anordnungen anrichten.)

Indessen geht ein solcher Vergleich in die Irre. Der Status naturwissenschaftlicher Gesetze (bzw. von dem, was man auf Zusehen hin als solche gelten lässt) auf der einen Seite und der Status der Regeln der Macht auf der anderen Seite sind erstens ganz verschieden. Wenn der Mensch naturwissenschaftliche Gesetze zu finden versucht, setzt er sich mit der vorgefundenen Welt auseinander (und hört gewissermassen auf deren Stimme). Was Macht dagegen anordnet, wird von ihr allein für gut befunden. Damit ist das, womit sich Macht in Szene setzt, das Ergebnis einer *willkürlichen Entscheidung ohne Anhaltspunkt*, in dem

Sinn, dass Macht die Welt so gestaltet, wie *sie* diese gestalten *will*. Auf der Suche nach wissenschaftlichen Gesetzen mag der Mensch im Zusammenhang mit Hypothesen, die er für interessant hält, gewisse Eigenschaften der Einzeldinge ausblenden (freilich immer in dem Wissen, dass er seine Entscheidungen allenfalls einer Korrektur unterziehen muss). Macht dagegen ordnet die Welt ausschliesslich nach eigenen Massstäben (und lässt sich hinsichtlich ihrer Auffassung und Massstäbe kaum je korrigieren, weil ein solcher Schritt ja dem Eingeständnis gleichkäme, Fehler gemacht zu haben, also keine Macht gehabt zu haben).

Macht kann zweitens Anderes nicht gelten lassen, weil in ihr die Vorstellung der Alleingeltung ja eingebaut ist. Eine Macht, die Nebenmächte gelten lassen würde, würde sich als Ganze erledigen: Das Eingeständnis, nicht Zugriff auf alles zu haben, würde sie gemäss ihrem Selbstverständnis als Macht selbst diskreditieren: Sie muss alles sein, oder sie besteht nicht.[306] Schon allein diese Feststellung erklärt, weiter gedacht, dass sich Macht, weil sie nichts ausser sich gelten lassen kann, im Grunde genommen auf gar nichts beziehen kann und so den Kontakt mit dem Einzelnen durchwegs scheuen muss.

Ein Blick auf das, was im Zusammenhang mit *Vereinheitlichung* – die Forderung dazu prägt die moderne Welt bekanntlich immer mehr – vor sich geht, mag zeigen, was auf dem Spiel steht, wenn Macht die Welt in den Griff zu nehmen versucht. Es gibt wohl wenig Gründe dagegen (wie man zunächst einräumen muss), dass gewisse Dinge vereinheitlicht werden sollen. Es ist zum Beispiel nichts dagegen einzuwenden, dass man die Steckerformate in Europa vereinheitlicht, weil man sich so eine grosse Menge von Ungelegenheiten erspart. Schon in der Vorstellung der «Vereinheitlichung» scheint, wie solche Beispiele suggerieren, ohne weitere Argumentation beschlossen zu sein, dass Vereinheitlichung *sein muss*.[307] Ohne dass man sich bewusst wäre, welche Hilfsbegriffe (unter anderem auch versteckterweise «moralisierender» Art) in der Vorstellung der Vereinheitlichung mitenthalten sind, scheint man via Vereinheitlichung falsche Ansprüche des Einzelnen auf Besonderheit und Geltung (endlich) abwehren zu können. Endlich – so scheint es – kann sich nach einer Vereinheitlichung das *Wesentliche von etwas zur Entfaltung bringen*.[308]

Schnell nimmt in der Forderung nach Vereinheitlichung aber etwas ganz anderes Gestalt an. Vereinheitlichung «vereinheitlicht» nicht nur, sondern fördert gleichzeitig auch *Verfügbarkeit auf Kosten von Individualität*. Indem man Dinge vereinheitlicht, entzieht man ihnen das je Besondere, das sie auszeichnet. Auf diese Weise reduziert man *Vielfalt*. Das tut man unter dem Vorwand, dass Unwesentliches oder nicht ins Gewicht Fallendes keine Beachtung verdienten. Wenn man das zu Ende denkt, erkennt man aber, dass man sich mit dem, was nur Vorteile zu haben scheint, auch Nachteile einhandelt: Man verliert das Besondere des je einzelnen Vorhandenen – und da es ja keine Gewissheit in Bezug darauf geben kann, dass man bei seinem Vorgehen wirklich Unwesentliches nicht beachtet, tut man dem Einzelnen ja vielleicht Unrecht. Vor allem aber reduziert man das vorhandene Einzelne um die Reichhaltigkeit, die aus seinem je Besonderssein erwächst. Indem man vereinheitlicht, verliert man die Vielfalt des wirklich Vorhandenen. Entscheidend ist dabei überdies am Ende nicht die Frage, ob man Vielfalt auf berechtigte Weise reduziert, sondern die Tatsache, *dass* man es tut. Indem man vereinheitlicht, zerstört man jene «Information», die je im Einzelnen beschlossen ist.[309]

So versteht man schnell, inwiefern Vereinheitlichung mit Machtausübung einhergeht. Die Vielfalt des ungebrochen Vorhandenen ist so grenzenlos, dass sie keinen leichten Zugriff erlaubt. Umgekehrt betrachtet: Indem man Vielfalt reduziert, macht man sich die vorgefundene Welt gefügiger. Der vorgefundenen Vielfalt der Welt würde man nicht Herr werden, wohl aber einer mittels Vereinheitlichung ihrer Vielfalt beraubten Kunst-Wirklichkeit.[310]

Macht kann sich nur entfalten, wenn sie, bevor sie mit ihrer Machtausübung beginnt, die Welt so umformt, ja recht eigentlich zusammenstutzt, dass sie mit ihr leicht umgehen kann. Eine grosse Rolle dabei spielt die Tatsache, dass Machtmenschen selbst in ihrem Drang, die Welt in Besitz zu nehmen, paradoxerweise von ihrer eigenen Einfalt unterstützt werden. Politiker zum Beispiel zeichnen sich dann, wenn sie sich als «Macher» profilieren wollen, bekanntlich dadurch aus, dass sie von der vorgefundenen Welt immer nur *einen* Aspekt wahrnehmen und sich so immer nur *einem einzigen* Gegenstand zuwenden: Sie wollen irgendeinen Bereich «sanieren» oder einen Bereich fördern (Steuersenkung, Digitalisierung, Globalisierung, «Klimaschutz»[311]), ohne die Vorstellungskraft aufzubringen, dass sie mit einer solchen Konzentration auf *einen* Gesichtspunkt eine Menge anderer Gesichtspunkte vernachlässigen. Sie sind mit anderen Worten kaum je dazu fähig – selbst wenn sie die besten Absichten hätten –, die Welt, in die sie eingreifen, als ein Gefüge von Interaktionen zu verstehen, im Rahmen welcher die alleinige Fokussierung auf einen einzigen Gesichtspunkt auch in anderen Bereichen Wirkungen hat.[312] Dass sie sich so leicht der Illusion hingeben können, sie seien dazu fähig, in die Welt einzugreifen, ist also die Folge ihrer eigenen, wie man sagen könnte, Phantasielosigkeit und ihres Unvermögens, die Komplexität der vorgefundenen Welt zu verstehen.[313]

Weil Macht allein daran interessiert ist, sich als Macht zu erweisen, setzt sie sich mit der vorgefundenen Welt nicht wirklich auseinander – das zu tun, würde sie nur daran hindern, effektiv zu sein, oder ihr gar vor Augen führen, dass ihre Projekte angesichts der Vielfalt der vorgefundenen Welt auf allergrösste Schwierigkeiten stossen, ja am Ende scheitern müssen, wenn sie diese nicht in Rechnung stellt. Sie will Macht sein, nicht einen Inhalt transportieren. Und wie wenig sie dazu in der Lage ist, erweist sich in dem Augenblick, da sie zu wirken anfängt. Das Schicksal jener Personen zum Beispiel, über die sie verfügen will, ist ihr auf der einen Seite gleichgültig, weil ihr allein Machtausübung und die angeblichen Ziele, auf die sich ihre Macht ausrichtet, wichtig sind. Dazu kommt aber, dass sie kein Interesse an den Auswirkungen ihrer Massnahmen auf andere hat (und als

Folge davon auch in Bezug auf das ahnungslos ist, was mit den Menschen, über die sie verfügt, passiert). Sie weiss davon einfach nichts. Und umgekehrt hilft ihr diese Ahnungslosigkeit auch dabei, uneingeschränkt Macht auszuüben.[314] In «moralisierender» Sprache würde man von der Gleichgültigkeit der Macht gegenüber Menschen reden – recht betrachtet spricht eine solche Anklage aber Macht wohl noch zu viel Ehre zu. Macht zeichnet sich in ihrem innersten Kern durch eine Form von Unfähigkeit aus, von der vorgefundenen Welt wirklich Kenntnis zu nehmen.[315]

Ohne zu zögern, kann Macht im Grossen, wenn sie sich zum Beispiel als «Saniererin» aufspielt, Zehntausende von Menschen entlassen oder um eines angeblichen hehren Ziels willen Hunderttausende von jungen Männern in einen Krieg schicken oder im Kleinen Menschen, etwa Frauen, den Zugang zu Ausbildung oder freier Entwicklung ihrer Persönlichkeit verbauen oder Fähigkeiten aller Art mittels verfälschter Wettbewerbe oder mehr oder weniger offener Drohungen unterdrücken – weil sie ja nur das sehen kann, was sie selbst bewegt und Menschenschicksale in ihrem Denken keine Rolle spielen.[316] Dabei wird sie nicht der Tatsache gewahr, dass eine wirkliche Kraft in jenen Menschen steckt (wenn sie nicht ganz untergehen), welche die Folgen ihrer Massnahmen tragen: indem sie der Not, in die sie gestürzt werden, auf mannigfache Weise trotzen, sie zu bewältigen suchen oder jenem Leben, das ihnen bleibt, immer noch ein wenig Süsse abzupressen vermögen. In der Tatsache, dass *sie* sich zu behaupten vermögen, nimmt (im Verborgenen) in vielen Fällen eben jene Grösse Gestalt an, nach der Macht sich so sehnt. Freilich bleibt auch *diese* Tatsache Macht verborgen, weil sie, wie gesagt, keinen Anteil an dem nimmt, was die Folge dessen ist, was sie verfügt. Ironischerweise kann ihr so auch nicht zu Bewusstsein kommen, dass es Grösse bzw. die Fähigkeit, seine Wirklichkeit zu gestalten, wirklich *gibt* – aber eben: nicht bei ihr selbst, sondern allenfalls bei jenen Menschen, über die sie verfügt, als seien sie ein Nichts.

Die Tatsache, dass es ihr auf diese Weise gelingen mag, sich die Welt botmässig zu machen, kann nun aber nicht darüber hinwegtäuschen, dass aus solchen Betrachtungen auch hervorgeht, dass sie, obwohl sie sich Macht zuspricht, über solche gerade immer weniger verfügt. Sie hat mangels Interesse an der vorgefundenen Welt am Ende gar keinen Zugriff auf sie – sie *weiss* gar nicht, worüber und über wen sie Macht ausübt. Sie kennt – wie man überspitzt sagen könnte – die Welt, über die sie herrschen will, gar nicht und muss am Ende an ihrer Unkenntnis zerbrechen. Ohne ein Minimum an Verständnis dessen, was sie beherrschen will, geht sie am Ende in die Irre (ganz abgesehen davon, dass als Folge davon, dass sie Angst und Unwahrheiten sät, zum Schluss auch sie nicht einmal mehr weiss, was in der Welt der Fall ist)[317].

So endet der Umstand, dass sich Macht für das Einzelne, über das sie verfügen will, nicht interessiert, paradoxerweise damit, dass sie den Zugriff auf die vorgefundene Welt immer mehr verliert – Macht über etwas auszuüben, was man nicht als mit Eigenschaften ausgestattet auffassen will, ist nicht möglich.

Zum Gesagten tritt schliesslich ein weiterer Gedanke. In moralisierender Betrachtung zeichnen sich Machthabende durch einen, wie es dann scheint, überbordenden «Egoismus» aus – sie wollen bekanntlich zum Beispiel die Kontrolle über alles an sich reissen. Das kann aber nicht die ganze Erklärung sein, weil die Motivationskette mit einem moralisierenden Befund (wie oft) nicht wirklich zu Ende kommt. Es stellt sich dann sofort die Frage, was hinter jener Erscheinungsweise von Macht steht, die scheinbar so überzeugend ist. Und da kommt man zu dem Ergebnis, dass sich Macht wohl auch deswegen über das Einzelne setzt, weil sie das Einzelne auch in sich selbst verachtet. Sie kann sich nicht damit in Beziehung setzen, dass auch sie nur ein Einzelnes darstellt. «Nur» ein Einzelnes darzustellen scheint «klein» zu sein. Indem man Macht ausübt oder sich gar gottgleich über alles stellt, scheint man die Jämmerlichkeit, bloss ein Einzelnes zu sein, zu überwinden. Frühere Machthaber haben sich den Pluralis Majestatis übergestülpt und sich so aufgeblasen, um sich grösser zu machen – mit Worten allein kann man sich dem Status des Menschen aber nicht entziehen.

16 Als Einzelner in Machtsysteme hineinwachsen

Das eine ist, sich vor Augen zu führen, was Einzelnes der Macht bedeutet. Das andere ist, sich zu fragen, indem man die gegenteilige Perspektive in den Mittelpunkt der Betrachtung stellt, was es heisst, als Einzelner oder als Einzelne in Macht und Machtsysteme hineinzuwachsen. Ausgehend von dieser Fragestellung gelangt man zu den folgenden Erkenntnissen: Eine Argumentationsfigur, auf die Macht gern zurückgreift, besteht darin zu behaupten, dass sie, indem sie sich andere Menschen botmässig mache, nur das nachvollziehe, was in der «Natur» der Fall sei. Da zeige sich nämlich – angeblich ausnahmslos –, dass in der «Natur» immer der «Stärkere» obsiege. Dass dem so sei, könne ja gar nicht anders sein: Der «Stärkere» sei de facto der Sieger, weil er als «Stärkerer» alles unter seine Gewalt bringe. Und da ja die «Natur» als Ganze einen Machtkampf darstelle, sei gar kein anderer Ausgang möglich.[318] Die Macht scheint mit anderen Worten also nur in der Nachfolge des «Stärkeren» in der «Natur» zu stehen – auch sie erweise sich erstens tatsächlich als fähig dazu, über andere zu herrschen, und beanspruche damit als Folge einer solchen Tatsächlichkeit zweitens ihre Stellung auch zu Recht. Der «Stärkere», so macht es den Anschein, obsiegt also nicht nur faktisch, weil er der Stärkere ist, sondern muss folgerichtigerweise auch alle Macht für sich in Anspruch nehmen. So könne dann keine Rede davon sein, dass sich Macht in menschlichen Gesellschaften ihre Stellung anmasse – sie scheint vielmehr via die ihr innewohnende Tatsächlichkeit gerechtfertigt. Und alle anderen Sehweisen, insbesondere Kritik an der Macht, müssen so den Eindruck erwecken, von Grund auf verfehlt zu sein.[319]

Freilich muss man zu einer solchen Beweisführung sofort sagen: So sehr Macht mit einer solchen (scheinbar selbstbeweisenden) Argumentation Menschen (die nicht weit denken können) für sich gewinnen mag und ihrem Missbrauch insofern eine höhere Berechtigung zu geben scheint, als er angeblich von nichts Geringerem als von den «Tatsachen» gefordert werde, so verfehlt ist sie, und zwar in mehr als einer Hinsicht.

Zunächst muss man festhalten, dass sie als Ganzes ein krudes Beispiel des sogenannten *Sein-Sollen*-Fehlschlusses darstellt. Aus der Tatsache, dass etwas (angeblich) in der «Natur» so und so der Fall *ist*,[320] folgt keineswegs, dass es so sein *muss* bzw. dass Menschen das, was sie in der «Natur» zu finden meinen, selbst nachvollziehen müssten. Dazu wäre eine zweite Prämisse der Form erforderlich: *Der Mensch muss so sein bzw. sich so verhalten, wie sich die Verhältnisse in der «Natur» gestalten.* Eine solche Prämisse lässt sich aber aus nichts herleiten, und der Mensch entzieht sich einer solchen Einbindung in die «Natur» dann ja auch auf vielfältige Weise. Er versucht zum Beispiel, Krankheiten zu verhindern oder zu heilen, er baut Häuser und Brücken und ist dazu aufgefordert, sich auch physisch Schwächeren gegenüber, zum Beispiel gegenüber Frauen, alten Menschen und Kindern, menschlich zu verhalten, das heisst, sie zu achten, auch wenn sie sich seiner nicht erwehren könnten (das ist jedenfalls die Forderung, die Religionen und ethische Vorstellungen erheben).[321] Es kann also keine Rede davon sein, dass sich der Mensch ganz in die «Natur» einfüge, wenn er bedenkenlos Macht ausübt, sondern er würde damit höchstens einen *Teilaspekt* der «Natur» verwirklichen. Weil er aber (wenn man schon so argumentieren will) gleichzeitig viele andere ebenfalls «natürliche» Abläufe und Situationen mittels selbstgesetzter Bemühungen und Einrichtungen verhindert, ist eine solche Bezugnahme auf die «Natur» durch und durch unredlich. Es müsste dann nämlich belegt werden, wieso der Mensch allein in Bezug auf den Aspekt der Machtausübung der «Natur» folgen müsse; und ein solcher Beweis kann gewiss nicht geführt werden.

Von einer wirklich echten Aufnahme dessen, wodurch sich «natürliche» Machtausübung auszeichnet, unterscheidet sich menschliche Macht ja auch dadurch, dass sie sich auf der Stelle via eine Vielzahl von institutionellen Einrichtungen – bewachte Paläste, Hierarchien, Polizei, Geheimdienste, Bildung von Machtzirkeln, Geheimbünde[322] – dagegen abzusichern bestrebt ist, von faktisch neu auf den Plan tretenden «Stärkeren» überwunden werden zu können.[323] Menschliche Macht zeichnet sich dadurch aus, dass sie, wenn sie einmal gewonnen ist, sich gerade anders als «Stärke» in der «Natur» auf der Stelle gegen jeden weiteren Wettbewerb schützt, ihre Ablösung institutionell verhindert, ihre Machtmittel nicht dazu einsetzt, in Bezug auf eine Herausforderung «stärker» zu werden, sondern dazu, mögliche Widersacher und damit auch potentiell wirklich neue «Stärkere» in Schach zu halten oder gar auszuschalten, und so Verewigung ihrer Machstellung anstrebt (ohne dass sie noch weiter prüfen würde, ob sie tatsächlich immer weiter «stark» ist, oder eine solche Prüfung zuliesse).

Im Lichte alles Gesagten stellt sich dann aber auf der Stelle auch die Frage: In Bezug worauf erhebt ein «Stärkerer» den Anspruch, der «Stärkere» zu sein? In diesem Zusammenhang muss man sich ja darüber Rechenschaft geben, dass die Vorstellung eines «Stärkerseins» *an sich* verfehlt ist (auch wenn wieder der Begriff unterstellt, dass es etwas gebe, was ihm entspreche): Wenn schon, ist jemand «stärker» im Rahmen einer bestimmten, also eingegrenzten Herausforderung bzw. in Bezug auf einen bestimmten eingegrenzten Massstab.[324] Dazu kommt eine zeitliche Komponente: Jemand mag zum Beispiel heute in Bezug auf eine bestimmte Herausforderung stark sein, nicht aber morgen oder nächstes Jahr.[325] Und schliesslich muss man sich der Tatsache bewusst sein, dass sich *auch die Herausforderungen selbst,* die sich dem Menschen stellen, über die Zeit ändern und so niemand von sich behaupten kann, weder *allen* Herausforderungen gewachsen zu sein noch ganz zu verstehen, was von Bedeutung ist, weil sich die vorgefundene Welt nicht endgültig erschliessen lässt.[326] Die Tatsache also, dass die *materielle* Welt nicht endgültig erfasst werden kann (und der Umstand, dass der Mensch ja auch nie wissen könnte, ob er *alles* Erkennbare erkannt hat), hat zur Folge, dass es grundsätzlich keinen *an sich* «Stärkeren» – dem also die Macht zufallen müsste, weil er in Bezug auf *alle* Herausforderungen überlegen wäre – geben kann.[327]

Eine solche Erkenntnis führt wiederum zu der Frage, wie man wissen könnte, was überhaupt die Gegenstände seien, in Bezug auf welche «Stärke» *bedeutungsvoll sei*. «Stärke» stellt ja, recht besehen, allein eine *formale* Eigenschaft dar: Jemand ist «stärker» als jemand anderer. *Von Bedeutung ist aber, wenn schon, das, in Bezug worauf «Stärke» besteht.* «Stärke» wäre erst dann wertvoll, wenn sie dazu beitrüge, dass Grosses Gestalt annehmen könnte. Auch eine solche Einsicht kann es aber einerseits angesichts der Stellung des Menschen gegenüber der vorgefundenen *materiellen* Welt und angesichts der Tatsache, dass niemand bestimmen kann, in welcher Weise sich der Mensch zur Welt einstellen muss, nicht geben. Wolfgang Amadeus Mozart, um ein Beispiel zu nennen, mag mit seiner seltsam spielerischen Persönlichkeit, die wie Infantilität ausgesehen haben mag, seiner Unfähigkeit ferner, sich in die Gesellschaft seiner Zeit einzufügen, angesichts seiner Direktheit, angesichts seines wirtschaftlichen Scheiterns und schliesslich mit der Reichhaltigkeit und Neuartigkeit seiner Kompositionen unter keinem Aspekt dessen, was zu seinen Lebzeiten als bedeutend gegolten hat, als wertvoll erschienen sein, geschweige denn als eine einzigartige «starke» musikalische Persönlichkeit aufgefasst worden sein – und hat sich doch nicht nur als einzigartiges Jahrtausendgenie erwiesen, sondern ist hinsichtlich seiner Wirkungsmächtigkeit wohl kaum von einem anderen Musiker übertroffen worden.[328] Niemand hätte zu seinen Lebzeiten ermessen können, ob er «stark» sei oder nicht, ja er wäre umgekehrt gar Gefahr gelaufen, angesichts der Vorstellungen der Zeit unterzugehen. Ob ein Einzelner als «stark» gelten kann, könnte allein ein Bewusstsein aussagen, das die Übersicht über alle Zeiten und alle Aspekte dessen, was von Bedeutung sein kann und sein wird, hat.

Solche Vorüberlegungen sind deswegen nötig, weil man nur vor ihrem Hintergrund ermessen kann, was je dem Einzelnen zustösst, der in die Welt eintritt. Der Einzelne begegnet als Kind, als Jugendlicher oder Jugendliche und dann als junger Erwachsener oder junge Erwachsene als einzelnes Wesen einer Welt, die gewissermassen riesenhaft und übermächtig dazustehen und fertig gefügt zu sein scheint. Er wird in Machtsysteme, die fest etabliert sind (seien diese nun missbräuchlich oder nicht), hineingeboren. So scheint ihm nichts anderes übrig zu bleiben, als sich in die Welt, die er vorfindet, einzufügen. Und die Erziehung und Ausbildung, der er teilhaftig wird, hat ja genau dieses Ziel: Der neue Einzelne wird dazu angeleitet, sich in der vorgefundenen Welt zu bewegen und sich den in ihr geltenden Vorstellungen zu unterwerfen.

Auf der anderen Seite mag einerseits Hannah Arendt mit ihrem Prinzip der Nativität zu Recht betonen, dass mit jedem Menschen, der neu die Welt betritt, der Möglichkeit nach ein neuer Anfang gesetzt sei,[329] andererseits mag Jean-Paul Sartre darauf hinweisen, dass sich der Mensch als «Existenz», also als nicht gebunden an eine ihm vorausgehende «Essenz», sondern zu «Freiheit verurteilt» vorfinde,[330] und man mag endlich geltend machen, dass sich das Spezifische des Menschlichen darin zeige, dass sich der Mensch zu der Welt, in der er sich vorfindet, frei *einstellen* können *muss*. Das mag *an sich*, also losgelöst von jenen bestimmten Verhältnissen, in die der Einzelne je hineingeboren wird, grundsätzlich gelten und wichtigen Befunden Ausdruck geben. *Die existentielle Wirklichkeit des in die Welt Tretenden indessen sieht ganz anders aus:* Der je neu in die Welt tretende Mensch findet sich faktisch in einem Gefüge wieder, welches von ihm weder Notiz nimmt noch darauf gespannt ist, was mit ihm in die Welt tritt, sondern von ihm einfach fordert, sich einzufügen. *Das* scheint seine Aufgabe und Rolle zu sein, mögen auch philosophische Deutungen des Wertes seiner Existenz in eine ganz andere Richtung weisen. Es kann de facto keine Rede von Freiheit und Würdigung dessen, was in ihm neu Gestalt annimmt, sein – in Tat und Wahrheit findet er sich eingespannt in Verhältnisse, die ihm vorausgehen, wieder. Das Ergebnis des Settings, in das er hineinwächst, ist, dass sich jene wesentlichen Anlagen, die sich im einzelnen Menschen finden, in der Welt, in die er hineingeboren wird, möglicherweise gar nicht entfalten können, ja sich der Einzelne im Allgemeinen dessen kaum bewusst wird, was für ein Recht und was für ein Anspruch mit ihm in die Welt gekommen sind.[331] Und damit verhält es sich auch keineswegs so, wie das in der «Natur» angeblich der Fall ist: Es ist nicht der Fall, dass er in einen Wettbewerb mit bestehenden Ansprüchen eintreten dürfte (und dann faktisch mit der Zeit erleben könnte, dass er «stärker» ist als Menschen, die ihm vorausgehen, und einen Platz, der seiner «Stärke» angemessen wäre, einnehmen dürfte), geschweige denn, dass die Gemeinschaft, in die er hineinwächst, ein Interesse an dem hätte, was in ihm Gestalt annimmt, und selbst die Gelegenheit dazu, an ihm und mit ihm zu wachsen, nutzen würde (und je mehr sie von missbräuchlicher Macht dominiert wird, desto weniger ist das der Fall).[332]

Von allem Anfang an ist dem Einzelnen also verwehrt, als der, der er der Möglichkeit nach ist, in Erscheinung zu treten oder frei sein Leben zu gestalten, obwohl er doch angeblich zu Freiheit verurteilt sein soll. Vielmehr scheint er allein lernen zu müssen, sich in die vorgefundenen Verhältnisse zu integrieren. Und er trifft erst recht nicht auf einen fairen Wettbewerb, in dem sich jede Existenz auf ihre Weise bewähren könnte. Was scheint dem Einzelnen angesichts der Übermacht des Bestehenden und schon Festgefügten[333] anderes übrig zu bleiben, als sich in die geltenden Strukturen einzufügen? Wie könnte ein Einzelner darauf pochen, dass mit ihm Einzigartiges und damit Beachtenswertes in Erscheinung trete und er deswegen gehört und beachtet werden müsse?

Für ihn scheint allein die Rolle eines Rädchens in einer bestehenden Maschine bereitzustehen, (wie das früher geheissen hat) «den Weg durch die Institutionen» zu gehen oder sich mittels Leistungen hochzudienen und darauf zu hoffen, sich am Ende durch fortgesetztes Bravsein, durch pragmatisches Sicheinfügen oder gar durch Unterjochung eine Position zu erwerben, die mindestens eine Form von Bedeutung oder gar Einfluss beinhaltet.[334] Und diesen Weg gehen ja auch die meisten Menschen wohl oder übel oder meinen gar, sich schlau bzw. pragmatisch zu verhalten, wenn sie es tun. Sie mögen dabei hoffen, dass die Tage der Unterwerfung, wenn nicht sogar der Entwürdigung irgendwann so ein Ende fänden (und sie damit in Bezug auf ihre Unterwürfigkeit so belohnt würden), dass nun *sie* über andere so bestimmen können, wie mit ihnen umgegangen worden ist. Das mag in vielen Fällen eintreten,[335] würde aber natürlich an der grundsätzlichen Verfehltheit des Verhältnisses zwischen der bestehenden Welt und dem in sie eintretenden Einzelnen nichts ändern, sondern diese einfach perpetuieren und nicht dem Entfaltung geben, was in den je neuen Einzelnen zu Tage treten könnte.

Alternativen dazu bildeten die Rolle des ewigen Rebellen gegen die vorgefundene Welt oder dann die Narrenrolle des Künstlers, der sich im Rahmen einer Blase von seinesgleichen hervortun kann, oder endlich jene des «alternativ» lebenden Menschen, der sich allenfalls mit grossen Worten und alles erklärenden Theorien in Szene setzen mag, aber völlig bedeutungslos bleibt und nichts erreicht – Rollen, die viele Einzelne nicht übernehmen wollen: zum Ersten, weil sie kaum je zu einem befriedigenden Erfolg führen werden, zum Zweiten, weil sie in Widerspruch zur Gesellschaft führen, und zum Dritten, weil sie als Ganze nicht sympathisch sind oder gar einen Menschen mit ihrem leeren Trotz abstossen.

Unter dem Gesichtspunkt von Macht und Machtmissbrauch betrachtet nehmen im Rahmen einer solchen Organisation der Dinge, wie man schnell erkennt, mehrere verfehlte Einstellungen Gestalt an.

Zunächst ist eine solche Organisation offensichtlich von einer grundlegenden Unfairness geprägt, in dem Sinn, dass nicht jedem Einzelnen die gleiche Bedeutung zukommt bzw., genauer, nicht jedem Einzelnen die gleichen Chancen eingeräumt werden, das Gestalt annehmen zu lassen, was in ihm beschlossen ist, bzw. jene Freiheit in Anspruch zu nehmen, auf die er grundsätzlich ein Anrecht hätte. Vielmehr trifft er auf eine Welt, in der alles gewissermassen schon verteilt ist. So wie sich etwa die Klasse der Fussballtrainer oder CEOs vor allem Wettbewerb bereits fertig konstituiert hat, verhält es sich mit allem. Zwar lässt sich der Einzelne allenfalls mit der Beteuerung, dass sich nur die «Besten» in solchen Kreisen bewegten, in die Irre führen – in Tat und Wahrheit handelt es sich bei solchen Gebilden aber um abgeschlossene Gruppen, in die niemand Neues eintreten kann und in deren Rahmen immerzu dieselben Personen herumgeboten werden.[336] Die Unterstellung, dass sich der Einzelne eine Stellung *erkämpfen* müsse, indem er sich in irgendeiner Weise als besonders tauglich beweise, geht in die Irre.³³⁷ Einerseits würde in unfairen Verhältnissen Tauglichkeit gar nichts nützen, andererseits wird in einer solchen Darstellung der Dinge ja nur abermals die Auffassung, dass nur ein sich als besonders fähig auszeichnender Mensch ein Recht auf Geltung habe, evoziert: abermals also die Vorstellung, dass es in der Welt allein auf Macht ankomme. Und dazu tritt, wie man immer anfügen muss, die Unterstellung, dass jetzt ein für alle Male klar sei, was von Bedeutung sei.

Indem dem neu in die Welt eintretenden Menschen gegenüber behauptet wird, seine Aufgabe bestehe allein darin, sich in die Welt, wie er sie vorgefunden hat, einzufügen, bleibt gleichzeitig im Dunkeln, was seine Bedeutung für den Fortgang der menschlichen Gesellschaft sein und worin sein Anspruch bestehen müsste. Er kann im Rahmen einer solchen Vorstellung gar nicht erahnen, was in ihm beschlossen ist bzw. was für eine Bedeutung er haben müsste. Schlimmer noch: Niemand klärt ihn darüber auf, was seine Rolle in der Welt sein könnte und sein müsste. Nicht nur wird er an allenfalls dumpf sich regenden Ansprüchen auf eigene Bedeutung und dem Wert, den sein Verhalten für die Gesellschaft schon lange haben mag,³³⁸ irre gemacht, sondern er wird auf die (scheinbar) einzig mögliche Rolle eines sich Einfügenden zurückgestossen.³³⁹ Stattdessen müsste die Ausbildung darauf ausgerichtet sein, dass sich junge Menschen als der Möglichkeit nach wertvoll und in ihrer Weise ja auch als neuartig erleben.³⁴⁰

Das trifft freilich aus verschiedenen Gründen auf Schwierigkeiten. Zunächst muss eine Gesellschaft so offen sein, dass es in ihr für Neues Platz gibt. (Das ist ja in von Macht geprägten Gesellschaften überhaupt nicht der Fall.) Vor allem aber ist nicht klar, wie sich jene Einsichten, die Hannah Arendt oder Jean-Paul Sartre so überzeugend vorbringen mögen, verwirklichen könnten. Was für einen Weg soll ein Einzelner mit dem, was in ihm Gestalt annimmt, einschlagen? Der Weg der Bravheit wird ihn von dem wegführen, was er ins Spiel bringen würde, bzw. ihm jene Freiheit, zu der er angeblich verurteilt ist, verwehren. Das Gleiche wäre aber mit dem Weg des Rebellentums der Fall, weil dieser nicht von Macht Abstand nehmen würde, sondern sich in Überwindung von etwas als «falsch» Erkanntem erschöpfen würde.

Natürlich kann dem Einzelnen nicht eingesagt werden, *womit* er in Erscheinung treten soll oder wozu er seine (ihm angeblich gewährte) Freiheit einsetzen soll – darin besteht ja der Gehalt, der in ihm Gestalt annimmt, dass er wesentlich neuartig ist –, aber er kann und muss dazu ermuntert werden, sich von geltenden Vorstellungen zu emanzipieren³⁴¹ bzw. dann eben sich selbst mit dem, was ihm als wichtig und richtig erscheint, ins Spiel zu bringen. Solange das nicht möglich ist, ist sein Leben nicht vollständig. Und eine Gesellschaft, die ihm nicht Raum dazu bietet, sich entfalten zu können, verfehlt sich. Es darf nicht sein, dass eine Gesellschaft so aufgebaut ist, dass manche – ja viele – Menschen in ihr nur Rollenträger sind und sie keine Möglichkeit dazu haben, das, was (wenn man Hannah Arendt oder Jean-Paul Sartre folgt) in ihnen beschlossen ist, zur Entfaltung zu bringen. (Das, was ihnen allenfalls erlaubt ist, hat in diesem Fall ja nur einen

Surrogatcharakter: idiosynkratische Vorlieben,[342] Wahlen von Konsumartikeln, Selbstdefinitionen via Allergien und allerlei Unverträglichkeiten – umgekehrt deutet die Tatsache, dass sie sich so als «Besondere» zu definieren versuchen, darauf hin, dass sie, wie man sagen könnte, etwas Unerlöstes in sich tragen, im Grunde genommen also erkennen, wie wichtig es wäre, dass sie ins Spiel kämen, sich aber mit der Anerkennung von keinen Mut fordernden Eigenheiten zufriedengeben.)

Vom Standpunkt der Macht aus ist das alles gleichgültig: Macht kann Einzelnes nicht achten, weil sie nur an sich selbst interessiert ist bzw. Einzelnes nur insofern gelten lassen kann, als es *ihr eigenes* Einzelnes darstellt.[343]

Vom Standpunkt der Gesellschaft aus ist es indessen wesentlich, dass sie hinsichtlich der Aufnahme des Rahmens, in dem sie sich bewegt, immer weiter fortschreiten kann, weil ja die vorgefundene *materielle* Welt nicht endgültig ergriffen werden kann: Es ist also umgekehrt gerade notwendig, dass immer neue Gesichtspunkte gefunden werden, unter denen sie diese ergründen kann.

Und vom Standpunkt des Einzelnen aus endlich ist es wesentlich, dass er in der Welt, in die er eintritt, wirklich vorkommen kann: als der, der er ist, statt blosser Rollenträger in einer Welt zu sein, die er nicht mitgestalten kann und in der er gewissermassen kein eigenes Stimmrecht hat.

Unter den geschilderten Umständen kommt also alles darauf an, dass der Einzelne sich selbst und das, was mit ihm in die Welt kommt, *ernst nimmt*. Es ist zunächst wichtig, dass er sich seiner Bedeutung bewusst wird, sich selbst so achtet wie die Welt, in die er eintritt, und nicht preisgibt, was mit ihm in Erscheinung treten könnte, wenn er jenen Schwierigkeiten begegnet, die sich in dem Moment einstellen mögen, da er beginnt, zu sich zu stehen[344] – sei es, dass er sich, vom Gewicht des Bestehenden erdrückt, selbst vernachlässigen oder entwerten würde; sei es, dass ihm vorgeworfen würde, er masse sich an, sich gegen angeblich unabänderliche, jahrhundertealte oder gar von Gott eingerichtete Traditionen wenden zu wollen; sei es am Ende, dass er sich von Machtversuchen beugen lassen würde. Anders gesagt bedeutet das, dass der Einzelne immer weiter jenen *Mut* aufbringen muss, den es dazu braucht, sich auch gegen einen angeblich auf der Seite des Rechten stehenden Widerstand zu behaupten. Das geht zunächst mit der Gefahr der Vereinzelung einher, mit Misserfolg im Rahmen der aufgestellten, geltenden Welt, schnell aber (erst recht in ausgebildeten Machtsystemen) auch mit Verächtlichmachung und dann mit scheinbar vollständiger Widerlegung und am Ende auch damit, ganz aus der Gemeinschaft der angeblich vernünftigen und richtigen Menschen ausgeschlossen zu werden. Vom Einzelnen ist also gefordert, dass er immer weiter zu dem steht, was in ihm Gestalt annehmen könnte. In gönnerhafter Weise machen spätere Zeiten (etwa im Zusammenhang mit Kunst und Gedankensystemen) allenfalls geltend, dass der Einzelne – damals – zunächst von seiner Zeit nicht verstanden worden sei, aber unbeirrt seiner Wege gegangen sei und schliesslich doch Erfolg gehabt habe. In einer solchen gönnerhaften Darstellung geht freilich der *existentielle* Aspekt dessen, was es für den Einzelnen heisst, einen solchen Weg einzuschlagen, ganz verloren. Ein wirklich grosser Einzelner – so wird unterstellt – sei sich seines Wertes und zukünftigen Erfolgs immer bewusst, und es sei diese Überzeugung, die ihm in seiner schwierigen Situation geholfen habe, sein Ausgeschlossensein auszuhalten. Möglicherweise ist das aber eine Unterstellung: Mit einer gewissen Wahrscheinlichkeit kann man behaupten, dass etwa Mozart nicht gewusst hat, dass er «Mozart» war, also ein Jahrtausendgenie, und so etwa durchaus auch von Zweifel an dem, was er verwirklichte, ergriffen worden sei.

Der Einzelne muss also nicht nur mutig immer weiter darauf vertrauen, dass er auf dem richtigen Weg sei (dort, wo er einen eigenen Weg geht), auch wenn er von keiner Seite mehr Bekräftigung erfahren mag, sondern er muss auch allenfalls aushalten, dass sein Tun in Einsamkeit hineinführen wird und er in diesem Zusammenhang vielleicht nie mehr erleben können wird, dass er anerkannt oder gar von der Gesellschaft aufgenommen werden wird.[345] Dass ihm ein solches Schicksal zuteilwird, ist eigentlich schon in der Feststellung Arendts, dass mit dem Einzelnen potentiell die Welt neu beginne, enthalten – wenn das tatsächlich der Fall ist, kann er gar nichts anderes erleben, als dass er im Zusammenhang mit seinem Werdegang in Vereinzelung getrieben wird. (Freilich ist es durchaus möglich, dass er davon überrascht wird, weil er, geleitet von dem, was ihm wichtig erscheint, nicht ahnt, was auf ihn warten wird: Möglicherweise nimmt er immer weiter an, dass das Grosse und Bedeutungsvolle, das in ihm Gestalt annimmt, von jedermann als Grosses und Gutes anerkannt wird.)

Entwicklungen in der Kunst oder neuartige Gedankensysteme mögen dabei mit der Zeit ja tatsächlich anerkannt werden, weil sie sich in Werken konstituieren, welche sich wirklich eines Tages «durchsetzen». Anders verhält es sich aber mit menschlichen Regungen aller Art, ethischen Ausrichtungen im Grossen, vor allem aber mit jenen tausendfältigen Formen des Eingreifens durch Einzelne in Situationen, welche von Integrität, Liebe, Achtung des Gegenübers, Schätzung oder Wahrung von Schönem, Sich-nicht-Beugen-Lassen, Geltenlassen von Menschen und Dingen (entgegen dem, was angeblich an sich gilt) gekennzeichnet sind – mit jenen Akten des Eingreifens in die Welt, wie es aus Überzeugungen oder Haltungen im Kleinen von Einzelnen erwächst. Sie mögen, weil sie nicht in grosse «Werke» münden und als je immer einzelne Taten im Alltag nicht Aufmerksamkeit erregen,[346] zu grossen Teilen kaum Beachtung finden, gewissermassen im Kleinen aber auf der einen Seite mutig sein und auf der anderen jene Hoffnung am Leben erhalten, welche die Grundlage dafür bietet, dass die Welt immer weiter erhalten bleibt. Auch sie mögen immer wieder entwertet werden – mit dem Ergebnis, dass Menschen, welche sich so in die Welt einbringen (übrigens oft Frauen), ihre grosse Bedeutung für die Gesellschaft und die Welt nicht erkennen können. *Sie* sind es aber, nicht Machtausübung und Machtmissbrauch, welche zählen.

Im Vergleich mit Anderen – muss man anfügen, wenn man die existentielle Situation des Einzelnen so ernst nimmt, wie sie es verdient – kann sich der Einzelne immer beweisen lassen oder am Ende auch selbst beweisen, dass er und das, was ihm bedeutungsvoll erscheint, keinen Wert habe – die Masse der Vorhandenen ist so gross, dass er immer jemanden findet, dessen Stimme mehr als die seine zu gelten scheint. Und erst recht wird er scheinbar grossartige Gebilde finden, gegen die gehalten er und das, was in ihm Gestalt annimmt, unbedeutend erscheinen mag. Eine solche Argumentationsweise geht aber in die Irre. Der Einzelne muss sich selbst annehmen und sich selbst nach Massgabe dessen, was ihm als wichtig erscheint, bewerten. Das ist das einzige Bewertungssystem, das nicht von aussen manipuliert werden kann (unter der Voraussetzung, dass er sich selbst redlich gegenübertritt). Er muss sich selbst und das, was ihm bedeutungsvoll erscheint, ernst nehmen. Was das für Folgen für ihn hat, ist nicht interessant, wenn er sich nicht verraten will. *Er ist der, der er ist.* Er kann nicht mehr sein, aber auch nicht weniger. Wichtig ist das Sein an sich, das in ihm Gestalt annimmt.

Mit einem solchen Verhalten will er sich nicht über andere erheben, wie ihm das immer gleich vorgeworfen werden mag. Indem er einen solchen Schritt geht, stellt er sich nicht über andere, sondern sagt – bescheiden – nur aus, dass es ihn und das, was ihm bedeutend erscheint, *auch* gibt und dass auch er es verdiente, gehört zu werden. Und das Ziel einer Einrichtung der Gesellschaft, in welcher einerseits alle Menschen Bedeutung haben und andererseits alles zur Entfaltung kommen kann, was in allen Menschen Gestalt annimmt – zum Besten der Gesellschaft als Ganzer –, ist ein Zusammentreffen dieser Menschen in Offenheit. Sie sollen nicht Nebenrollen in einem Theaterstück einnehmen, das geschrieben worden ist, bevor sie in Erscheinung getreten sind, sondern als die, die sie sind, aufeinandertreffen.

17 Macht gegenübertreten

Es kann keinen Zweifel daran geben, dass Macht und Machtausübung *am Ende* immer zum Scheitern verurteilt sind. Das ist zum einen eine empirische geschichtliche Erkenntnis: Keine Macht hat, trotz ihres Anspruchs, ewig zu währen, je überlebt. Der Tod eines Machthabers, seine Unfähigkeit, neben sich einen Nachfolger aufkommen zu lassen, und der Machtkampf jener Personen, die in der Folge den Anspruch erheben, allein die wie auch immer geartete reine Lehre zu verfolgen, hat ihr jeweils ein Ende gesetzt. Und philosophisch gesehen ist Macht zum anderen aus *prinzipiellen* Gründen dazu verurteilt unterzugehen. Eben das, was sie scheinbar so erfolgreich macht – die Ausschaltung alles dessen, was nicht in ihre Auffassung der Welt passt –, führt in der Folge dazu, dass sie an ihrer Unfähigkeit, sich neue Gesichtspunkte zu eigen zu machen, scheitert. Weil der Mensch die vorgefundene *materielle* Welt nicht endgültig erkennen kann, ist er darauf angewiesen, immer neue Sichtweisen zu entwickeln und so immer neue Schneisen in die Welt zu legen. Eben das will Macht verhindern; mit dem Ergebnis, dass sie den Kontakt mit der vorgefundenen Welt nach und nach und zum Schluss ganz verliert. Eine Weile lang kann sie mittels Machtausübung wettmachen bzw. überspielen, dass sie die Kontrolle über die Welt verliert, indem sie jene Menschen, die einen anderen Zugang zur Welt haben, mit ihren Mitteln zum Schweigen bringt[347] – am Ende wird sie aber der vorgefundenen Welt auf diese Weise nicht mehr gewachsen sein.[348]

Eine solche Einsicht ist freilich für die Opfer von Macht ein schwacher Trost, weil es sich bei ihr um eine rein *essentielle* Erkenntnis handelt. Opfer stehen als Opfer indessen in konkreten *existentiellen* Situationen: Sie sind Macht immer je jetzt ausgeliefert, erfahren je jetzt Unrecht und müssen je jetzt in einer Welt leben, die von Lügen geprägt ist,[349] werden von ihr je jetzt unterdrückt, werden je jetzt daran gehindert, ihr Leben zu leben, oder laufen je jetzt gar Gefahr, von ihr vernichtet zu werden. Die essentielle Einsicht in das, was der Fall ist, hilft ihnen in ihrer Not nicht – ausser allenfalls in der Hinsicht, sicher sein zu können, dass die Macht, die ihnen gegenübertritt, jedenfalls in ihrem ebenfalls existentiellen Anspruch, endgültige Geltung zu haben, in die Irre geht.[350]

Vor dem Hintergrund einer solchen Einsicht muss es vermessen erscheinen, im Rahmen einer philosophischen Untersuchung den Anspruch zu erheben, geltend machen zu können, wie man Macht und Machtmissbrauch überwinden oder Macht gar «besiegen» könne. Macht wird – da helfen auch schöne Worte oder überzeugende philosophische Argumente nicht – *gewinnen,* wenn sie zuschlägt (jedenfalls für eine gewisse Weile). Mit ihrem faktischen Verhalten kann sie alles erdrücken und hat das ja auch, im Grossen wie im Kleinen, immer getan und wird es weiter tun; geleitet von ihrer anmassenden Annahme, dass die Welt an ihr genesen müsse.

Wenn man sich aber mit einer solchen globalen Einsicht begnügen würde, könnte man sich vielleicht kenntnisreich, überlegen und «vernünftig» vorkommen, verriete aber jene Einzelnen, die sich als Menschen vorfinden, die Unrecht erleiden und der Macht zum Opfer fallen. Und man arbeitete damit Macht erst noch in die Hände, weil man die Stellung des Menschen, wenn Macht auf ihn Zugriff genommen hat, als eigentlich aussichtslos bewertete.[351]

Man mag sich in einem solchen Zusammenhang dann auf eine Form von Pragmatik zurückziehen, die gute Ratschläge in Bezug darauf gibt, wie man sich verhalten solle, wenn Macht einen zu erdrücken anschickt. Man mag Menschen zu Tapferkeit und Standhaftigkeit ermuntern. Man mag fordern, dass man unter allen Umständen friedfertig bleiben solle. Man mag opernhaft geltend machen, dass man zwar in der Begegnung mit Macht unterliegen werde, aber das Recht auf seiner Seite habe. Oder man mag den Rat geben, sich gegen Macht nicht zu wehren, weil das aussichtslos erscheinen müsse, sondern sich dareinzufinden, dass sie siegreich sein werde, und sein Heil, wie das einst genannt wurde, in einer «inneren Emigration» zu suchen. Man mag argumentieren, dass der Mensch, der sich stoisch in sein Geschick ergebe, jedenfalls innerlich über alles siegen werde. Man mag schliesslich gar als höhere Einsicht oder einfach als «vernünftig» erklären, vor Macht zu kapitulieren und sich so einem angeblich Tatsächlichen zu beugen, einfach, weil es faktisch sei.[352]

Bei allen diesen Ratschlägen handelt es sich nun aber immer allein um das Ergebnis von mehr oder minder fragwürdigen Meinungen, Versuchen, sich in Moralisiererei zu flüchten, oder kaum wirklich stichfesten pragmatischen Abschätzungen. Eine ernsthafte philosophische Betrachtung von Macht muss jedoch einen anderen Weg einschlagen. Sie muss stattdessen auszuleuchten versuchen, wie sich Macht *in Erscheinung bringt,* welche *Unterstellungen* sie in die Welt setzt und wie sie *funktioniert,* und dann das, was sie findet, in der einen oder anderen Weise nutzbar machen. Dabei nimmt man zwar ebenfalls eine essentielle Beschreibung der Macht vor, tut dies aber im Hinblick darauf, dass man auf einer solchen Basis besser versteht, was jenseits ihrer Behauptungen faktisch der Fall ist, und so den Boden zu einer umfassenden Begegnung mit ihr bereiten kann.[353] Eine solche Erkenntnis hat dabei nicht nur zur Folge – und zum Ziel –, dass man sich besser gegen sie zur Wehr setzen könnte. Sie zeigt vielmehr, was vor sich geht, wenn Macht zu wirken beginnt und wie Macht gleichzeitig zum, pathetisch gesagt, Weltganzen steht – denn *alles,* wie sie gern von sich behauptet, ist sie nicht. So kann sie Einhalt dagegen bieten, dass man sich von Macht einerseits in Kämpfe hineinziehen lässt und andererseits jene Interpretationen, die sie in Bezug auf die Stellung des Menschen in der Welt gibt, übernimmt. Und am Ende führt sie zu einer genauen Beleuchtung alles dessen, was *ebenfalls* möglich ist: nämlich *keine* Macht *anzustreben,* sondern sich Gehalten zuzuwenden, die einen ganz anderen Charakter haben. So entwindet sie den Einzelnen – jedenfalls in Ansätzen – insofern der Gefangenschaft in Machtgefügen, als man ihm selbst und den Gehalten, die in ihm Gestalt annehmen, das Recht zurückgibt, da zu sein und damit Bedeutung für sich zu beanspruchen.[354]

Im Rahmen einer solchen Analyse stösst man auf zwei miteinander verbundene Ergebnisse. Macht unterstellt zum Ersten immer, dass sie die *eigentliche* und deswegen berechtigte Weise darstelle, die Welt einzurichten. Und weil sie oft (jetzt gerade) eine Form von Erfolg vorweisen kann, meint sie, diese Behauptung mit solchen Erfolgen auch gleich *beweisen* zu können.[355] Freilich kann man zeigen, dass eben das nicht der Fall ist *und dass der Mensch seine Welt auch ganz anders einrichten kann.* Indem man das tut, entwindet man Macht eben das, was sie scheinbar so siegreich macht: ihren Anspruch, sowohl faktisch wie gedanklich über allem zu stehen. Einsicht in die sie leitenden Unterstellungen und das, was sie *jenseits ihrer Rhetorik* wirklich erreicht, kann zeigen, inwiefern solche Ansprüche in mehr als einer Weise in die Irre gehen und, wie man anfügen muss, in die Irre gehen *müssen* (wie dargelegt worden ist). Daraus wieder folgt, dass man sich von ihrem Anspruch, die Welt endgültig richtig aufzufassen, nicht *wehrlos* machen muss. Damit «siegt» man nicht über sie, sondern *erkennt,* dass sich dem Menschen auch *andere* Ausrichtungen und Inhalte anbieten als die, von denen sie behauptet, sie seien allgemeingültig. So mag man Macht bezogen auf etwas, was einem über alles geht, gegenübertreten: als Personen, die sich im Gegensatz zu Machthabern etwas zu eigen machen können, das sie herausfordert, weil es gross oder schön oder ihnen als wahr oder bedeutsam erscheint.[356] (Eben dazu ist Macht nicht fähig, weil sie sich nicht auf etwas ausserhalb ihrer selbst beziehen kann, sondern allein alles sein will.) In solchen Ausrichtungen nimmt gleichzeitig jene *Offenheit* Gestalt an, welche Macht zum Verschwinden zu bringen sucht bzw. entwertet – eine Form von Offenheit, die einen immer weiter fortgesetzten und immer neuen Zugang zur vorgefundenen Welt aufschliesst.

Zu den Einsichten, die man so gewinnt, gehört zum Zweiten nun aber auch, dass man erkennt, was Macht mit ihren Opfern anzustellen versucht. Macht macht diese ja nicht nur zu faktischen Opfern – das mag offensichtlich sein –, sondern masst sich gleichzeitig auch an, sie zu *interpretieren,* und stört sie so auch in ihrer Selbstwahrnehmung. Dass das der Fall ist, wird schnell übersehen, wenn man allein auf sichtbare Leiden fokussiert. Sie macht ihre Opfer (was auch immer sie sonst mit ihnen anstellt) in vielfältiger Weise auch klein, macht diese zu reinen Gegenständen ihres Verfügens, macht sie so an ihrem Widerstand und der *Berechtigung* ihres Widerstands irre und erweckt in ihnen endlich den Eindruck, keine andere Bedeutung zu haben, als Opfer zu sein.[357] Wie dargelegt worden ist, kann Macht nichts anderes als sich selbst gelten lassen. Indem sie mit dieser Auffassung an ihr Gegenüber herantritt, macht sie dieses auch zu einem Nichts, mit dem bedenkenlos verfahren werden kann. Die Macht Unterworfenen müssen sich also nicht nur gegen faktische Machtausübung zur Wehr setzen, sondern auch gegen jene Umdeutungen, die Macht mit ihnen vornimmt. Macht wird sie im Rahmen ihrer Übergriffe auch völlig entwerten.[358] Sich dieses Umstandes bewusst zu werden ist deswegen viel schwieriger, weil zwar offener Machtgebrauch erkennbar sein mag, nicht aber Interpretationen oder Umdeutungen; vor allem dann, wenn sie im Gewande von Liebe oder Autorität daherkommen[359] oder Muster aktivieren, die kulturell erlernt und nicht wirklich je überwunden worden sind.[360] Wenn nun der Mensch nicht zum zweiten Mal Opfer von Macht werden will, muss er sich bewusst werden, wer er wirklich ist und was mit ihm Gestalt annimmt oder jedenfalls Gestalt annehmen könnte, wenn er *nicht* Opfer von Macht würde. *So münden Reflexionen darüber, wie man Macht gegenübertreten kann, auch in eine Form von Selbstvergewisserung, die verhindert, dass man ihr unter Preisgabe seiner selbst unterliegt.*[361]

Allen weiteren Befunden muss zunächst die Erkenntnis vorausgehen, dass, was die *Auseinandersetzung mit Macht* betrifft, der falsche Weg eingeschlagen wird, wenn man in Diskussionen darüber, wie man sich Macht gegenüber verhalten solle, immer von Formen von Macht ausgeht, die sich schon etabliert haben. Damit unterstellt man, dass Macht *sein* müsse bzw. dass mit der Etablierung von Macht das eigentlich Wahre Gestalt angenommen habe und der Endpunkt erreicht sei, auf den jede Entwicklung zusteuere. Indem man einen solchen ahistorischen Standpunkt einnimmt, geht man aber in die Irre.[362] Macht *entsteht* nach und nach, indem sie von Menschen tatsächlich ergriffen wird und indem sie sich gleichzeitig als leitende Vorstellungen in den Köpfen ausbreitet; etwa dadurch, dass sich in Alltagsdenkweisen,[363] in der Gestalt jener Denkmuster, welche gesellschaftlich etabliert werden,[364] in den Denkweisen, welche den Sport bestimmen,[365] in der Gestalt von Erziehungsideen[366] oder endlich im Gewande von angeblich nicht angreifbaren Ordnungsvorstellungen[367] immer mehr Machtphantasien ausbreiten und als angeblich richtig anerkannt werden. Macht – so lautet die daraus sich ergebende Erkenntnis – muss man in *diesem* Zeitraum und gleichzeitig von allem Anfang an entgegentreten, nicht erst dann, wenn sie alles mit Beschlag belegt hat.

Wenn die Panzer einmal ausgefahren sind, wenn der Geheimdienst zuschlägt, wenn die Intrige in Gang gesetzt worden ist, die Vorstellung eines Sachzwangs etabliert worden ist, der angeblich keine andere Wahl zulässt, wenn der «Lockdown» ausgerufen worden ist, wenn einmal «Rechtgläubige» dazu aufgehetzt sind, «Feinde» zu vernichten, und diese Gelegenheit bereitwillig ergreifen, ist gegen Macht kaum mehr etwas auszurichten. Erstens verfügt man als einzelner Mensch nicht über die Instrumente, welche solchen Machtmitteln gewachsen wären. Und zweitens schlägt Macht als Folge ihrer Ausrichtung auf (eine eingebildete) Gewissheit – man könnte natürlich auch sagen: als Folge ihrer Feigheit – erst zu, wenn sie davon überzeugt ist, mit Gewissheit zu *gewinnen*. Fairen Auseinandersetzungen entzieht sie sich immer, so wie sie ja auch echten Diskussionen aus dem Weg geht.[368] Sie will nicht nur gewinnen, sondern auch sicher obsiegen, und in ihren Auseinandersetzungen kann sie dann wieder nicht anders agieren als dadurch, dass sie ihre Gegner als Personen entwertet.

Aus einer ahistorischen Betrachtungsweise geht dann vor allem scheinbar hervor, dass man sich gegen Macht grundsätzlich nicht wehren könne. Die Rechtfertigung von Menschen, die sich der Macht überlassen haben, besteht ja bekanntlich immer darin, dass man sich unter den Bedingungen der Macht «eben» habe fügen müssen, dass man also über keine andere Wahl verfügt habe, als sich in die Macht zu ergeben.[369] Dabei geht aber verloren, dass sich die Macht nach und nach aufgebaut hat und man ihr allenfalls in einer frühen Form auf verschiedene Weisen hätte gegenübertreten können (auch in sich selbst, wie sie die eigenen Vorstellungen zu bestimmen begonnen haben). Ihr sich ergeben muss man allenfalls erst dann, wenn sie ganz ausgebildet ist (und jene Gewissheit, sicher zerstören zu können, die sie auszeichnet, hat aufbauen können) – vorher müssen sich der Mensch und Menschlichkeit als Ganze aber gegen Machtversuche behaupten. Und wer Macht als unausweichlich darstellt, ist nicht «vernünftig», sondern beschönigt im besten Fall seine Feigheit, sich nicht gegen Macht gestellt zu haben, solange das möglich gewesen ist,[370] und bringt im schlimmen Fall zum Ausdruck, dass er keine eigenständige Person ist, sondern einfach immer dem voraussichtlichen Sieger nachläuft.

Auf welchem Stand Machtentwicklung auch stehen mag – immer versucht sie sich absolut zu stellen und erreicht ja auch immer wieder schnell, dass ihre Selbstdarstellung von den meisten Menschen übernommen wird. Ein Ergebnis davon ist, dass sich, wer ihr gegenübertritt, ohne sich dessen bewusst zu werden, auch wenn er sich ihrem *materiellen* Anspruch selbst nicht beugen mag, dennoch dazu verlockt sieht, sein Verhältnis zu Macht nach ihren *Spielregeln* – und den dazugehörigen Unterstellungen – zu gestalten. Wer ihre Spielregeln übernimmt, hat aber eben dadurch abermals verloren, bevor eine Auseinandersetzung begonnen hat.

Die erste Antwort auf Macht, die Menschen zu geben versuchen, ist, begreiflicherweise, wie es scheint, *Kampf:* Die einen erdrückende Macht soll bekämpft und im Rahmen eines solchen Kampfes besiegt werden. Eine solche Sehnsucht ist verständlich, sie birgt aber über das Risiko, faktisch zu unterliegen, hinaus verschiedene weitere Gefahren in sich. Dass Macht erst zuschlägt, wenn sie sich ihrer Sache gewiss glaubt, ist schon gesagt worden. In diesen Zusammenhang gehört nun auch, dass sie jene Waffen, die ihr mit Gewissheit Erfolg bringen werden, wählt: nackte, erdrückende Gewalt, Nadelstiche gegen Einzelne, Vernichtung von Wünschen via Sachzwänge, Schmarotzen an den Werten von Menschen,³⁷¹ wirtschaftliche Erpressung oder Vernichtung oder am Ende einfach Verächtlichmachung und Diskreditierung ihrer Gegner. Dazu tritt – das darf nicht unterschätzt werden –, dass sie ihre Gegner dadurch von allem Anfang zu erdrücken sucht, dass sie alles daransetzt, *unmittelbaren* Erfolg zu erringen, und so das latente Gefühl der Unterlegenen und ihr Unterworfenen, dass sie mit ihrem Auftreten eben doch recht habe, zu erwecken oder zu verstärken bestrebt ist. Der Sieger scheint, einfach weil er siegt, auch recht zu haben. Schiere Tatsächlichkeit scheint alle Zweifel zum Ersticken zu bringen.³⁷² Und auch Machtausübende ihrerseits können sich einreden, eben weil sie Erfolge erzielten, hätten sie ein *Recht* darauf, Macht auszuüben.

Fragwürdig ist aber darüber hinaus, dass man, indem man einen Kampf aufnimmt, zugleich das *Setting* von Macht übernimmt: die Behauptungen, dass alles Kampf sei und sich alles darum drehe zu siegen und dass es keine anderen Inhalte gebe als Sieg oder Niederlage in einem Kampf.³⁷³

Auch wenn man selbst dazu neigt, Siegen *als Siegen* eine gewissermassen höhere Bedeutung zuzuschreiben, kann man nicht übersehen, dass die Siege, die Macht erringt, fast ausschliesslich darin bestehen, etwas, was schon da ist, zu zerstören. Macht selbst erschafft nichts und kann nichts erschaffen – sie erzielt ihre Wirkung und eben ihre Siege, indem sie etwas, was da ist, was möglicherweise gross ist, was liebenswert ist, zunichtemacht und so ihre Wirkung nicht daraus zieht, dass sie etwas nicht Dagewesenes schafft, sondern etwas Grosses zerstört; mit dem Ergebnis, dass die Welt nun in dem Sinne verändert ist, dass etwas Dagewesenes *nicht mehr* da ist.³⁷⁴ Diese Erkenntnis, *die in der Unterscheidung von Wirkung auf der einen Seite und Bewertung von Gehalt auf der anderen Seite gipfelt,* zeigt, dass Macht selbst impotent ist. Sie mag grosse Wirkungen erzielen, aber nicht, indem sie etwas in die vorgefundene Welt einbrächte, sondern dieser etwas nimmt. So *bringt sie* gleichzeitig etwas *zu seinem Ende,* statt dass sie etwas erschaffen würde bzw. etwas in die Welt setzen könnte, das sich auf mannigfache Weise entfalten könnte. Sie tötet etwas Lebendiges, statt dass sie etwas gebären und zum Leben erwecken würde.³⁷⁵ Und aus grossen Ankündigungen, die sie allenfalls macht, wird am Ende ja kaum je etwas.³⁷⁶

Eben damit, dass man Unterliegen durch eigenes Siegen ablösen will, übernimmt man nun aber zweitens vor allem jene *Zweiwertigkeit,* welche Macht der ganzen Welt überzustülpen versucht. Nach ihr gibt es (angeblich) nur *zwei* Zustände: vollständige Unterordnung unter das, was die Macht proklamiert, oder Feindschaft, unbezweifelbare endgültige Richtigkeit oder Teufelei, Idealität oder Nichtgenügen, Sieg oder Niederlage in einem Kampf um Macht – nichts sonst. Das ist aber natürlich nicht der Fall. Es gibt – fast schämt man sich, eine solche Banalität zur Sprache zu bringen – auch andere Sichtweisen als die der Macht, ohne dass diese denen der Macht gleich feindlich gegenüberständen. Und es gibt in der Welt *Bedeutungen* und Werte aller Art, die daraus resultieren, dass sich Menschen auf andere Menschen, etwa ihre Lieben, beziehen, dass Menschen ein ihnen bedeutungsvolles Leben, ausgerichtet auf ihnen wertvolle Ziele, leben wollen, dass Menschen ihre Angelegenheiten nach Vorstellungen, die ihnen teuer sind, ordnen wollen, dass Menschen im Kleinen oder Grossen Dinge erschaffen oder sich Inhalte erdenken, denen sie folgen wollen – oder einfach ihr Leben leben, wie auch immer es dann gestaltet sei. Im Rahmen all solcher Bestrebungen spielt Macht keine Rolle: Diese begründen eben jenen dritten Bereich zwischen (angeblich) allein seligmachender Wahrheit und Zweifel oder anderen Sichtweisen, dessen Berechtigung dazu zu existieren Machtdenken bestreitet. Eben das: etwas zunächst einmal zu ergründen, was der Fall sein könnte, sich auf etwas auszurichten, sich etwas zu widmen, etwas zu lieben – dazu ist Macht unfähig, weil sie über sich nichts gelten lassen will. Aus diesem Grunde versucht sie, alle Formen von *Bedeutungen* zu leugnen und Menschen, die sich solchen widmen, lächerlich zu machen. Umgekehrt – das ist nun gewiss eine gültige Form einer Begegnung mit Macht – ist es wichtig, dass sich der Mensch, der sich auf solche Bedeutungen ausrichtet, bewusst ist, dass er eben darin Macht nicht nur überlegen ist, sondern auch einen in sich wahren Wert begründen mag. Von sich dann zu fordern, solche Bedeutungen irgendwie zu begründen, hiesse wiederum, Machtdenken anheimzufallen. Sie sind für einen einfach *da*. Und mit dem Hinweis auf Hannah Arendts Natalitätsprinzip muss man immer weiter betonen, dass mit jedem Menschen, der in die Welt eintritt, der Möglichkeit nach etwas Neues in die Welt kommt.[377] Dieses Neue steht nicht in Bezug zum Vorhandenen, insofern es dieses überwinden würde, sondern es ist *neu*. Und zu seiner Neuheit gehört, dass sich in ihm etwas nie Dagewesenes verkörpert, nicht eine wie auch immer geartete Antwort auf das, was es schon gibt: Es *tritt* vielmehr zu dem, was vorhanden ist, *hinzu* und erzeugt so eine nie zu einem Ende kommende *Vielfalt*.

Neben Macht gibt es also etwas und entsteht immer weiter etwas, was jenseits von Machtgefügen, einfach aus sich heraus besteht; und jedenfalls zahlenmässig ist es im Vergleich mit Macht überlegen.[378]

Nur anzufügen ist, dass einem solchen Befund auch nicht entgegengehalten werden kann, dass er nicht «vernünftig» sei – vielmehr macht sich Vernunft eben selbst jener Zweiwertigkeit schuldig (und unterstützt Machtdenken damit), welche Macht als Grundlage der Welt behauptet. «Vernunft» scheint allein «Unvernunft» gegenüberzustehen[379] – das ist aber natürlich aus zwei Gründen ebenfalls unsinnig. Zum einen geht im Rahmen einer solchen Gegenüberstellung die grundlegende Einsicht darein verloren, dass sich Vernunft immer auf Massstäbe bezieht: Etwas ist allein in Bezug auf einen bestimmten Massstab vernünftig. Eine Vernunft *an sich* gibt es in der vorgefundenen empirischen Welt nicht.[380] Zu einem gegebenen Zeitpunkt können also verschiedene Dinge vernünftig sein, insofern sie sich je auf einen anderen Massstab beziehen. Und weiter könnte Unvernunft in Bezug auf einen bestimmten Massstab, der jetzt als sinnvoll erscheint, ja immer weiter Vernunft in Bezug auf einen Massstab, der erst in der Zukunft Gestalt annimmt, darstellen. Indem man etwas als «vernünftig» darstellt, kann man nicht gleichzeitig den Anspruch stellen, *alles* im Auge zu haben, weil man ja nicht alles, was in der Zukunft erdacht werden kann, kennt.[381]

In ähnlicher Weise agiert jenes Nutzendenken, das via Wirtschaft alles zu ergreifen versucht. Auch dieses ist von Zweiwertigkeit erfüllt. Es geht in ihm schnell nicht darum, etwas zu schaffen oder anzubieten, sondern über Konkurrenten zu siegen, die «Nummer 1» zu werden, Konkurrenten «aus dem Markt» zu drängen usw. Indem in allem Handeln immer die Ausrichtung auf einen potentiellen Gegner gegenwärtig ist, geht jener mittlere Bereich, in dem eigentlich Leben stattfände, verloren: Im Vordergrund steht nicht das, was man anböte, sondern was man gegenüber einem solchen Gegner erreichen würde.

Das Gegenteil der Macht ist, wenn man diese Dinge zu Ende denkt, nicht Sieg über die Macht – in einem solchen Denken wäre die Macht ebenfalls immer weiter präsent –, sondern die Einsicht darein, dass es Gegenstände gibt, die mit ihr gar nichts zu schaffen haben und dass zu all den Furchtbarkeiten, die sie auslöst oder bewirkt, am Ende noch gehört, dass sie diese Einsicht verschleiert. Die vorgefundene Welt ist nicht Macht, sondern eine Welt von wunderbarer Vielfalt. Und so muss man Macht entgegentreten, indem man einen solchen Inhalt – den man aus sich selbst bzw. aus der Begegnung mit der Vielfalt der Welt schöpft – und sich auch selbst ernst nimmt; ganz losgelöst von der Frage, ob er in einem Kampf siegen würde.[382]

Mit dem Augenmerk auf den Begriff der *Ernsthaftigkeit* und mittels einer vertieften Reflexion darüber, was in Ernsthaftigkeit überhaupt beschlossen ist, kann man diesen entscheidenden Gedanken noch einmal vertiefen.

Zunächst einmal muss man Folgendes festhalten: Indem ein Mensch das, dem er sich widmet, das ihm teuer ist, und am Ende sich selbst als einen Menschen, der sich etwas widmet oder dem etwas teuer ist, ernst nimmt, erweckt er jenen dritten Bereich zwischen den Zielen der Macht und dem, was sie als Gegnerschaft, ja Feindlichkeit einstuft und gleichzeitig sofort entwertet, zum Leben, jenen dritten Bereich also, den es angeblich nicht gibt. Bedeutsam sind dann nicht Macht oder Gegnerschaft gegen das, was sie als richtig behauptet, sondern all die Inhalte, die sich hier finden. Das kann man auch so ausdrücken: Leitend wird dabei dann nicht die Frage, ob man mit seinem Tun Macht gewinne, sondern ob das, was einem teuer ist, *wirklich* werden kann; so, wie etwa ein ausführender Künstler nicht Macht über sein Instrument gewinnen will, sondern alles daransetzt, ein Werk, dem er sich zuwendet, so gut es nur immer geht erklingen zu lassen, und ein schöpferischer Künstler mit einem von ihm geschaffenen Werk erst dann zufrieden ist, wenn es seinen eigenen Ansprüchen genügt. Indem man diesen dritten Bereich Gestalt annehmen lässt, *weitet man die Welt aus* und eröffnet einen Zugang zu der Vielfalt, die sie in Wirklichkeit zeigt.

Daraus geht in einer Umkehrung der Betrachtung hervor, wie wichtig es für Menschen ist, sich auf Gegenstände, die für sie bedeutend sind, zu beziehen und beziehen zu dürfen. *Das müssen Menschen freilich erlernen.* Das kann erstens nur in einem gesellschaftlichen Rahmen der Fall sein, in dem es dem Einzelnen erlaubt ist, ja in dem von ihm gefordert ist, sich selbst als eine Person ernst zu nehmen, auf die es im Kleinen oder Grossen ankommt.[383] Und zweitens stellt es eine Voraussetzung dafür dar, dass man versteht, was Ernsthaftigkeit wirklich umfasst. Ernsthaftigkeit entsteht nicht dann, wenn jemand sein Gesicht telegen in Falten zu legen versteht, Fernsehdiskussionen anbietet, welche Fragen um die letzten Dinge in 45 Minuten zu beantworten behauptet, oder sich angeblich nur mit «tiefen» Gegenständen beschäftigt, sondern ist das Produkt der *Haltung* eines Menschen, einer Form davon, wie sich ein Mensch dazu *einstellt,* was er tut und was seine Stellung in der Welt ausmacht.[384]

Im Hintergrund dieser Problematik steht die Tatsache, dass sich moderne Gesellschaften zwar als «frei» bezeichnen, aber zu grossen Teilen nicht wirklich verstehen, was mit dem Begriff «Freiheit» gemeint sein muss, und «Freiheit», allen Ankündigungen zum Trotz, nicht wirklich Gestalt annehmen lassen. Manchen Menschen – jenen Menschen, die immer weiter im Banne von Autoritarismus stehen – ist schon allein die Vorstellung von Freiheit suspekt: Sie können sich unter «Freiheit» nichts anderes als Zügellosigkeit vorstellen, eine missbräuchliche Abirrung von etwas also, was angeblich absolut geboten ist. (Wer das Recht hätte, ein solches Gebot aufzustellen, untersuchen sie nicht: Dass eine Forderung absolut gestellt wird, reicht für sie als Berechtigung schon aus.)[385] Mit einer solchen Einstellung werden sie schnell Mitläufer von Macht, weil deren Forderungen genau dem entsprechen, was sie suchen.[386] Viele Menschen verstehen dagegen unter «Freiheit» umgekehrt möglichst uneingeschränkte Bindungslosigkeit. Sie meinen, frei zu sein, wenn sie zu nichts gezwungen sind. Sie verstehen Freiheit also ausschliesslich als Freiheit *von* etwas, ohne sich die Frage zu stellen, was sie mit einer so gewonnenen Freiheit anstellen würden.[387] (Der Preis einer solchen Haltung ist dann, dass sie ihre Freiheit im Wesentlichen nur dazu benützen, frei zu konsumieren, sich nicht an die Regeln des Strassenverkehrs zu halten und wenn immer möglich keine Verpflichtungen einzugehen.) Eine solche Einstellung zu Freiheit mag sie tatsächlich von zahlreichen unnötigen Einschränkungen befreien und den Boden dazu bereiten, eigene Wege einschlagen zu können. Wenn sie sich dann aber allein darin erschöpft, sich unter allen Lebensumständen alle *Möglichkeiten* offen zu halten, führt ein solcher Freiheitsgebrauch in Ortlosigkeit und Leere hinein.[388] Am Ende erschafft eine solche Haltung dann erst noch wiederum eine seltsame Sehnsucht nach Bedeutung und Aufgehobensein oder gar Bewunderung von Menschen, die gebunden sind,[389] und eine zwar wortreiche, aber hilflose Suche nach einem «Sinn» (den man dann ähnlich wie Konsumgüter mittels einmaliger Wochenendseminare, religiöser Massenveranstaltungen in Stadien und dergleichen finden will).

Dass Freiheit einerseits in Haltlosigkeit und Unsinn führen mag oder andererseits zur Last für die Menschen werden mag, welche Unbedingtheit suchen, ist aber nicht der Freiheit an sich bzw. einer Eigenschaft von ihr, die gewissermassen verfehlt wäre, geschuldet, sondern der Tatsache, dass Menschen mit ihrer Freiheit nichts «anfangen» können,[390] diese also nicht zu etwas benützen, sich in ihrem Rahmen ins Spiel bringen und sie mit Verantwortung ausfüllen können. Auf der einen Seite stellt Freiheit die *notwendige* Bedingung dafür dar, dass ein Mensch zu sich finden kann (statt die Rolle eines Zahnrädchens in einer Maschine zu übernehmen) und ihm so ein gelingendes würdiges Leben offen steht.[391] Auf der anderen Seite muss man sich aber darüber Rechenschaft geben, dass Freiheit als solche nur den *Spielraum* für Menschen bieten kann, nicht aber eine konkrete Wahl darstellt.

Aus der Tatsache, dass sich manche von ihnen in einem solchen Spielraum verirren oder darunter zu leiden beginnen mögen, dass ihnen kein endgültiges Ziel beschrieben wird und gewissermassen zu spielen ihnen zur Last wird, folgt wiederum nicht, dass etwas mit der Vorstellung der Freiheit nicht stimmt – es geht daraus vielmehr hervor, dass freie *Menschen* vor der Herausforderung stehen, selbst einen Weg zu finden (und darin, wie es leider ebenfalls zu Freiheit gehört, scheitern können). Freiheit allein kann, anders gesagt, nicht gleichzeitig die *hinreichende* Bedingung für ein gelingendes Leben darstellen: Freiheit kann nicht gleichzeitig einen Gehalt bieten, dem man sich widmen *müsste*. Könnte sie das, handelte es sich bei ihr ja nicht mehr um Freiheit. Freiheit muss von Menschen *in Gebrauch genommen werden*. Freiheit *von* etwas muss gleichzeitig in eine Freiheit *zu* etwas umgesetzt werden: von Menschen, welche ihre Freiheit *von* etwas dazu verwenden, dass sie sie für etwas von ihnen Gewähltes gebrauchen. *Freiheit erfüllt sich paradoxerweise in gewählter Bestimmtheit.*[392] Bei Freiheit handelt es sich damit nicht um etwas, was man erwerben könnte, *ohne selbst darin vorzukommen*, sondern um etwas, was gestaltet werden muss, und zwar in immer neuer Weise von immer neuen verantwortlich wählenden Menschen.[393]

Die beschriebenen Fehlauffassungen in Bezug darauf, was in Freiheit Gestalt annimmt, führen zu einer kruden Haltung gegenüber Freiheit. Die Vorstellung, dass Freiheit allein Bindungslosigkeit darstelle, ist in dem Sinne armselig, als das Individuum, das sich so seine Freiheit zu wahren versucht, in einer so gewonnenen Freiheit nicht Gestalt annehmen kann, ja eigentlich gar nicht vorkommt. Es ist ja, wie man sagen könnte, in einer solchen *nichts,* insofern, als es bloss anderes *nicht* sein will. Weil nun eine solche Vorstellung am Ende in eine unerträgliche Leere führen muss, baut sich die Sehnsucht des Individuums nach einem allesumfassenden «Sinn» auf, danach, dass sein Leben eben doch *etwas* sein will.[394] Damit ist der Boden zu einer ebenso kruden Vorstellung von Verortung des Lebens aufgebaut; ebenfalls auf der Basis von Zweiwertigkeit. So wie Freiheit im Sinne von Bindungslosigkeit in einer absurden Auffassung von absoluter Freiheit wurzelt (in der sich ja alles auflösen würde, sogar das Individuum selbst), scheint nun «Sinn» in einer ebenso umfassenden Unabdingbarkeit bzw. Auslöschung des Individuums zu bestehen. So wie das Individuum in der Freiheit von allem nicht vorkommt, scheint nun Sinn umgekehrt ebenfalls darin zu bestehen, dass das Individuum in einem Grösseren und angeblich «Tieferen» verschwindet. Und so wie das Individuum in gesuchter absoluter Freiheit nicht irgendwie, in Wahlen oder Interessen oder bestimmten Wünschen, vorkommt – solche müssten ja von ihm ausgehen –, verschwindet es nun in dem, dem es sich unterordnet. Ganz und «tief» erscheint nun eben diese völlige Aufgabe. Sich ganz aufzugeben scheint nun allein «gross» zu sein.

An dieser Stelle treten nun Macht und Machtmissbrauch in Erscheinung. Das, was Macht fordert und geltend macht, scheint nun, obwohl es sich dabei immer weiter um Machtmissbrauch handelt, eben dieses Bedürfnis zu befriedigen. Macht fordert völlige Unterordnung bei gleichzeitiger Aufgabe der Freiheit, ja Verächtlichmachung von Freiheit, und verzuckert ihre Forderung ja fast immer damit, dass sie verspricht, eine Form von «wirklicher Ordnung» zu schaffen. Sich ihr ganz zu überantworten nimmt dem Einzelnen also nicht nur die Not ab, seine Freiheit zu gestalten, indem er eigene Ziele wählte, sondern scheint damit sogar umgekehrt nicht nur gerechtfertigt, sondern geradezu geboten zu sein; gewiss in der Hinsicht, als doch scheinbar jedermann das (angebliche) Gegenteil – Unordnung – bekämpfen zu müssen scheint.[395]

Sich ganz einer Macht zu unterwerfen scheint dem Leben eines Menschen, der von sich nicht Kenntnis nimmt oder durch Erziehung und Schule daran gehindert worden ist, sich in Besitz zu nehmen, endlich (wie es jemandem, der seine Freiheit nicht annehmen kann, erscheinen muss) einen festen Ausrichtungspunkt zu schenken. Alle Formen von Zweifel oder Unsicherheit, wie sie mit der Wahl eines eigenen Lebens einhergehen mögen, sind ausgeräumt, weil Macht ja nicht nur verlangt, dass man ihr folge, sondern zusätzlich geltend macht, allein ihre Sichtweise sei überhaupt *möglich* – alles andere sei etwa unvernünftig oder gar bösartig. Und unvernünftig scheint es zusätzlich aus pragmatischen Gründen, einen anderen Weg zu gehen als den, den die Macht vorschreibt.

Zu einer solchen Fehlauffassung trägt nicht nur bei, dass Macht keine anderen Gesichtspunkte zulässt, sondern auch, dass sie den Eindruck erweckt, dass das, was sie fordert – in der Gestalt, in der sie das tut – *bedeutungsvoll* sei. Die Tatsache, dass Macht keine andere Ausrichtung zulässt, mag unter solchen Umständen gewissermassen beweisen, dass man nun das gefunden habe, was es *wert* sei, dass man ihm folge. Gerade dass Macht völlige Unterordnung und die Aufgabe jedes persönlichen Wünschens fordert, scheint ein Beweis dafür zu sein, dass man Grossem folge. Gross und bedeutungsvoll erscheint in einer solchen Sichtweise eben das: dass es die völlige Zerstörung eines scheinbar zufälligen, nicht aus Allgemeinem herleitbaren Individuums verlangt. Das sieht, als totale *Hingabe*, wie der Inbegriff von «Tiefem» aus. Und der Umstand, dass andere einer Macht ebenfalls folgen, mag wie ein zusätzlicher Beweis dafür erscheinen, dass man richtig gewählt habe. Macht in ihrer Bedingungslosigkeit erweckt gleichzeitig den Eindruck, dem Individuum jene Unterordnung unter Bedeutung zu geben, die scheinbar in Freiheit nicht zu gewinnen ist. (Freiheit mag ja wie Überfluss und Anmassung aussehen, und wer sie fordert, scheint dann oberflächlich und unernst zu sein oder etwas einzufordern, was nicht sein darf.)

Bedingungsloses Folgeleisten ist aber selbstverständlich nicht allein bzw. *an sich* schon «tief» – zu «Tiefem» führt Hingabe allenfalls nur, wenn sie gleichzeitig mit einem wertvollen Gehalt verbunden ist. Zu meinen, *Hingabe allein* sei wertvoll, ist ein Kurzschluss – dem freilich orientierungslose Menschen schnell erliegen. Seine «Pflicht» zu tun oder sich auf «Ordnung» auszurichten reicht nicht; so wie es ja auch nicht ausreicht, «logisch» zu denken oder korrekt zu «addieren». Logik führt nur zu richtigen Ergebnissen, wenn die Prämissen, aus denen sie Schlüsse zieht, *materiell* zutreffen. Addition führt nur zu richtigen Ergebnissen, wenn die Zahlen, die sie addiert, korrekt sind. Vor aller Hingabe steht die Prüfung desjenigen, der Hingabe fordert, oder die Prüfung des Inhalts, für welchen alles andere und alles Eigene geopfert werden soll. Und, wie man anzufügen nicht müde werden darf: Es gibt «Ordnung» nicht *an sich,* sondern nur im Hinblick auf Gesichtspunkte; mit dem Ergebnis, dass es auch verbrecherische Ordnungen gibt, Ordnungen, die zwar das Vorgefundene nach einem Prinzip «ordnen», aber das allenfalls auch nach verbrecherischen Prinzipien tun.[396]

«Tief» sind stattdessen der Einzelne und das, was mit ihm ins Spiel kommt, und zwar aus verschiedenen Gründen. Der entscheidende Grund ist zunächst genau der, der jeweils *gegen* das Individuum ins Treffen geführt wird, wenn ihm suggeriert wird oder sich selbst einsagt, dass es als Einzelnes bedeutungslos sei. Es verhält sich aber umgekehrt: Eben als Einzelnes hat es eine einzigartige *Würde:* Mit ihm beginnt, mit den Worten Hannah Arendts, der Möglichkeit nach immer die Welt neu. Mit ihm kommt etwas Neues, Unvorhersehbares, nicht im Lehnstuhl Ausdenkbares ins Spiel, und eben deswegen muss es in Erscheinung treten dürfen. Eine Gesellschaft, die sich in den einzelnen Individuen nicht immer wieder erneuert, muss sich verlieren und tut das ja auch. Dabei muss man gar nicht an jene grossen, schöpferischen Individuen denken, die einem als Erstes in den Sinn kommen. In Tat und Wahrheit kann *jeder* Mensch ein einzigartiges Leben leben, kann einen einzigartigen Mut dazu zeigen, sich selbst zu folgen, und kann und soll das in das (wie das Hannah Arendt nennt) «Bezugsgewebe menschlicher Angelegenheiten» einschiessen, was in ihm beschlossen ist.[397] Und «tief» und ernsthaft ist jeder Versuch eines Einzelnen, *sein* Leben und das, was *in ihm* zur Gestaltung drängt, aufzunehmen, statt sich in eine bequeme Kollektivität zu flüchten. «Tief» ist also erst eine Ernsthaftigkeit, in der ein Einzelner zum Akteur wird: in einem Akt der Verantwortung gegenüber einem ernsten Anliegen oder einem je Besonderen, das in ihm in Erscheinung tritt.

Der Versuchung, Ernst nur in dem zu suchen und zu finden, was Macht fordert, können Menschen, die sich ein Anliegen selbst zu eigen gemacht haben, nicht anheimfallen. Zum einen erliegen sie nicht der Täuschung, nur das (scheinbar) Grosse und (scheinbar) an sich Bestehende, das eine äussere Macht fordert, sei von Wert. Sie finden zum anderen, indem sie ihren Gegenstand wie sich selbst in ihrer Ernsthaftigkeit anerkennen, *dass Freiheit und Ernsthaftigkeit zusammengehen.* Es sind sie selbst, die das ernst nehmen, dem sie sich widmen: Sie geben sich selbst hin – das ist ihr Ernst. Gleichzeitig fordern sie, dass sie sich selbst zu eigen machen dürfen, was *ihnen* wichtig erscheint – das ist ihre Freiheit.[398] (Verfügten sie nicht über eine solche Freiheit, handelte es sich bei ihnen nicht um verantwortete Akte.) Ernsthaftigkeit darf also nicht auf Kosten von Freiheit gehen: Wirklicher von Menschen verantworteter Ernst erwächst erst daraus, dass sich ein Mensch frei einem Gegenstand widmet, der ihm von Bedeutung ist.

Das ist selbstverständlich möglich, und erst eine solche Verhaltensweise gibt dem Leben des Menschen eine Richtung. Sein Leben ist auf einen Inhalt ausgerichtet, der immer je sein Inhalt ist. Und gleichzeitig ist er nicht der Versuchung ausgesetzt, sich instrumentalisieren zu lassen oder sich gar Machtdenken zu überantworten. Der Einzelne soll sein eigenes Leben in Angriff nehmen – nicht «wagen», wie man zu sagen versucht ist, weil man sich immer wieder von der Kriegsmetapher fangen lässt: Er soll sich selbst ins Spiel bringen und das Spiel mit den Anderen, die sich ebenfalls ins Spiel bringen, aufnehmen.

18 Begegnung, Gestalten

Macht will *Wirkung* erzielen, kontrollieren und *herrschen*. In einem solchen Ziel liegt, wie man zunächst erkennt, in mehrfacher Weise Verachtung für den Gegenstand oder für die Menschen, mit denen sie in Beziehung tritt, beschlossen. Ihr Gegenüber will sie ganz in Besitz nehmen, nicht also als etwas Eigenständiges gelten lassen. Sie ist dazu unfähig, einem Anderen als sich selbst zu *begegnen*. Unter einer wirklichen Begegnung muss man ein Zusammentreffen von zwei Wesen verstehen, die erstens in der Begegnung je unabhängig in Erscheinung treten dürfen und in der zweitens Gestalt annimmt, was dann aus der Begegnung folgt. Das Andere hat in dem, was Macht tut, dagegen kein Eigenrecht, sondern soll allein nach ihren Vorstellungen umgeformt werden. Und dass andere Menschen je eigene, interessante oder gar in ihrer Weise berechtigte Ziele haben könnten, kann sie erst recht nicht anerkennen. Die Haltung der Macht ist dabei immer, wie man sagen könnte, *gegen* die vorgefundene Welt gerichtet: Diese soll überwunden, besiegt und am Ende machtlos und damit zunichtegemacht werden.

Weil Macht mit ihrem zerstörerischen Handeln einen Schein von endlosem Erfolg erzeugt, wird dabei kaum gesehen, dass sie am Ende immer selbst verfehlt, was sie anstrebt. Sie bleibt so, wie sie sich auf die Welt bezieht, einsam auf sich bezogen und verliert zum Schluss alles. Indem sie alles, was neben ihr auch noch bestehen mag, um seine Wirksamkeit bringt und am Ende zerstört, beraubt sie sich jeden Bezugspunkts und wird auf eine seltsame Weise haltlos.[399] Der von ihr erträumte totale Sieg mündet paradoxerweise in eine totale Niederlage.[400]

In Gesellschaften oder im Rahmen von Beziehungsformen, die nicht auf Machtausübung ausgerichtet sind und damit gleichzeitig nicht im Griff von zweiwertigem Denken stehen, geschieht etwas ganz anderes. Zunächst kann es in solchen zu einem wirklichen *Aufeinandertreffen* kommen, zwischen Menschen und der vorgefundenen Welt oder zwischen Menschen und anderen Menschen, in dessen Rahmen je zwei Gegebenheiten aufeinanderstossen, so, dass (wie etwa bei einem echten Gespräch) nicht von vornherein ausgemacht ist, was am Ende der Fall sein wird. So ersteht jener dritte Bereich, der zwischen Macht und dem, was sie nicht gelten lässt bzw. was es in ihrer Interpretation der Dinge nicht geben darf, liegt. Menschen lassen sich so auf das, was sie selbst *nicht* sind, ein: Sie mögen über die Welt, in der sie sich vorfinden, staunen, sich von ihrer Erhabenheit beeindrucken lassen, von ihrer Niedrigkeit abgestossen sein und in diese eingreifen wollen, sie mögen Klarheit in Bezug darauf gewinnen, was sie *nicht* sein wollen, sie mögen begreifen wollen, was in der Welt der Fall ist. Sie mögen von anderen Menschen bereichert werden wollen, sie mögen sich von ihnen unterscheiden wollen, sie mögen von ihnen geliebt werden wollen, sie mögen Freundschaft zu Anderen suchen und ihnen in Freundschaft begegnen wollen.

Solche Interaktionen stellen nicht einfach das Produkt von Beherrschung auf der einen Seite oder dann von selbstloser Totalhingabe auf der anderen Seite, wie eine ebenfalls Machtzüge tragende Ideologie von ihnen fordern mag, dar, sondern eine Begegnung von Verschiedenem, in deren Rahmen immer *zwei* Instanzen oder Positionen gleichwertig aufeinandertreffen (wie bei einem echten Spiel). In ihnen wird weder die eine Instanz vor der Begegnung mit einem Anderen geschützt (wie dies Macht zu erreichen sucht, indem sie Anderes auf der Stelle zu beherrschen versucht) noch die andere Instanz als allein bestimmend installiert (wie man zum Beispiel in jener christlichen Verdrehtheit, die in Form von Unterwürfigkeitsideen alles moderne Verständnis unterwandert, meinen mag)[401], sondern es soll aus dem Zusammenkommen der Instanzen, die aufeinander zugehen, etwas ganz *Neues* entstehen. Zwei Wesenheiten sollen aufeinandertreffen, sollen voneinander Kenntnis nehmen, sollen in der Begegnung dessen gewahr werden, dass es nicht nur ein Ich bzw. das «Eigene», sondern auch einen Anderen bzw. eine Andere und ein «Anderes» gibt, sie sollen ein wenig in jene Vielfalt eintauchen, welche die Welt ausmacht, sie sollen voneinander berührt sein (selbst Abstossung stellt eine Form von Berührtheit dar) und anders wieder auseinandergehen, als sie aufeinander zugegangen sind – ergänzt um das, was sie in der Begegnung erlebt haben, was zwischen ihnen entstanden ist und was ihnen nun bedeutungsvoll erscheint.[402]

Begegnungen sind in mehrfacher Weise allein *in Freiheit* möglich. Zum Ersten soll frei sein, wer sich in ihrem Rahmen begegnen will, und zum Zweiten muss offen sein, was aus einer Begegnung erfolgt.[403] Und zum Dritten sollen sowohl alle Menschen wie alle Inhalte Gegenstand von Begegnungen darstellen können.[404] Auf diese Weise nimmt das höchste Mass an *Vielfalt* Gestalt an. Das ist nicht nur in der Hinsicht der Fall, dass umgekehrt nichts und niemand *ausgeschlossen* ist, sondern auch in der, dass alles mit allem in Beziehung treten kann.

Macht versucht sich mit ihrer Verachtung alles dessen, was sie *nicht* ist, nicht nur der Vielfalt der Welt zu entziehen, sondern sie kann vor allem auch nicht gelten lassen, dass der Mensch nicht nur ein Objekt darstellt, über das man verfügen kann, sondern vor allem auch ein *intentionales* Wesen ist, ein Wesen also, das sich zu der Welt, die es vorfindet, auch frei *einstellen* will. Indem er diesen Wunsch hat bzw. haben kann, macht sich der Mensch stattdessen zu einem Subjekt. Der Mensch stellt, allgemein gesagt, nicht einfach allein einen Gegenstand im Rahmen einer (naturwissenschaftlichen) Tatsachenwelt dar (das tut er im Zusammenhang mit seiner Körperlichkeit zwar auch) und fasst auch selbst die vorgefundene Welt nicht einfach als eine Tatsachenwelt auf, die mit ihm gewissermassen nichts zu tun hat, sondern er will sich im Zusammenhang mit seiner Intentionalität *frei* zur vorgefundenen Welt in Beziehung setzen. Seine Fähigkeit, sich zu sich selbst wie zur vorgefundenen Welt *einzustellen*, bringt es mit sich, dass er an der Welt Anteil nimmt. Sie *bedeutet* ihm etwas, er sucht etwas in ihr, er will in ihr etwas finden, er will sie von seiner Seite her mit Gehalt füllen.[405]

Dabei handelt es sich aber nicht um eine unter zahlreichen anderen Fähigkeiten, *sondern sie begründet sein eigentliches Menschsein*. Er wird erst zum Menschen, wenn er diese Fähigkeit leben darf; und so muss über das Recht dazu jeder Mensch verfügen dürfen. Und die Gesellschaft der Menschen als Ganzes kann ja überdies nur immer dann weiter leben, wenn sie mit jenem Neuanfang, der mit jedem Individuum der Möglichkeit nach einsetzt, *einen immer neuen Zuschuss an Substanz* gewinnt. Ein solcher Zuschuss entfaltet sich dabei nicht allein in dem, was Einzelne in sich vorfinden mögen, sondern in dem, was daraus erwächst, dass sich die Einzelnen in das *Bezugsgewebe der menschlichen Angelegenheiten*[406] einfügen und es so zu Begegnungen kommt.[407]

Davon versteht Macht nichts, und das, was sie sich zum Ziel setzt, führt denn auch in jeder Hinsicht von dem ab, was möglich wäre und möglich sein muss. Das gilt auch für das, was von alternden Millionären, Wirtschaftsführern, Utopisten, religiösen Eiferern und Fanatikern aller Art in die Welt gesetzt wird. Selbst wenn allein uneigennützig gut wäre, was sie propagieren und verwirklichen wollen – das ist es nicht[408] –, und selbst wenn die Ziele, auf die sie sich beziehen, ohne jeden Zweifel förderungswürdig erscheinen müssten, würden sich ihre Pläne an dem Umstand brechen, dass der Mensch ein intentionales Wesen ist. Als solches will der Mensch in seinem Leben selbst *vorkommen*, als Wesen, das an den Zielen, die sich eine Gesellschaft setzen mag, im Grossen oder Kleinen mitarbeitet, also nicht einfach nachzuvollziehen hat, was von anderen beschlossen worden ist.[409]

Mit solchen Plänen – oder dann als Opfer von reiner Macht – wird der Mensch als sich *einstellen* wollendes Wesen um sein eigentlichstes Wesen gebracht: um den Wunsch, in die Welt so einzutreten, dass er nicht zu einem Gegenstand wird, über den verfügt wird, sondern als ein Wesen, das auch mit seinen Wünschen, Plänen, seiner Phantasie, mit dem, was er für richtig hält, ins Spiel kommt.

Diese Seite seines Menschseins äussert sich darin, dass er die Welt, in die er eintritt, *gestalten* will. Aber *Gestalten* ist etwas ganz anderes als das, was Macht anstrebt. Indem der Mensch seine Welt *gestaltet*, tritt er im Gegensatz zu dem, was sich Macht zum Ziel setzt, *in ein Austausch- oder Beziehungsverhältnis zur Welt*. Indem er gestaltet, geht er auf die vorgefundene Welt und die anderen Menschen zu. Und in dem, was er unter Einbezug des Anderen gestaltet, kommt er als Gestaltender zu sich selbst. So wird die Welt *seine* Welt, wie er erst dann ganz von sich selbst Besitz nimmt, wenn er gestalten kann. Dabei bringt er sich in die Welt ein, statt dass er versuchen würde, über sie zu verfügen. Im Unterschied zu Machtausübung kann er dabei aushalten, dass er in seinen Gestaltungsversuchen nie zu einem Ende kommen kann und dass Andere ebenfalls gestalten und allenfalls anders gestalten. Das ist aber nicht ein Scheitern – darin liegt vielmehr die Würde des Gestaltens.

Diese Würde offenbart sich auch darin, dass der Wert dieses Gestaltens der Welt entgegen dem, was Macht anstrebt, gerade nicht allein in einem wie auch immer gearteten Erfolg oder Ergebnis liegt. *Es ist vielmehr das Gestalten selbst, das die Würde des Menschen auszeichnet.* Indem der Mensch gestaltet, mag er zuweilen grosse Werke schaffen. Er mag sich aber auch einfach *liebend* auf die Welt beziehen und sie *liebend* erfüllen wollen. Er mag ihr mit seinen Vorstellungen, was der Fall sein müsste, und endlich mit seiner Phantasie entgegentreten. Wie auch immer dann der Erfolg seines Sichbeziehens aussehen mag – er hat sich der Welt zugewandt und *mit* dem, was er vorfindet, zusammen sein Menschsein begründet.

19 Potential statt Macht, Bestimmtheit

Die Haltung, *alles* von sich zu weisen, was auch nur entfernt Züge von Machtausübung zu tragen scheint, weil man erkennen muss, dass Macht durch und durch abstossende und menschenverachtende Züge trägt, nimmt schnell einen seltsam schöngeistigen Charakter an. Auf der anderen Seite scheint dann als Möglichkeit nur offen zu bleiben, sich in einem zwar schuldlosen, aber auch unfruchtbaren Opferdasein einzurichten.[410] Wenn man das tut, entgeht man zwar selbst allen abstossenden Zügen von Macht (und mag sich darin sogar als «rein» und würdig empfinden); um den Preis freilich, dass man alles aufgeben muss, was man selbst vertritt und was einem selbst als gehaltvoll und wichtig erscheint[411] – als Opfer von Macht kann man ja nichts mehr dazu beitragen, dass das, wofür man selbst steht, Wirklichkeit würde.[412] Damit übernähme man ausserdem gleichzeitig auch die Machtdenken innewohnende unfruchtbare und zerstörerische *Zweiwertigkeit*: entweder insofern, als man zuliesse, dass sich die von Macht als «richtig» deklarierten Wertungen und Sehweisen auf immer verfestigten und damit alle Gegenpositionen auf ewig entwertet würden, oder insofern, als man dann als Opfer allein darauf sänne, sich eines Tages aus seiner Rolle zu befreien, selbst die Macht zu übernehmen, sich an den ehemaligen Unterdrückern gar zu rächen und sie sich seinerseits untertan zu machen. Auch auf diese Weise wäre indessen nichts erreicht, weil die Zweiwertigkeit – und damit *Machtdenken an sich* – erhalten bliebe.

Freilich gibt es einen Weg, der aus Zweiwertigkeit herausführen würde. Dieser besteht darin, dass man aus Machtgebaren *den Antrieb dazu, gestaltend wirksam zu werden, herauslöst*, und zwar so, dass sich dieser nicht auf andere Menschen in ihrem Sosein erstreckt und sie nicht an ihrer je eigenen Entfaltung hindert – geschweige denn sich selbst wieder absolut setzte –, sondern im Gegensatz zu reiner Machtausübung produktiv wird und alles daransetzt, einen Gehalt Wirklichkeit werden zu lassen.

Einen solchen Weg schlägt eine Haltung ein, die man *Bestimmtheit* nennen könnte. Menschen, die etwas wichtig nehmen, richten ihr Handeln, Denken und Fühlen in bestimmter Weise darauf aus, das, was ihnen so wichtig erscheint, dass sie es Wirklichkeit werden lassen wollen. Insofern, als das der Fall ist, handeln sie einerseits wie Machthaber *zielgerichtet* – Quelle ihrer Motivation ist dabei aber andererseits immer der *Inhalt*, der ihnen bedeutungsvoll erscheint, nicht eine wie auch immer geartete Vorstellung von Durchsetzung oder gar ein Triumphieren über Andere. Ihre Bezugnahme auf ihnen wichtig erscheinende Inhalte hat dann freilich zur Folge – muss zur Folge haben –, dass sich Bestimmtheit um das, was Macht als einzig richtig oder verfolgenswert darstellt, kaum kümmert oder sich gar, insofern, als sie verfolgt, was *ihr* bedeutungsvoll erscheint, gegen sie stellt – nicht aber weil sie gegen Macht «kämpfen» wollte, sondern weil ihr *anderes* als das, was Macht als einzig Mögliches darstellt,[413] bedeutungsvoll erscheint. So bricht Bestimmtheit die von Macht etablierte Zweiwertigkeit auf: Sie bringt vor allem einfach Neues ins Spiel.

Bestimmtheit ist freilich in all ihren Spielarten gefährdet oder gilt im Alltag gar als fragwürdig, und insbesondere Macht versucht mit allen Mitteln, unter anderem mit fragwürdigen Argumenten oder ihrer Wortwahl, Bestimmtheit zu verhindern.[414]

Wie man weiss, weichen viele Menschen im Alltag Bestimmtheit oft nach Kräften aus, und Alltagsweisheit überbietet sich an Einsichten, welche umgekehrt geradezu Unbestimmtheit als Muster von Weisheit darstellen. Menschen halten sich nach allen Seiten hin bedeckt, aus einer pragmatischen Vorsicht heraus, nirgendwo anzuecken; von Frauen ist über Jahrhunderte hinweg gefordert worden, nicht mit eigenen Ansichten hervorzutreten; und es gilt sogar als Weisheit, «alles zu nehmen, wie es kommt», bzw. geradezu als Überhebung, eigene Ansichten zu entwickeln. Indem man etwas Bestimmtes verträte, könnte man sein Gegenüber «verletzen» (das ist die harmlose Variante) oder dann seine Chance auf Akzeptanz oder Aufstieg mindern, auf Widerstand stossen, «zickig»[415] oder rechthaberisch erscheinen oder gar aus Gemeinschaften ausgeschlossen werden.[416] Und am Ende machen sich Menschen, auch wenn sie etwas anderes behaupten mögen, umgekehrt Unbestimmtheit als Lebensmodell sogar ganz zu eigen, schwimmen mit dem Strom oder passen sich überall an (und werden dafür erst noch mit Lob überhäuft oder erhalten zum Schein Anerkennung).[417]

Bestimmtheit mag bei Kindern als drollig akzeptiert werden, und allerlei seltsame kindliche Hobbys mögen sogar gefördert werden[418] – in dem Augenblick jedoch, da Bestimmtheit in kontroverse Ansichten oder gar Forderungen mündet, ist es mit einer solchen Akzeptanz zu Ende, und umgekehrt wird Unterordnung unter das Geltende als geboten oder gar, in Form einer grotesken Überhöhung, als «reif» dargestellt. In Bestimmtheit wird dann schnell Widerstand gegen angeblich *an sich* Geltendes gesehen. Und so wird Bestimmtheit zum Beispiel schon im Lauf der Schulzeit – obwohl sich Lehrpläne darin überbieten, zu betonen, wie sehr sie zur Persönlichkeitsförderung beitrügen – mit allen Mitteln, vorwiegend unter Bezugnahme auf angeblich *an sich* Richtiges, daran gehindert, sich auszubilden. Als Totschlagargument wird dabei immer der Hinweis auf die fehlende Lebenserfahrung von jungen Menschen verwendet, die (angeblich immer gut gemeinte) Warnung davor, dass es nicht genüge, zu *meinen*, sondern sorgfältig zu urteilen und seine Urteile in Kenntnisse einzubetten. (Das ist unstreitig oft der Fall. Aber es wäre ja gerade die Aufgabe der Schule, Bestimmtheit einzuüben, indem man Jugendlichen Gelegenheit dazu gäbe, nach und nach eine eigene Sicht der Dinge zu entwickeln, statt mit angeblich immer Richtigem abgefüllt zu werden und erst noch erleben zu müssen, dass das gedankenlose Wiederkauen von solchem gefeiert wird.⁴¹⁹)

Verstörend an Bestimmtheit mag schon allein die Tatsache erscheinen, dass sie einen Inhalt für besonders *wichtig* nimmt, etwas (etwas anderem) *vorzieht* oder etwas allein schon nur *liebt*. Schon eine solche Bezugnahme zu einem Inhalt (ohne Begleitphantasie einer ins Auge gefassten Verfügung über diesen) wird allenfalls verächtlich gemacht. Kindlicher Ernst, der Ernst ferner, der mit wirklichem Spiel verbunden ist,⁴²⁰ oder dann die Ernsthaftigkeit, mit welcher von Bestimmtheit getragene Erwachsene ihre Ziele verfolgen, können dabei leicht entwertet werden, indem das, dem sie sich widmen, an angeblich «wirklich» wichtigen Zielen gemessen wird oder mittels eines Vergleichs mit alledem, was es sonst noch für Ziele gäbe, als grundlos oder gar als Ergebnis einer lächerlichen Wahl abgewertet wird.⁴²¹ Dabei wird unterschlagen, dass es gerade der *Ernst* ist, losgelöst von angeblich wertvollen Gegenständen, durch welchen sich Bestimmtheit als würdig erweist. Bestimmtheit ist dazu fähig, ihre Aufmerksamkeit auf etwas ihr gehaltvoll Erscheinendes zu richten, während Unbestimmtheit sich wetterwendisch immer allein auf das bezieht, dem von anderen Wichtigkeit zugeschrieben wird. Selbst Macht zeigt, recht besehen, einen solchen Charakter, insofern, als es ihr um Wirkung und Erfolg geht, nicht um einen Inhalt als solchen.⁴²²

Macht setzt alles daran, *Bestimmtheit* zu verhindern. Aber auch im Rahmen von Gemeinschaften, die Macht – zu Recht – verachten, hat Bestimmtheit einen schweren Stand. In ihnen wird sie allein schon, weil sie eben bestimmt ist, mit Macht in eins gesetzt, und es wird pauschal der Eindruck erweckt, dass *alle* Formen von Bestimmtheit nichts anderes darstellten als verkappte Machtversuche. Dabei wird Bestimmtheit allein nur, weil sie *Konturen* entwickelt und Entschlossenheit zeigt, unterstellt, Geltung über Anderes und Andere oder dann sogar Fehlerfreiheit für sich zu beanspruchen; und solchen Verurteilungen gegenübergestellt mag Bestimmtheit am Ende an sich irre werden und sich selbst den Vorwurf machen, anmassend zu sein. Eine solche Beurteilung ist freilich das Ergebnis eines Fehlurteils (und selbst bereits wieder ein Ergebnis einer unfruchtbaren Zweiwertigkeit, nach der es nur Macht oder Ergebenheit geben könne). In Tat und Wahrheit richtet sich Bestimmtheit ganz einfach bestimmt auf etwas aus – das bedeutet zum einen zunächst gewiss nicht, *gegen* etwas gerichtet zu sein, sondern *auf* etwas. Und zum anderen beinhaltet Bestimmtheit nicht die Behauptung, den einzigen möglichen Weg einzuschlagen, sondern allein die Behauptung, dass es ihre Sichtweise wert sei, verfolgt zu werden.⁴²³

Ein Vergleich mit einer Interpretation eines Musikstücks mag das veranschaulichen. Wer etwa ein Violinkonzert spielt, interpretiert eine vorliegende Partitur in einer bestimmten Weise. Violinisten oder Violinistinnen können das gar nicht anders tun. Wenn sie es nicht täten, bliebe ihr Spiel blass, oder sie liessen es, aus Angst, der Partitur nicht umfassend gerecht zu werden, gar überhaupt bleiben, das Konzert zu spielen. Ihre Interpretation kann umgekehrt gerade auch als hervorragende Interpretation nichts anderes als eine *bestimmte* Interpretation eines Notentextes darstellen – die, wenn man so will, Idealität des reinen Notentextes kann ja in keiner Interpretation Gestalt annehmen.[424] Als Interpretation nimmt in ihrem Spiel notwendigerweise eine bestimmte Auffassung des Werkes Gestalt an. Nichts anderes würden die Violinisten oder Violinistinnen wohl auch selbst von ihrer Interpretation behaupten – freilich würden sie geltend machen, dass so, wie sie spielten, der Notentext auf *ihnen* bedeutsam erscheinende Weise zum Leben erweckt werde.

Ihre Interpretation ist dabei aber gleichzeitig nicht *gegen* andere Interpretationen gerichtet. Auch wenn sie der Überzeugung sein mögen, genau so wie sie müsse man das Konzert interpretieren – eine solche Überzeugung gibt ihnen ja überhaupt die Kraft und den Mut dazu, ihren Weg zu gehen[425] –, ist ihre Interpretation vor allem eben *ihre* Interpretation: ihr bestimmter Beitrag zur Musik. Sie würden wohl nicht bestreiten, dass es andere Interpretationen geben könnte, aber diese sind für sie nicht bestimmend (und vielleicht interessieren sie sie auch gar nicht). Und wenn sie gar erst zu spielen beginnen würden, nachdem sie alle *möglichen* Interpretationen kennengelernt hätten, würden sie sich ja selbst ganz unwirksam machen (und das Konzert dazu). Zum einen verlören sie sich in einer solchen Aufgabe und zum anderen träte dann das, was in ihnen stecken würde, nie in Erscheinung.

In gleicher Weise nimmt Bestimmtheit in Personen, die es wagen, etwas wichtig zu nehmen, Gestalt an. Eine solche Bestimmtheit zerstört nichts, sondern ist auf etwas anderes, auf einen anderen Wert, auf einen neuen Gesichtspunkt, der bis jetzt noch keine Beachtung gefunden hat, ausgerichtet. Damit ist Bestimmtheit gleichzeitig offen für etwas, was nicht Gegenstand herkömmlicher Vorstellungen ist. Dass sie dabei eine bestimmte Gestalt anstrebt, ist nicht die Folge davon, dass sie gewissermassen rückwärtsgewandt einen Kampf gegen Bestehendes aufnehmen wollte, sondern davon, dass sie sich etwas wirklich zu eigen macht und das, was ihr bedeutend erscheint, in einer vorwärtsgewandten Bewegung verfolgen will.[426]

Bestimmtheit zu entwickeln stellt deswegen eine so grosse Herausforderung an den Einzelnen dar (mit dem Ergebnis, dass viele Menschen einer solchen Herausforderung ausweichen), weil auch das, was sie geltend macht, wie wissenschaftliche Hypothesen in Bezug auf die vorgefundene *materielle* Welt nur auf Zusehen hin gelten kann bzw. nicht für sich den Anspruch erheben kann, in *Gewissheit* zu führen. Wer sich bestimmt auf einen Inhalt bezieht, muss dies tun – und tut dies wirklich –, *ohne dass er Gewähr dafür hätte, dass er auf dem richtigen Wege sei.* Macht zu folgen ist einfacher, weil man sich in einem solchen Verhältnis im Glauben wähnen kann, auf der «richtigen» Seite zu stehen (weil das die Macht ja von sich behauptet). Keine Bestimmtheit zu entwickeln auf der anderen Seite bewahrt einen davor, in die Irre zu gehen; einfach, weil man für nichts steht. Bestimmtheit dagegen erwächst aus einem grossen *Obwohl*: Sie ist bestimmt im Bewusstsein dafür, dass sie keine Garantie dafür abgeben kann, dass bedeutend oder gar «richtig» sei, was sie verfolgt: – Sie verfolgt es aber *dennoch*. Ihre Motivation entsteht dabei aus dem Erlebnis, dass ihr das, wofür sie einsteht, als *Inhalt* würdig erscheint.

Wie man leicht ermessen kann, mag Bestimmtheit unter diesen Umständen schnell der Versuchung erliegen, gewissermassen als Kompensation für ihre unsichere Stellung ihrem Inhalt via künstlerische Überheblichkeit, via Gurugehabe oder via die Bildung von «Schulen» eben doch übermässige Bedeutung zuzuschreiben und am Ende doch absolut zu setzen, womit sie ihrerseits Züge von Machtausübung zu entwickeln begänne. *Bestimmtheit zu entwickeln und gleichzeitig einer solchen Versuchung zu widerstehen, stellt also die grösste Herausforderung an die Integrität jener Menschen dar, welche den Weg der Bestimmtheit gehen:* Sie müssen das Paradox, dass sie auf der einen Seite etwas ihnen wichtig Erscheinendes in ihrem Dasein über alles stellen, dabei aber immer der Tatsache bewusst bleiben müssen, dass sie kein wie auch immer geartetes Allwissen für sich beanspruchen können, auf sich nehmen.[427] Unbestimmtheit und Macht sind einer solchen Herausforderung nicht gewachsen: Unbestimmtheit nicht, weil sie nichts wagt, Macht nicht, weil sie nicht ertragen kann, dass sie keine Gewissheit herstellen kann.

Gegen Macht und ihre Auswüchse gehalten ist es dabei zunächst gar nicht der Inhalt, der im Vordergrund steht, sondern die *Ernsthaftigkeit*, mit der sich Bestimmtheit eines Inhalts annimmt. Bestimmtheit ist nicht von der Vorstellung getragen, sich mit ihrem Inhalt in den Vordergrund zu spielen, sondern davon, dass sich ein bestimmter Mensch einem Inhalt ganz widmet, ihn sich zu eigen macht und ihn Wirklichkeit werden lassen will. Die Botschaft seines Tuns ist dabei nicht, dass sich andere Menschen nun ebenfalls *diesen* Inhalt zu eigen machen sollen, weil er so bestimmt das Handeln eines Menschen leitet, sondern sie sollen ebenfalls *den Weg des Ernstes* gehen. Jeder Mensch soll *seinen* Inhalt bzw. das, was ihm bedeutungsvoll erscheint, verfolgen – für alle anderen Menschen wird er aber nicht wegen des von ihm verfolgten Inhalts zum Vorbild, sondern wegen der dabei in Erscheinung tretenden Bestimmtheit.

Daraus mögen in der Folge Begegnungen erwachsen, im Rahmen welcher verschiedene Sichtweisen aufeinandertreffen. Und aus ihnen mögen sich dann Präzisierungen oder Korrekturen ergeben, insofern in der einen Sichtweise zum Beispiel etwas Gestalt annehmen mag, was in einer anderen zu wenig Beachtung gefunden hat. Auf diese Weise besteht das Ergebnis der Begegnung darin, dass aus ihr *vollständigere* Interpretationen der vorgefundenen Welt Wirklichkeit werden. Umgekehrt nimmt in solchen aber auch die *Vielfalt* der möglichen Auffassungen der vorgefundenen Welt Gestalt an. Weil der Mensch die *materielle*

Welt ja nicht zu Ende erkennen kann, ist es auch *wertvoll*, dass verschiedene Sichtweisen entwickelt werden, weil – wenn überhaupt – die Welt nur via Vielfalt erkannt werden kann.[428]

Unter diesen Umständen muss man sagen, dass es einer Gesellschaft ein schlechtes Zeugnis ausstellt, wenn in ihr Bestimmtheit verdächtig erscheint oder sie eine solche sogar nach allen Kräften zu verhindern versucht, zum Beispiel wenn sie Menschen, die Bestimmtheit zeigen, verächtlich macht. In Tat und Wahrheit stellt Bestimmtheit von Menschen ein Gegengift gegen Macht dar: Menschen richten ihr Leben an etwas aus, ohne andere Menschen daran zu hindern, auf ihre Weise einen gleichen Schritt zu gehen. So wird die Wahrnehmung der Welt auf der einen Seite vielfältig und Menschen werden auf der anderen Seite davor bewahrt, sich in Vorstellungen, wie sie Macht als absolut erklärt, zu verrennen und zu verlieren. Die Welt wird so als vielfältige Welt interessant und lebenswert.

Anmerkungen

1   Im folgenden Text ist immer abstrakt von Macht an sich die Rede, ohne Bezug zu im Einzelnen genannten Machthabern oder Machtsystemen. Selbstverständlich ist er aber unter dem Eindruck jenes Missbrauchs von Macht entstanden, welcher die letzten Jahre geprägt hat: etwa des Krieges in der Ukraine auf der einen Seite oder der Verwirrungen der Zeit der Coronavirus-Pandemie auf der anderen Seite. Und dazu treten all jene unzähligen Formen von Missbrauch von Macht, die den Alltag prägen.

2   Zum Beispiel macht sie sich in gewissen Ausprägungen ausgesprochen oder unausgesprochen zum Ziel, die «Weltherrschaft» zu erlangen – was für ein lächerliches Ziel angesichts der Tatsache, dass sie so die Herrschaft über Milliarden von verschiedenen Menschen und die nicht bezifferbare Vielfalt der vorgefundenen Welt erreichen müsste.

3   Dass das der Fall ist, mag man sogar wissen – sie hat aber Erfolg jetzt gerade über einen selbst, insofern, als sie einen zum Opfer machen kann, und so löscht ein Wissen das andere aus.

4   Solchen Emanzipationsvorstellungen geht nach Martin Mosimann, *Emanzipation ernst genommen*.

5   Dazu reicht schon aus, dass er meint, sich sogenannten *Tatsachen* zu fügen. Vgl. dazu Martin Mosimann, *Emanzipation ernst genommen*, 6.

6   Die furchtbare Rolle, die in diesem Zusammenhang die Schule und selbst eine Bildung, die sich gern «höher» nennt, zu spielen versucht ist, zeigt der bekannte Roman *Professor Unrat* von Heinrich Mann. Er mag expressionistisch überspitzt wirken, legt aber eben damit auch schonungslos offen, wie Macht funktioniert.

7   Ihre Wesenszüge hat beispielgebend Hannah Arendt herausgearbeitet, in *Elemente und Ursprünge totaler Herrschaft*, vor allem in Teil III, *Totale Herrschaft*, und Ian Kershaw hat ebenso beispielgebend dargestellt, wie sich Macht in bestimmenden Persönlichkeiten implementiert, zum Beispiel in *Personality and Power*.

8   Da hat es Gott leichter gehabt: Er hat beschlossen, die Welt zu schaffen, und er hat sie geschaffen; ganz ohne Zweifel daran, ob sein Plan je Wirklichkeit werden würde oder die geschaffene Welt ihm dann gelungen sei.

9   Gott in seiner Eigenschaft als Schöpfer auf der einen Seite und eine junge Frau etwa, die sich mit zwei kleinen Kindern, einem davon in einem Kinderwagen, dazu anschickt, aus einem

Zug zu steigen, auf der anderen Seite unterscheiden sich darin fundamental von Machtausübenden, obwohl sie ja je ebenfalls Grosses in Angriff genommen haben oder nehmen. Gott scheint kein grosses Aufhebens davon gemacht zu haben, die Welt geschaffen zu haben – das haben erst die Theologen getan –, und die junge Frau tut einfach, was im Moment geboten ist, ohne sich darüber Rechenschaft zu geben, dass sie Grosses, Schwieriges, fast unmöglich Erscheinendes zu tun sich anschickt (und kaum jemand wird der Tatsache gewahr, dass sie Grosses tut).
Im Zusammenhang mit dem Gesagten erkennt man auch, wieso Vertreter und Vertreterinnen von Macht immer wieder dabei ertappt werden, sich Doktorgrade erschlichen zu haben. Eine Dissertation zu verfassen stellt einen Akt erstens langwieriger Arbeit dar, ist zweitens von Unsicherheit geprägt, und in ihr stehen nicht der Verfasser oder die Verfasserin, sondern das, was die Dissertation ergründen will, im Mittelpunkt. Macht hat aber allein den Effekt im Auge, sich mit einem Doktorgrad schmücken zu können. Indem sie plagiiert, statt sich auf eigenes Forschen einzulassen, erreicht sie dieses Ziel offensichtlich viel schneller. Das erscheint ihr nicht irgendwie unmoralisch, sondern perfekt auf ihre Ziele ausgerichtet.

10 Dinge entstehen nach und nach, wachsen, werden von einem Schöpfer oder einer Schöpferin, in einem mühevollen und stets unsicheren Gestaltungsprozess erschaffen: Jemand erlernt etwas oder erwirbt sich eine Fähigkeit, nach Überwindung allenfalls von Zweifeln und Fehlschlägen und in mühevoller Arbeit. Dann ist etwas da, was vorher nicht da gewesen ist, oder jemand ist nach und nach zu etwas fähig, wozu er oder sie vorher nicht fähig gewesen ist. Jemand ersehnt sich etwas, was nicht da ist, oder ersinnt gar etwas, was es nicht gibt – indem er es sich ersehnt oder ersinnt, nimmt es erst Gestalt an. Ein Mensch sehnt sich nach Wertschätzung und Würde, danach, mehr zu sein als ein Klümpchen Fleisch oder Staub. Jemand setzt sich ein Ziel und setzt alles daran, dieses Ziel Wirklichkeit werden zu lassen. Ein Mensch möchte leben, wünscht sich etwas, liebt etwas. So greift er in die vorgefundene Welt ein. Damit muss er sein Leben gleichzeitig in eine Unbestimmtheit hinein leben, die er nicht ergründen und am Ende nicht ganz beeinflussen kann. In einer solchen Beziehungsfähigkeit liegt die Würde des Menschen, aber auch seine Verletzlichkeit: Dass er erreicht, was er sich ersehnt und erschaffen will, ist durch und durch ungewiss. Das hindert ihn aber nicht daran, sich immer weiter auf das auszurichten, was er sich ersehnt.

11 Es ist kein Zufall, dass grosse Machthaber oft zunächst gern Künstler gewesen wären (den schwierigen Werdegang von Künstlern aber nicht auf sich zu nehmen gewagt haben) oder sich auf dem Höhepunkt ihrer Macht auf erpresserische Weise als solche haben feiern lassen, ohne dass sie etwas geschaffen hätten.

12 In einer solchen Ankündigung ist immer die Vorstellung miteingeschlossen, dass man Kriege *gewinnt*. Das ist aber ja oft nicht der Fall.

13 Nicht zuletzt die Pandemiezeit hat eben das gezeigt. Machthaber aller Art haben dem Virus wortmächtig den «Krieg erklärt», haben versprochen, nicht aufzugeben, bevor sie das Virus ausgerottet hätten, und haben erfolglos Massnahmen um Massnahmen ergriffen. Damit hat sich Macht freilich an der Tatsache gestossen, dass ein Virus bis zu einem gewissen Grad macht, was es will. An diesem Punkt hat Macht stattdessen den Kampf gegen jene Kräfte aufgenommen, welche ihr Vorgehen kritisiert oder gar die Berechtigung ihres Vorgehens kritisiert haben. *Das* nun ist überaus erfolgreich gewesen. In ähnlicher Weise verhält es sich mit anderen «Kriegen», tatsächlichen und metaphorischen. Afghanistan ist nicht befriedet worden (und die afghanischen Frauen sind im Stich gelassen worden), der «Krieg gegen Drogen» hat zu keinem Ergebnis geführt, und die klassenlose Gesellschaft ist nie erreicht worden. Am Ende haben sich die, welche solche Kriege ausgerufen haben, einfach davongestohlen oder neuen Gebieten, in denen sie ihre angebliche Macht beweisen konnten, zugewandt.

14 Bevölkerungen, die so erzogen worden sind, lassen sich in der Folge kaum reformieren, weil von ihnen alles, was nicht einen absoluten Anspruch erhebt, gemäss der gleichen Zweiwertigkeit als «schwach» aufgefasst wird. So kann sich keine pluralistische Gesellschaft etablieren, was zum Beispiel zum Scheitern von «Perestroika» und «Glasnost» geführt hat.

15 Indem sie – als Religion oder Staatsideologie – «falsche» Meinungen verketzert.

16 Vgl. dazu die ausgezeichnete politologische Studie von Bruno S. Frey und Oliver Zimmer *mehr demokratie wagen*.

17 Gegen etwas, was sich (im Grossen) als eine «Ordnung» präsentiert, die (angeblich allein) «vernünftig» ist, (angeblich allein) das Gut der grossen Menge im Auge hat, (angeblich) etwas Grossem wie dem Weltklima dient oder am Ende (wie das in den letzten Jahren beliebt geworden ist) als (angeblich) «alternativlos» dargestellt wird, kann man doch, wie es scheint, nicht ernsthaft Widerstand leisten. Das Gleiche gilt (im Kleinen) im Hinblick auf Bezugspersonen, etwa Mütter, die angeblich *nur* das Gute für andere im Auge haben – wie könnte man sich einem solchen Wunsch entgegenstellen?

18 Sie unterstellt dabei immer, dass das, was *ihr* entgegentritt, *an sich* verfehlt sei. Schon indem sie solche Formulierungen selbst gebraucht, erweckt sie den Eindruck, dass allein *sie* und ihre Ziele geboten seien.

19 Aus diesem Grunde sei es auch *vernünftig*, sich in die bestehenden *Tatsachen* zu schicken.

20 So ist es kein Zufall, dass totalitäre Systeme wie etwa das der Sowjetunion Widersacher in psychiatrische Anstalten einzuweisen versucht haben. Und auch viele Menschen in sogenannten freien Gesellschaften sind auf der Stelle dazu bereit, Verhaltensweisen zu verurteilen, wenn sie von Meinungsführern als «unvernünftig» beschrieben werden – als ob es (ausserhalb der *formalen* Bereiche etwa der Mathematik oder der Logik) eine *an sich* bestehende, perspektivlose Vernunft geben könnte.

21 So hat eine Machtinszenierung, die zwölf Jahre gedauert hat, sich als «Tausendjähriges Reich» dargestellt und sogar behauptet, es sei gut und gerne möglich, dass ihre Ordnung der Dinge zehntausend Jahre gelten werde.

22 Dabei muss immer betont werden, dass es keine «Ordnung» an sich geben kann. Der Begriff selbst scheint zwar genau das zu implizieren (eine «Ordnung», die nicht in jeder Hinsicht eine Ordnung wäre, scheint sich selbst zu widersprechen). Das ist aber ein Fehlschluss. «Ordnungen» können nichts anderes sein als Ordnungen in Bezug auf einen Gesichtspunkt, der ihrem Ordnungsversuch die Richtung gibt. Vgl. dazu Martin Mosimann, *Das Paradox der Ordnung*. – Wer das nicht fassen kann, soll einmal versuchen, seinen Bücherschrank in eine Ordnung *an sich* zu bringen.

23 Das ist aber ein erschreckend banaler Fehlschluss, dem Opfer nur deswegen aufsitzen, weil es die Tatsache ihres Ausgeliefertseins ist, die ihr Denken gefangen nimmt. Grundsätzlich verhält es sich in der empirischen Welt ja so (Machtausübung macht davon keine Ausnahme): Aus der Tatsache, dass jetzt etwas gilt, folgt nicht, dass das immer der Fall sei. Und ein Blick in die Geschichte würde ja auch auf der Stelle zeigen, dass *alle* Mächte so zu argumentieren versucht haben. Aber im Moment des Bedrohtseins hilft eine solche Einsicht leider kaum.

24 Zum Beispiel die beiden Dramen *König Ödipus* und *Antigone* von Sophokles.

25 Selbst die plumpsten Formen von Machtmissbrauch, die man auf der Basis einerseits der Kenntnis solcher Zeugnisse wie auch andererseits auf der Basis geschichtlichen Wissens um Machtmissbrauch etwa moderner Diktaturen auf der Stelle als solche erkennen können müsste, werden oft nicht wirklich durchschaut. Offensichtlich fällt es auch vielen Opfern von Machtmissbrauch schwer, die bekannten Muster in dem Machtmissbrauch, den sie selbst erleben, wiederzuerkennen. Dazu trägt das immer wieder vorgebrachte, ebenso plumpe Argument bei, dass dieses Mal alles anders sei. Aber selbstverständlich fügt sich auch dieses Argument in das bekannte Muster ein: Jede Form des Machtmissbrauches hat sich dessen bedient und es wieder und wieder vorgebracht.

26 Das ist spätestens dann der Fall, wenn sie flächendeckend bestimmen will, wie sich Menschen zu ihrem Leben *einstellen* sollen, wenn sie also Zugriff auf deren *Intentionalität* nimmt. Auch in Bezug auf diese mag sie, etwa indem sie Angst sät, anfängliche Erfolge verzeichnen. Der unendlichen Reichhaltigkeit dessen, was Menschen denken, fühlen und sich zu eigen machen können, ist sie aber auf die Länge nicht gewachsen.

27 Wie dies im Zusammenhang mit den Nürnberger Prozessen der Fall gewesen ist. In diesen sind freilich nur ganz wenige Verbrecher zur Verantwortung gezogen worden – Tausende von Schuldigen, darunter auch Richter, Ärzte, Hochschulprofessoren, Lehrer konnten sich der Verantwortung entziehen und sich gleich wieder in ihren Stellungen etablieren, wie man weiss. Und jene Hunderttausende von Menschen, die noch auf Jahre hinaus in Umfragen geltend gemacht haben, dass Hitler «nicht alles falsch» gemacht habe, sind nie dazu gezwungen worden, sich selbst in die Augen zu sehen.

28 Ein grossartiges Bild dafür findet Alfred Andersch in seinem (wenigstens als Schullektüre verbreiteten) Roman *Sansibar oder der letzte Grund*. Angesichts der Holzplastik *Lesender Klosterschüler* entwickelt ein ehemaliger kommunistischer Parteifunktionär plötzlich die Vorstellung, dass der in der Plastik verkörperte Klosterschüler seinen Finger auf eine bestimmte Textstelle lege und sich sage: «[...] das ist nicht wahr. Das glaube ich nicht» (S. 43). Es ist diese Vorstellung, welche den Funktionär plötzlich ahnen lässt, dass auch angeblich alles erklärende Systeme in die Irre gehen können und der Einzelne nicht nur erkennen könne, dass das der Fall ist, sondern auch eigene Gedanken ins Spiel bringen kann (und darf und muss) – und so ebenfalls Bedeutung hat.

29 Oder einer Art Ausbluten einer Dynastie, die sich Macht anmasst.

30 Eingang in die Darstellung in Schulbüchern und Massenmedien nimmt gewöhnlich nur die eine Hälfte der Geschichte: die Ablösung einer sich verfehlenden Macht. Der zweite Teil der Geschichte wäre aber ebenfalls interessant: Er würde zeigen, was *dann* passiert und wie sich eine neue Gesellschaft strukturiert. Dieser Teil wird aber kaum je erzählt, weil er allenfalls offenbar machen würde, dass sich schnell neue Machtstrukturen etablieren.

31 Im Gegensatz zur *formalen* und damit gleichzeitig inhaltsleeren Welt der Mathematik und Logik.

32 Die Kategorie des «Logischen» kann nur in *formalen* Zugängen zur Welt, also denen von Mathematik und Logik, Platz haben. Naturwissenschaften erweisen sich als «logisch» höchstens darin, dass sie ihre Hypothesen (auf der Basis von Logik) *methodisch* untersuchen (was etwas ganz anderes ist). Hypothesen selbst kann man nicht auf logischem Weg finden – man kann sie nur in einem zweiten Schritt in einer logisch korrekten Weise weiterbearbeiten.

33 Viele Naturwissenschaftler glauben so etwas vielleicht auch selbst. Dabei geben sie sich aber nicht Rechenschaft darüber, dass sie zu grossen Teilen – in der Terminologie von Thomas Kuhn – «Normalwissenschaftler» sind, es also verstehen, standardisierte Erkenntnisse zu reproduzieren, die in Lehr- und Schulbüchern als die richtigen dargestellt werden. Sie treten der vorgefundenen Welt nicht direkt gegenüber, sondern wenden einfach geltende Methoden an.

34 So kann sie zum Beispiel allenfalls bestimmen, was die *Wirkung* eines Heilmittels ist. Was aber dessen Nebenwirkungen sind, kann sie – angesichts der unendlichen Möglichkeiten, die sich im Rahmen einer solchen Frage eröffnen – nicht sagen. Sie kann allenfalls bestimmte Untersuchungen anstellen, kann aber nie wissen, ob sie nicht etwas übersehen hat.

35 Vgl. Christian Morgenstern, *Die unmögliche Tatsache*, in: *Palmström*.

36 Eine solche Erkenntnis ist nicht das Ergebnis von Wissenschaftsskepsis, wie man unterstellen mag, sondern vielmehr der Einsicht in die Natur des wissenschaftlichen Zugangs zur vorgefundenen Welt. Die Basis von Skepsis stellt ja genau das dar, was sie bestreitet: Sie macht geltend, dass es menschlichem Bemühen gänzlich verwehrt sei, die vorgefundene Welt zu ergründen. Dabei setzt sie aber immer weiter voraus, dass es *eine* (einzig richtige) Ordnung der Dinge gebe, sie aber nie erreicht werden könne. Moderne Naturwissenschaften setzen sich aber etwas anderes zum Ziel: Ohne den Anspruch, je ein Ganzes zu erschliessen, versucht sie nach und nach etwas von der vorgefundenen Welt zu verstehen.

37 Die Tatsache, dass man das – unter dem Einfluss einer Politik, welche nicht verstand, wie wirkliche Naturwissenschaften funktionieren, unter dem Einfluss von Karrieremachern und einer dominierenden Wirtschaft – nicht gemacht hat, hat dazu beigetragen, dass zum Beispiel in der Pandemiezeit kaum wirklicher Erkenntnisfortschritt stattgefunden hat: Fortschritt im Bereich der empirischen Wissenschaften basiert auf dem Akzeptieren von Scheitern.

38 Leider ist die Klimabewegung in Gefahr, genau dies zu tun. Sie gibt vor, genaue Ziele zu haben («das Klima zu retten») – solche bewegenden Beschreibungen ihres Ziels können aber nicht darüber hinwegtäuschen, dass es nicht einfach Tatsachen sind, welche das Handeln der Menschen bestimmen müssen, sondern verantwortliche Entscheidungen. Es gibt (wie – wieder – ein nicht überwundener Platonismus suggeriert) weder ein «richtiges» Klima (wann wäre das der Fall gewesen? und wie begründete man die Wahl eines Zeitpunktes?), noch gibt es einfach «Natur» *an sich* – zu einer nicht vom Menschen beeinflussten Natur gehören im Übrigen auch jene Katastrophen, welche zum Untergang der Dinosaurier geführt hat, furchtbare Dinge wie Spontanaborte oder Viren, Hochwasser und Erdbeben. Gefordert ist vielmehr ein *verantworteter* Umgang mit der Natur. Dabei handelt es sich aber erstens um einen *ethischen* Zugang zu einer Herausforderung, und insofern, als das der Fall sein kann, sind in Bezug auf diesen Auseinandersetzungen und verschiedene Wertsetzungen möglich. Ohne dass man irgendwo Gewissheit finden würde, muss man verantwortete Grenzen ziehen. Das stellt eine ganz andere Herausforderung dar als die Forderung eines pubertären Mädchens, man müsse endlich etwas fürs Klima tun, man müsse in «Panik geraten» und auf der Stelle handeln, ohne sich in Nachdenken zu verlieren.

39 Bei einer solchen Erkenntnis handelt es sich, wie man zu betonen nicht müde werden darf, nicht um eine moralisierende Erkenntnis, die in die Behauptung menschlicher Schwachheit münden würde, sondern um eine rein epistemologische Einsicht. Aus ihr geht auch nicht hervor, dass sich der Mensch irgendwie mit seinen schwachen Möglichkeiten «bescheiden» müsse: Es geht aus ihr stattdessen die klare Erkenntnis hervor, dass es schwierig ist, Wissen zu gewinnen, und der Mensch deswegen all seinen Scharfsinn aufwenden muss, um gehaltreiche Ergebnisse zu gewinnen. (Dazu gehört auch, dass er sich im Klaren darüber sein muss, wo seine Grenzen liegen.)

40 In nichts wird das hier zur Diskussion gestellte Problem so deutlich wie ausgerechnet im Frontispiz jenes philosophischen Werkes, das die modernen empirischen Wissenschaften gewissermassen einläutet: dem *Neuen Organon* von Francis Bacon. Es zeigt Segelschiffe, die mit geblähten Segeln den (ja gut erforschten) Mittelmeerraum verlassen und das Meer jenseits der Säulen des Herakles erobern wollen. Gewiss sind sie alle für eine Seereise nach menschlichem Ermessen gut ausgerüstet (das mag für die erste Fragestellung stehen). Das weite Meer (ein Bild für einen Möglichkeitsraum) vor ihnen gibt aber keine Hinweise darauf, in welche Richtung sie segeln sollen, welcher Kurs mit anderen Worten erfolgversprechend ist (das entspricht der zweiten Fragestellung). Dabei darf man sich nicht dadurch irre machen lassen, dass – um im Bild zu bleiben – gewisse Schiffe faktisch, wie sich später herausgestellt hat, tatsächlich zum Beispiel Kontinente entdeckt haben. Das mag der Fall sein, hat seine Wurzeln aber gewiss nicht in durch die vorgefundene Welt gegebenen Hinweisen, sondern in der Tatsache, dass aus einer grossen Menge gewissermassen von Versuchen einige wenige zu einem Erfolg geführt haben. Im Nachhinein zählt man dann einfach nur die *Versuche*, die ein günstiges Ergebnis gehabt haben.

41 Dabei handelt es sich nicht, wie man meinen mag, um eine «fromme Hoffnung» von Macht Unterworfenen, sondern um eine epistemologische Tatsache. Der einzelne Macht Unterworfene mag das nicht selbst erleben, weil Macht ihn zerstören kann, bevor ihr Versagen zu Tage tritt, und das ja oft auch tut, aber dieser Tatsache selbst kann Macht nicht Herr werden.

42 Nicht zufällig nimmt eine solche Fehlauffassung auch in einem unreflektierten Gerede um «Künstliche Intelligenz» Gestalt an. Wenn *dereinst* genügend Rechenleistung zur Verfügung stehe und die Programmierung zur Vollendung gekommen sei – so die Behauptung –, werde «Künstliche Intelligenz» alle Fragen endgültig lösen. Eine solche Phantasie – die ja mit der Machtidee verschwägert ist – nimmt ebenfalls nicht zur Kenntnis, was für einen Charakter die Fragen haben, die sich dem Menschen stellen. Etwas Beerensuchenmüssen würde da abhelfen. Siehe unten.

43 Damit reiht sich die Vorstellung der Macht in die Reihe jener Begriffe ein, die gewissermassen durch sich selbst suggerieren, dass ihnen, allein weil es die Vorstellung von ihnen gibt, auch etwas entsprechen müsse – wie etwa «Glück» oder (absolute) «Ordnung».

44 Damit ist man nicht zu einem Ende gekommen, sondern es stellt sich nun die Frage, wie sich der Mensch zu einem solchen Befund *einstellen* soll. Solange er sich in dem Glauben wähnt, alle Fragestellungen könnten zu einer gewissen Lösung führen, verirrt er sich auf einer gewiss zu keinen Ergebnissen führenden Suche und kann diesen ganz anderen Schritt nicht vornehmen.

45 In Statistiken – wie es scheint, mathematischen, also nicht irgendwie beliebig beeinflussbaren Gebilden – verbergen sich in Wirklichkeit Definitionen in Form der Anfangsbedingungen, bei denen sie einsetzen. Diese haben selbst keinen unbezweifelbaren Charakter.

46 So kann sich ein Machthaber «Grosser Führer» der Nation nennen, auch wenn er sich ein Amt nur erschlichen hat. Und er kann auch, indem er seine Machtmittel einsetzt, Falschzählungen bei Wahlen durchsetzen.

47 Schon sich «Grösster Führer aller Zeiten» zu nennen oder sich als unfehlbar zu erklären ist nicht verfehlt, weil man in Bezug auf die Zukunft keine Aussagen machen kann, die unstreitig gewiss wären. – Freilich mag es faktisch gefährlich sein, Macht zu widersprechen, wie die bekannte Fabel vom Wolf und dem Lamm zeigt. Wie immer muss man aber hier unterscheiden zwischen Macht in Bezug auf die vorgefundene Welt und faktischer Macht über Menschen. Der Wolf mag dem Lamm, das unter ihm aus einem Bach trinkt, vorwerfen, sein Wasser zu trüben, was natürlich empirisch und (in der Welt, so wie sie sich nun einmal zeigt) faktisch unsinnig ist. Er kann das Lamm aber fressen, weil er physisch stärker ist. Macht mag Menschen vernichten können, die zeigen, dass ihre Behauptungen in Bezug auf die vorgefundene Welt in die Irre gehen. Macht kann aber selbst nicht Unmögliches möglich machen. Machthabern selbst mag ein solcher Unterschied egal sein, weil für sie nur zählt, was sie faktisch durch Ausübung von Macht über Menschen *erreichen* können – eine genaue Betrachtung der Wirkungsweise ihrer Machtausübung mag dann aber zeigen, dass diese über vorliegende Sachverhalte nicht frei verfügen kann und sich, insofern, als das der Fall ist, am Ende als wirkungslos erweist. Wenn Machthaber dennoch von gewissen Menschen bewundert werden, so muss man festhalten, dass sie allein deren «Durchsetzungskraft» (oder wie auch immer man ihre Fähigkeit, sich Menschen botmässig zu machen, euphemistisch umschreiben mag) bewundern, nicht eine irgendwie überlegene Fähigkeit.

48 Sie kann zum Beispiel nicht die höchste natürliche Zahl bestimmen. Und Gott in seiner Allmacht müsste an der Aufgabe verzweifeln (dieses listige Beispiel stammt aus dem Mittelalter), einen Stein so riesengross zu schaffen, dass er nicht darüber springen könnte: Wenn er einen solchen Stein schaffen könnte, könnte er nicht darüber springen, wäre also nicht allmächtig; wenn er keinen solchen Stein schaffen könnte, wäre er sowieso nicht allmächtig.

49 Nach der Methode *Roma locuta, causa finita*.

50 Freilich kommt Macht auch damit nicht zurecht, wie man zeigen kann; mit dem Ergebnis, dass ein weiterer Bereich des menschlichen Lebens Macht nicht zugänglich ist. Macht reagiert auf einen solchen Befund dadurch, dass sie den Bereich, zu dem sie keinen Zugriff hat, als belanglos entwertet. Dabei gilt indessen das Umgekehrte: Macht erweist sich, insofern, als sie dazu unfähig ist, das Gebiet von Wertungen zu erschliessen, nicht als jene allumfassende Kraft, als die sie sich darstellt. «Morgen musst du mich lieben!» – der lächerliche Ausspruch des Bassa Selim aus Mozarts Singspiel *Die Entführung aus dem Serail* mag für die Angesprochene bedrohlich erscheinen. Gleichzeitig nimmt in ihm aber jene vollständige Hilflosigkeit Gestalt an, in welche Macht gegenüber menschlichen Regungen mündet: Man kann einer Frau wohl Gewalt antun, man kann ihr aber nicht befehlen, eine Regung zu entwickeln, deren Inbegriff Freiheit ist, weil das ein Widerspruch in sich selbst ist.

51 Im Hintergrund verbirgt sich ja zusätzlich das Problem, dass auch zentrale Begriffe wie der der Vernunft von paradigmatischen Vorannahmen geprägt sind. So ist zum Beispiel ein mittelalterliches «Gottesurteil» – für moderne Menschen der Inbegriff eines absurden Schlusses – von einer Zeit einmal als «vernünftig» aufgefasst worden.

52 Solche Fragestellungen werden in allen Formen von Ausbildung möglichst vermieden, oder Schüler und Schülerinnen oder Studenten und Studentinnen behelfen sich damit, dass sie herauszufinden versuchen, was der Lehrer oder die Professorin *will*. Oder dann wird sogar unterstellt, dass es solche gar nicht wirklich gibt. Ausbildungsinstitutionen verleugnen deren Existenz, weil ihr Hauptanliegen darin besteht, Schwierigkeiten mit der Bewertung der Antworten auf solche Fragestellungen und vielleicht daraus folgende Rekurse oder Eingaben von Rechtsanwälten fernzuhalten. Vom Verfasser ist in seiner Eigenschaft als Philosophielehrer zum Beispiel verlangt worden, für Antworten auf Maturfragen sogenannte Antwortskizzen zu formulieren, die dann als Massstab der Bewertung herbeigezogen werden konnten – als ob der Wert philosophischen Denkens nicht gerade darin bestehen würde, in Bezug auf Probleme zu eigenständigen Überlegungen vorzustossen. (Nicht vom Aufgabensteller vorausbedachte Gedanken mussten dann als «falsch» bezeichnet werden.) Und besonders unterwürfige Germanisten und Germanistinnen einer Partnerschule haben in furchtbarstem vorauseilendem Gehorsam sogar erwogen, Antwortskizzen zu Aufsätzen zu erstellen.

53 Nicht zufällig findet sich seine Beschreibung in einer skandinavischen philosophischen Untersuchung. Vgl. Dagfinn Føllesdal; Lars Walløe; Jon Elster: *Rationale Argumentation*, S. 190 f.

54 Und es kann – um auch einmal grosssprecherisch aufzutreten – keinen «Algorithmus» dafür geben, der zu einer endgültigen Lösung oder einem unbezweifelbaren Verfahren, mit dem man es lösen könnte, führen kann. Man mag Strategien dazu entwickeln, wie man mit einer gewissen Wahrscheinlichkeit zu einem Erfolg kommen kann – dabei handelte es sich aber nicht um eine «Lösung» des je einzelnen Problems, dem sich der je einzelne Beerensucher gegenübersieht. (Ein weiteres Alltagsbeispiel: Wenn man heiratet, kann man nicht wissen, ob man einen Partner oder Partnerin heiratet, mit dem oder der man wirklich ein Leben lang zusammenleben will – hinter der nächsten Ecke mag ein Partner oder eine Partnerin warten, welche den eigenen Wünschen viel besser entspräche. Indem man sich das vor Augen hält, mag man mit einer Verheiratung warten und mehr «Erfahrung» sammeln und weiteren potentiellen Partnern oder Partnerinnen begegnen wollen. Am Ende mag man aber niemanden finden und es bereuen, nicht bei seiner ersten Wahl geblieben zu sein.) Die Ähnlichkeiten mit einem popperschen Zugang zu empirischen Fragestellungen liegen auf der Hand. Solange man keine Beeren gefunden hat, weiss man mit Gewissheit, dass man sein Ziel nicht erreicht hat und weitersuchen muss: Man hat, wie man sagen könnte, Gewissheit, aber keinen Ertrag. Wenn man dann an einem bestimmten Ort Beeren gefunden hat, kann man sich einsagen, Erfolg zu haben, freilich ohne mit Gewissheit sagen zu können, dass man das Problem als Ganzes bewältigt hat, weil man ja allenfalls zu viel besseren Fundorten vorstossen könnte. In gleicher Weise mag man, indem man weitersucht, gewissermassen neue Hypothesen aufstellen und allenfalls zu besseren Funden vorstossen. Hier findet die Analogie freilich ein Ende, weil im Beerensuchproblem zum Ersten das Ziel vorgegeben ist (Beeren finden) und es grundsätzlich möglich ist, dieses Ziel zu erreichen, zum Zweiten eine Zeitkomponente eingebaut ist und zum Dritten mögliche Zustände in einem Gegensatzverhältnis zueinander stehen. Weitersuchen kann dazu führen, dass man am Ende seines Suchens gar kein Ergebnis vorweisen kann. Und noch einmal sei es gesagt: Das Beerensuchproblem zeichnet sich ausserdem dadurch aus, dass es sich einem *je einzelnen Menschen* stellt. *Ein bestimmter einzelner Mensch* will an einem bestimmten Tag Beeren finden. Er will nicht wissen, mit welcher Strategie grundsätzlich Menschen am ehesten Erfolg haben. Auch «moralisierende» Regeln helfen da nicht weiter: «Man muss zufrieden sein, statt nie genug haben wollen!», mögen sie sagen, einen dabei aber immer mit unbeweisbaren Vorannahmen zu Pseudolösungen führen. – Und: «Drum prüfe, wer sich ewig bindet», gibt bekanntlich Schiller in Bezug auf das Partnerproblem zu bedenken (vgl. *Das Lied von der Glocke*, V. 91). Aber wenn das auch als Gesamtregel durchaus gelten mag, braucht es im Einzelfall nicht zu stimmen: Einerseits scheitern auch Ehen zwischen Menschen, die sich «geprüft» haben, andererseits kann aus einer Verbindung von Menschen, die sich ohne weiteres Nachdenken verehelicht haben, grösstes Glück erwachsen. Wie sie vorgehen, müssen je einzelne Menschen entscheiden, wenn sie vor der Frage stehen, ob sie ihr Gegenüber heiraten wollen.

55   Es ist wichtig zu erkennen, dass es sich bei der folgenden Fragestellung nicht um ein einfaches *Optimierungsproblem* handelt, bei dem es um das Erreichen eines bestmöglichen Kompromisses geht.

56   Man kann ihn also gewissermassen nicht kaufen und gemäss einer beiliegenden Gebrauchsanweisung richtig einstellen: Eine Gebrauchsanweisung kann nur darauf hinweisen, dass man ihn so oder so einstellen kann, mit den dazugehörigen Nachteilen.

57   Ein gutes Beispiel für eine solche «Ausrichtung» bietet ein Rechtssystem, das am Prinzip *in dubio pro reo* ausgerichtet ist. Ein solches Rechtssystem ist so eingerichtet, dass es möglichst keine Fehlurteile fällt (ist also, wenn man eine solche Einstellung auf das Bild des Feuermelders

zurückbezieht, weich eingestellt), handelt sich dabei aber natürlich das Manko ein, dass es allfällige Taten nicht sühnt, wenn es keine über alle Zweifel erhabenen Gründe dafür, jemanden zu verurteilen, findet. Wie man weiss, verstehen das viele Menschen (und Politiker und Politikerinnen) nicht, wenn sie der Justiz vorwerfen, zu wenig streng zu sein. Das Bestreben, keine Unschuldigen schuldig zu sprechen, ist indessen so gewichtig, dass der damit einhergehende Makel in Kauf genommen werden muss. – Ein weiteres Beispiel für das Dilemma, in welches man angesichts des Feuermelderproblems geraten mag, bieten alle Formen von Schutzbestrebungen. Eine besorgte Mutter mag angesichts der tausendfältigen Gefahren, die ihrem Kind auf dem Schulweg drohen, ihr Kind bis zu den Pforten des Schulhauses begleiten. So mag sie es davor schützen, Opfer eines Sexualverbrechers zu werden, überfahren zu werden, verprügelt zu werden oder, als Opfer von Mobbing, in Einsamkeit getrieben zu werden. Mit einer solchen Verhaltensweise verhindert sie aber gleichzeitig, dass dem Kind gewissermassen Hände wachsen, es mit Gefahr umzugehen lernt und sich in soziale Beziehungen mit Gleichaltrigen zu begeben wagt, und das Kind mag als ewiges Mutterkind seinen Weg in die Welt nicht finden. Dabei ist es wichtig anzuerkennen, dass *beide* Gesichtspunkte ihre Berechtigung haben und so beide daraus folgenden Verhaltensweisen und Ängste auf ihre Weise «vernünftig» und auch einfühlbar sind. Und es gibt kein eindeutiges Abbruchkriterium für die Aufgabe von Besorgtheit. Wenn etwas Furchtbares passieren würde, könnte sich eine Mutter nicht auf ein objektives Kriterium berufen und so etwa sagen: «Mit elf Jahren (zum Beispiel) muss man für sich selbst einstehen können.»

58   Banale Weisheit aus dem Alltag à la «Es muss nicht alles perfekt sein, der Mensch soll auch mit nicht Perfektem zufrieden sein» vernebelt das Problem nur, weil sie sich mit ihrer Moralisiererei um die Frage drückt, wann man den Prozess der Perfektion abbrechen sollte.

59   Sie könnte höchstens unter pragmatischen Gesichtspunkten gefordert sein: Das Manuskript muss irgendwann abgegeben werden, der Musiker muss irgendwann auftreten. Pragmatische Gesichtspunkte beziehen sich auf Forderungen von ausserhalb.

60   «Der Mensch soll nicht alles wissen wollen», lautet dann allenfalls eine fromme Weisheit; freilich eine, welche der Problematik nicht Herr wird – ganz abgesehen davon, dass auch an ihr der (gar nicht demütige) Irrglaube Gestalt annimmt, dass man tatsächlich *alles* wissen könnte.

61   Wenn die Wirtschaftswissenschaften in vergleichbaren Fällen von einem «abnehmenden Grenznutzen» sprechen, so vernebeln sie, wie es oft mit solchen Begriffen der Fall ist, das wahre Problem, indem sie etwas Offenes via Begrifflichkeit in etwas Geschlossenes verwandeln. Von einem «abnehmenden Grenznutzen» könnte man nur sprechen, wenn man Übersicht über das Ganze hätte. Das ist aber in Bezug auf Perfektionsprozesse nicht der Fall. Ob weitere Perfektion nicht umgekehrt sogar einen riesigen Nutzen haben könne, kann man erst erkennen, wenn man sie durchgeführt hat: Vielleicht bringt der nächste Schritt ja einen riesigen «Nutzen» – ob das der Fall ist, kann man nicht wissen. Christoph Columbus hätte, am Tag n–1 seiner Entdeckungsreise meinen können, ein weiterer Tag seiner langen und ergebnislosen Fahrt gegen Westen könne nichts mehr erbringen. Tatsächlich aber brachte der n-te Tag die Entdeckung von Amerika mit sich. – Zu Perfektionsprozessen vgl. auch Martin Mosimann, *Das Paradox der Ordnung*, 10. Weiter denkend kommt man zu dem Schluss, dass die drei Fragestellungen nicht ineinander überführt werden können: Beerensuchen und Einstellen von Feuermeldern kann

man nicht perfektionieren. Mit dem, was man in Bezug auf Feuermelder erkannt hat, kann man weder besser Beeren suchen, noch erarbeitet man sich eine Handhabe dafür, Perfektionsprozesse abzuschliessen. Was man als Beerensucher erkannt hat, kann man weder in Bezug auf die Einstellung von Feuermeldern noch in Bezug auf die Frage, wie man Perfektionsprozesse abschliessen könnte, nutzbar machen.

62   *Normative Kraft des Faktischen* mag man das dann beschönigend nennen.

63   Dazu auch unten, Kap. 15.

64   Besonders lieben sie es, oft auch unter Missbrauch des Begriffs des Logischen, die Schlüsse, zu denen sie gelangen, als unfehlbar zu erklären, und erweisen sich dann umgekehrt nicht fähig dazu zu erwägen, dass auch Fragestellungen, die sich nicht einfach «lösen» lassen, als echte Fragestellungen gelten müssen.

65   Vgl. oben, Anm. 57.

66   Darin ist sie jenem Pseudoindividualismus gleich, der sich nur etablieren kann, wenn es ihm gelingt, von allen Anderen «gesehen» zu werden. Vgl. Martin Mosimann, *Richtiges Scheitern und falscher Erfolg*. – Aus den gleichen Überlegungen geht hervor, dass Macht auch in die Leere gehen würde, wenn es ihr gelänge, über all ihre Gegner zu triumphieren und am Ende gar all ihre Gegner zu vernichten. Sie hätte dann kein Betätigungsfeld mehr und würde sich so, indem sie ihren Angriffspunkt zerstörte, auch selbst zunichtemachen.

67   In dem Sinn, dass aus ihm hervorginge, dass der Mensch nie vergessen dürfe, angesichts der Grossartigkeit der Schöpfung immer nur ein unbedeutendes Stäubchen darzustellen.

68   Wie man weiss, gehört es zum Standardrepertoire von Machthabern zu behaupten, zu dem, was sie geltend machen, gebe es keine *Alternative*. Schon hier erkennt man, wie verfehlt eine solche Behauptung ist. Sie könnte nur gelten, wo Macht alles ist. So könnte ein Gott sagen: «Es gibt keine Alternative zu mir. Als Gott bin ich alles.» Umgekehrt versucht jemand, der das behauptet, sich gottgleich zu machen. – Und eben: Die Behauptung bestreitet, dass es *andere* Weltzugänge gebe, was in einer nicht zu Ende verstehbaren, empirischen Welt nicht der Fall sein *kann*.

69   So mag man in einem sportlichen Turnier obsiegen; nicht aber, weil man eine herausragende Leistung zeigte, sondern weil aus welchen Gründen auch immer alle wirklich Fähigen nicht starten.

70   Dessen ungeachtet werden Personen, die jetzt gerade Erfolg haben – Firmenchefs, Eishockeytrainer etc. – immer wieder etwa zu Weiterbildungsanlässen und allerlei Seminaren eingeladen; in der Absicht, dass sie dem Publikum mitteilten, wie man Erfolg hat.

71   Mangels einer solchen Erkenntnis – oder des Eingestehens, dass das der Fall ist – meinen immer wieder (gerade) erfolgreiche Menschen, *immer* erfolgreich zu sein. Und eine Öffentlichkeit, die nichts so bewundert wie Überlegenheit, fällt immer wieder auf solche Verheissungen herein. Zum Beispiel mögen Scharlatane aller Art etwa davon schwafeln, dass sie einen «Algorithmus» entwickelt hätten, der ewige Renditen garantiere – aber auch «Algorithmen» brechen sich an der grundsätzlichen Nichterkennbarkeit der Welt. Algorithmen mögen in einem *formalen* Sinn genügen – in dem Augenblick aber, da sie in Beziehung zur vorgefundenen *materiellen* Welt gesetzt werden, gelten nun die Bedingungen, welche *diese* setzt. Und diese Bedingungen bestehen unter anderem darin, dass die Welt nicht zu Ende erkannt werden kann.

72   Dazu gehört, dass sie ihr Versagen am Ende immer «moralisiert». Macht mag eine endgültig gerechte Gesellschaft versprechen – wenn sich diese nicht einstellt, mag sie jene Menschen, die bestreiten, dass eine solche tatsächlich bestehe, zum Schweigen bringen oder ihnen Undankbarkeit vorwerfen. Macht mag in ihrer Beschränkung auf Wirtschaftlichkeit Krankenhäuser wegrationalisieren – wenn dann Engpässe entstehen, macht Macht die Menschen dafür verantwortlich, dass sie die Krankenhäuser überfüllten. Macht versäumt es, die Versorgung der Bevölkerung mit Energie sicherzustellen – am Ende redet sie der Bevölkerung ein, Knappheit entstehe, weil sie zu anspruchsvoll sei und mit Energie verschwenderisch umgehe. Weil Menschen auf solche «moralisierenden» Umdeutungen immer wieder hereinfallen (schliesslich sind sie von ihrer Erziehung seit Jahrhunderten darauf geeicht worden, sich als im Grunde «schlechte Menschen» zu verstehen), mag das eine Zeit lang glücken. Statt dass Menschen geltend machen würden, dass Macht ihre Versprechungen oder gesetzlichen Aufgaben nicht erfüllt, geben sie sich selbst die Schuld an entstehenden Missständen.

73   Dies alles hat übrigens zur Folge, dass Macht darin Dummheit strukturell ähnlicher ist, als ihr lieb sein mag.

74   Das findet auch darin seinen Ausdruck, dass Macht in Machtkämpfen menschliche Gegenüber nicht wirklich ernst nimmt, sondern von allem Anfang an entwertet. Das mag dann zum Ergebnis haben, dass ihre Gegner der Versuchung erliegen, sich eine solche Totalentwertung selbst zu eigen zu machen, und so das Gefühl für ihre eigene Bedeutung verlieren. Schnell kann man erkennen, wie Macht mit der vorgefundenen Welt interagiert, wenn man untersucht, wie Machthaber mit Frauen umgehen: Sie können Frauen nicht als etwas Eigenständiges anerkennen, sondern wollen immerzu über Frauen (und selbstverständlich auch über Sexualität und schliesslich über «Liebe») verfügen. Dabei mögen sie sich mittels allerlei Verführungskünsten Frauen für sich zu gewinnen suchen – aber immer so, dass diese keine Wesen mit eigenen Bedürfnissen sein dürfen. Wenn sie es wagen sollten, solche ins Spiel zu bringen, werden sie auf der Stelle fallengelassen.

75   Dass eine solche Vielfalt überhaupt *bestehen* könnte, kann Macht nicht erfassen, weil sie, wenn sie das täte, an ihren Zielen verzweifeln müsste.

76   Man könnte zum Beispiel tatsächlich wissen, dass Macht am Ende immer gescheitert ist.

77   «Wissen» wird also so behandelt, wie Menschen, etwa Frauen, im Umkreis von Macht: Man will diese allenfalls für seine Zwecke einsetzen, aber sie sollen keinen Eigenwert geltend machen.

78 Freilich ist der Bacon zugeschriebene Satz vermutlich nicht so zu verstehen. Wenn er erklärt, Wissen sei Macht, so geht es ihm wohl eher um eine *Macht der Abwehr*. Zu Beginn der Neuzeit standen die Neuerer unter dem Druck jener «Autoritäten» (der Antike, vor allem Aristoteles und dessen Ausleger), welche den Anspruch erhoben, über eine Gesamtdeutung der Welt zu verfügen, die nicht in Frage gestellt werden konnte oder durfte. Indem man als Neuerer nun Wissen gewann, das den Behauptungen der Autoritäten widersprach, konnte man sich gegen solche Gesamtdeutungen zur Wehr zu setzen beginnen. Anmerken muss man schon hier – das ist freilich eine durch und durch banale Erkenntnis –, dass es offenbar nicht genügt zu wissen, was jemand «gesagt» hat, sondern man auch *verstehen* muss, was es bedeutet, was jemand «gesagt» hat. Vgl. unten. Angesichts der Tatsache, dass «Wissen» in einem solchen Rahmen so einseitig und so verdreht aufgefasst wird, muss man anfügen: «Wissen» kann man auch einfach aus Neugier und Interesse gewinnen wollen – so wie etwa Kinder die Welt, in der sie leben, ohne jede Anleitung allmählich verstehend zu ergreifen bestrebt sind –, ganz ohne die Vorstellung, sie sich verfügbar zu machen. Es ist in einem gewissen Sinne einfach schön, viel zu wissen, weil einen «Wissen» auf vieles lenkt und in die Vielfalt der Welt einführt.

79 Wenn man Politiker und Politikerinnen (und Informatiker und Informatikerinnen) reden hört, könnte man meinen, es gebe erst «Wissen», seit Computer existierten – dass es auf der einen Seite seit Jahrhunderten ausgezeichnete Lexika zu allen erdenklichen Themen gibt und dass man sich als gebildeter Mensch auch «Wissen» so zu eigen machen könnte, dass man über Jahrzehnte lernt und so sein Bild der Welt erweitert, entgeht ihnen, weil sie keinen Zugang zum Begriff der Bildung haben. Das hat sie aber nie daran gehindert, sich als Fachleute für «Wissen» auszugeben: Sie sind sich der Tatsache nie bewusst geworden, dass sie das, was sie gestalten wollen, gar nicht kennen. In ihrer Beschränkung haben sie angenommen, die Welt sei so, wie *sie* sie sich vorstellen – der Kardinalfehler der Unbildung.

80 Vgl. Prediger 1,18.

81 Während sich etwa mittelalterliche Gelehrte tatsächlich dem Traum hingeben konnten, mit etwas Fleiss *alles* «Wissen» erwerben und eine *Summa* verfassen zu können. Auch noch Wagner im *Faust* steht in dieser Tradition, wenn er sagt: «Zwar weiß ich viel, doch möcht' ich alles wissen» (vgl. *Faust I*, V. 601). Sein Anspruch ist nun aber hohl geworden. Wagner ist nicht mehr als ein leerer Streber.

82 Erst recht gilt das für das, was man «Künstlicher Intelligenz» zuschreibt. Im Grunde müsste man ja vor dem Angst haben, was eine «Künstliche Intelligenz» an den Tag bringen könnte: in ihrem (angeblichen) unfehlbaren Zugriff auf alles «Wissbare». *Die Ergebnisse, welche eine so verstandene «Künstliche Intelligenz» beibringen könnte (wenn man ein solches Versprechen ernst nähme), könnten ja zu einer völligen Desavouierung aller bisherigen Bemühungen um die vorgefundene Welt führen.* Es ist erstaunlich, dass dieser Gesichtspunkt nirgendwo in Erscheinung tritt, obwohl er sich doch offensichtlich aufdrängt. Natürlich ist das deswegen der Fall, weil sich diejenigen, welche so gern von «Künstlicher Intelligenz» reden, eine solche immer nur als ein effektiveres Instrument zwecks Verfügung über die Welt im Sinn nicht in Frage gestellter Ziele vorstellen und zusätzlich unfähig dazu sind, die Möglichkeit auch nur zu erwägen, dass ihre Sichtweisen als Ganze in die Irre gehen könnten.

83   Eine grosse Rolle im Zusammenhang mit einer solchen Fehlauffassung spielt die Tatsache, dass Machthaber, Politiker und Politikerinnen sowie Menschen, die sich gern auf unverrückbare Erkenntnisse der Wissenschaft berufen, nie wirklich wissenschaftlich gearbeitet haben und so gar nicht verstanden haben, was man unternimmt, wenn man sich der vorgefundenen empirischen Welt zuwendet. Eine einfache Montage von «Wissen» (worin sich ihre Arbeit schnell erschöpft) ist es dabei gewiss nicht, sondern man ergründet etwas, ohne gewiss zu sein, dass man etwas finde, und begibt sich in eine nicht voraussehbare Offenheit hinein. (Dass vor allem deutsche Politiker und Politikerinnen ohne Scham Dissertationen eingereicht haben, die zu grossen Teilen aus Abgeschriebenem bestehen, und dass ein solches Vorgehen immer mehr zu einem Kavaliersdelikt geworden ist, kann einen da nicht mehr erstaunen. In der Auffassung der Macht geht es bei einer Dissertation allein darum, sich einen akademischen Grad zu erwerben, der einem dann in der Welt weiterhilft, nicht darum, Jahre an die Ergründung eines Sachverhaltes zu verschwenden.) – Als der Verfasser im Rahmen der Beurteilung eines Lehrplans für Projektunterricht darauf aufmerksam machte, dass in diesem nur vom «Suchen von Informationen» die Rede war, kein einziges Wort aber darüber verloren wurde, dass man mit «Informationen» dann etwas «anfangen» muss, stiess seine Intervention auf völliges Unverständnis: Die Verantwortlichen – angeblich Fachkräfte für Projektunterricht an Mittelschulen – verstanden offenbar gar nicht, wovon er redete.

84   Die Zahl der Stufen des Eiffelturms (das war übrigens das erste Beispiel, anhand dessen im Rahmen eines Kurses, den der Verfasser besuchte, die Wunderbarkeit des Internets belegt wurde: tatsächlich kann man via Internet diese Zahl finden – freilich konnte der Verfasser ein solches «Wissen» dann leider nie nutzbar machen), ferner die Geburtsdaten von Ludwig van Beethoven und aller anderen berühmten Leute, dass WHO «World Health Organisation» bedeutet (nicht aber, ob diese Organisation segensreich wirkt oder einfach auf ihre Weise Macht aufbauen will), dass es einmal einen deutschen Bundeskanzler namens Kiesinger (sein Vorname lautete Kurt Georg) gegeben hat, die Tatsache, dass Einstein «gesagt» hat, dass «$E = mc^2$», dass die Formel für Wasser H_2O ist, dass der Modus ponens besagt, dass: «Wenn a dann b, und tatsächlich a, dann b» – es kommen einem nur Trivialitäten in den Sinn.

85   Dazu kommt, dass aus der Tatsache, dass es allenfalls möglich ist, alles «Wissen» der Welt in einem Datenspeicher unterzubringen, nicht folgt (wie ja immer gleich mitunterstellt wird), dass ein einzelner Mensch dann über dieses «Wissen» auch wirklich verfüge: Er muss es ja in sein Denken einbauen, er muss zudem wissen, was er schon weiss und was er nicht weiss. (Zu wissen, dass man etwas nicht weiss, ist freilich nicht möglich.) Und er muss «Wissen», das er hat, dann *anwenden*.

86   Zum Beispiel sind in Bezug auf Theologie und Religion ein Lexikon publiziert worden, welches das Thema in einer protestantischen Sehweise *(Religion in Geschichte und Gegenwart)* darstellte, und eines, das die katholische Sehweise repräsentierte *(Lexikon für Theologie und Kirche)*. Dagegen ist an sich nichts einzuwenden, solange dem Benützer klar sein kann, worin die Schwerpunkte liegen.

87   Das wird dann in der Behauptung versteckt, dass alles, was dem geltenden Dogma widerspricht, «Desinformation» darstelle. Die Frage ist aber immer, wie man ohne Zweifel erkennen könnte, dass es sich nicht auch bei «Information» (in Bezug auf die vorgefundene *materielle*

Welt) um «Desinformation» handelt. Die kleinbürgerliche Lösung dieses Problems besteht darin, von Autoritätspersonen stammende Aussagen als in jedem Falle als richtig gelten zu lassen. Wie man weiss, können aber auch Autoritätspersonen Wahrheit für ihre Aussagen einfach pachten, ohne über wirkliches Wissen zu verfügen, oder in Tat und Wahrheit auf verhüllte Weise ihre Interessen vertreten oder auch einfach lügen. Die gehobene Variante dagegen besteht darin zu behaupten, «Informationen» bezögen sich auf «Fakten» bzw. «Tatsachen» – weil ja es ja aber auch keine «Fakten» gibt, sondern nur Befunde in Bezug auf Theorien und gesetzte Massstäbe, kann eine solche Rechtfertigung natürlich ebenfalls nicht befriedigen. Siehe unten. Tatsächlich kann man Aussagen nur im Rahmen von Gesamttheorien beurteilen, und selbst dann kann es in Bezug auf «Informationen» keine Gewissheit geben, weil in Gesamttheorien ihrerseits Paradigmen Gestalt annehmen, also Systeme von Gesamtannahmen, die nicht begründet werden können, sondern einer Zeit überzeugend erscheinen. Das alles nimmt in der (freilich nie wirklich bedachten oder auch nur eingestandenen) Einsicht Gestalt an, dass Folgendes gilt: Wenn jemand sagt, *er* lüge nicht, folgt daraus gar nichts; auch eine solche Behauptung kann ja eine Lüge sein – folglich gelten auch in Bezug auf sie (von wem sie auch immer getätigt würden) Zweifel. Diese sind unauflösbar. Es gibt in Bezug auf dieses höchstens *Plausibilitäten* oder Auffassungen auf Zusehen hin. – Das muss freilich nicht Gegenstand von Verzweiflung sein. In Tat und Wahrheit befindet sich der Mensch hinsichtlich seiner Erfassung der vorgefundenen Welt einfach in einer fortgesetzten Bewegung. Er muss aber *zur Kenntnis nehmen*, dass er in einer solchen Situation steht. Vgl. zu diesem Thema auch Martin Mosimann, *Die Schwierigkeit mit dem Wissen*.

88 Was auf einem Bildschirm erscheint, ist nicht allein schon deswegen, weil es auf einem Bildschirm erscheint, richtig bzw. – um dasselbe mit einem Bild zu veranschaulichen – auf der anderen Seite sitzt nicht Gott, bzw. Computer haben keinen Zugang zu platonischen Ideen, weil es diese gar nicht geben kann. Das mögen viele Menschen grundsätzlich schon wissen – am Ende geben sie sich dann aber doch der Vorstellung hin, dass es *irgendwo*, *irgendwie* gewisses Wissen gebe.

89 Der Begriff der «Fake-News», der unter der Präsidentschaft von Donald J. Trump aufgekommen ist, hilft da nicht weiter, weil er eine Zweiwertigkeit suggeriert, die nicht am Platz ist. Selbstverständlich gibt es (behauptete) «Tatsachen», die nach bestem Wissen nicht bestehen – aus diesem Umstand folgt aber nicht, dass das, was ihnen entgegentritt, richtig sei: Es kann *ebenfalls* verfehlt sein. (Wenn man etwa bestreitet, dass der Mond aus Käse ist, folgt daraus nicht, dass die Erklärung, die man an die Stelle einer solchen Aussage stellt, gewiss ist: Man weiss dann nur, dass er *nicht* aus Käse ist.) Was nicht offensichtlich verfehlt ist, kann dennoch immer weiter allein als beste Interpretation, die im Moment verfügbar ist, also auf Zusehen hin gelten. Es kann keine Rede davon sei, dass sie gewiss sei. Immer und immer wieder muss man betonen, dass solche Aussagen nicht Zeugnisse von Wissenschaftsskepsis darstellen, sondern einfach – im Sinne Kants – Produkt einer sorgfältigen *Kritik* der Wissenschaft sind. Sie wollen herausarbeiten, was an wissenschaftlicher Erkenntnis für den Menschen möglich ist bzw. was von dem genau zu halten ist, was diese erreicht. Das ist etwas ganz anderes als Skepsis. Skepsis ist einfach pauschal und damit ungenau.

90 Immer wieder muss auf eine kleine Nebenbemerkung in Ludwig Wittgensteins Werk *Philosophische Untersuchungen* hingewiesen werden. Wittgenstein macht hier am Beispiel des Bilds «eines Boxers in einer bestimmten Kampfstellung» geltend, dass das Bild seine Interpretation nicht mitenthalte. Es kann etwa so aufgefasst werden, dass es die Tatsache darstelle, dass ein bestimmter Mensch da und da gestanden habe, oder dass in ihm zum Ausdruck komme, wie man boxen müsse, oder wie man nicht boxen dürfe usw. Vgl. Ludwig Wittgenstein, *Philosophische Untersuchungen*, Beifügung zu Nr. 22.

91   Nur um der Vollständigkeit willen muss man anfügen, dass das beschriebene banale Tatsachenmodell ja auch insofern in die Irre geht, als es auf versteckte Weise Wertungen enthält, die selbst nicht Tatsachen darstellen. Es gibt selbst im Rahmen der in einer Zeit erkennbaren Tatsachen mehr Tatsachen, als man aufnehmen könnte: Zum Beispiel mag es tatsächlich der Fall sein, dass sich Bismarck zu einem bestimmten Zeitpunkt heftig geschnäuzt hat oder ein bestimmter Grashalm (mit bestimmten Koordinaten) im Garten des Verfassers am 21. Januar 2015 um 13.35 Uhr an der Spitze gegenüber seiner Wurzel um 32 Grad gebogen war – solche Gegebenheiten stellen unstreitig Tatsachen dar, gelten aber als «unwichtig». Aber wieso? Eine solche Kategorisierung kann nur die Folge einer *Bewertung* sein, also eines Massstabes, und dieser geht nicht irgendwie zwingend aus den Tatsachen selbst hervor. Und es gibt keine Kategorisierung (etwa Nichtzufälligkeit, Beständigkeit, Folgeträchtigkeit, Bedeutung im Rahmen eines grösseren Geschehens), die nicht erneut das Ergebnis einer Wertung darstellte. Der Geograph in der Erzählung *Le Petit Prince* von Antoine de Saint-Exupéry macht geltend (S. 56), dass Blumen in Landkarten nichts zu suchen hätten, weil sie vergänglich seien. Darin zeigt sich aber nicht die Verachtung von Schönheit, wie sie ihm der kleine Prinz vorwirft, sondern eine Fehlauffassung in Bezug darauf, was man als «Tatsache» bezeichnet. Landkarten bilden sehr wohl Vergängliches ab (die Oberfläche der Erde verändert sich dauernd, wenn man seiner Beobachtung einen weiten Zeithorizont zugrunde legt). Was sie abbilden, bilden sie vielmehr auf der Basis davon ab, was eine bestimmte Sicht der Dinge für wichtig hält, was etwas ganz anderes ist. Sie sind – noch einmal – von einem Massstab bzw. von einem Paradigma geprägt.

92   Und ihrem Versuch, sich, indem sie nicht widerlegbare Behauptungen aufstellt, unkritisierbar zu machen.

93   Diesen Schritt kann «Künstliche Intelligenz» nicht gehen, weil sie den Anspruch erhebt, eine subjektlose Intelligenz *an sich* darzustellen. Eine solche gibt es aber nicht und kann es nicht geben. Wenn dagegen «Künstliche Intelligenz» im Dienst von Wünschen von Subjekten steht, handelt es sich umgekehrt nicht um eigenständige «Künstliche Intelligenz», sondern um ein Instrument menschlicher Pläne, um eine Fertigkeit, welche die des Menschen übersteigt (zum Beispiel hinsichtlich Schnelligkeit), aber selbst keine Inhalte schaffen kann. Dann ist aber jedes Aufheben um sie verfehlt – der Mensch erfindet seit jeher Instrumente, die gewissermassen seine Arme verlängern.

94   Niemand, der je eine nichttriviale *materielle* wissenschaftliche Frage bearbeitet hat, würde je sagen, dass er ein Problem «gelöst» habe. Der Grad des Verstehens bleibt gegen oben immer offen – man mag immer noch mehr verstehen.

95   Nicht einmal in Bezug darauf, ob es so etwas geben könnte, kann er Gewissheit haben.

96 Wieder aber gilt: Macht kann die Welt nicht in Besitz nehmen, aber zerstören. Vgl. oben, Kap. 3.

97 Dabei kommt es nicht auf die Hypothesen selbst an, sondern darauf, dass sie methodisch an der vorgefundenen Welt überprüft werden. Selbstverständlich gibt es interessantere und weniger interessante Hypothesen – entscheidend ist aber, was herauskommt, wenn man sie an die vorgefundene Welt anlegt.

98 Man kann das noch verschärfen: Je bestimmter, also je gehaltreicher Behauptungen sind (und so die Gefahr des Scheiterns potenzieren), desto genauer ist der Wissenszuwachs, der sich aus ihrer Überprüfung an der vorgefundenen Welt ergibt. Umgekehrt kann man Scheitern vermeiden, indem man nichts Gehaltreiches behauptet; mit dem Ergebnis, dass man fast immer oder gar immer recht hat, aber keinen Wissenszuwachs erzeugen kann: Man kann mit solchen Aussagen ja nicht, indem man scheiterte, das Wissen darüber, was nicht der Fall sein wird, vermehren. Indem man etwa etwas, was möglich ist, behauptet, hat man auf der einen Seite immer Recht, man gewinnt aber auf der anderen Seite mit einer solchen Aussage nichts. Was möglich ist, ist definitionsgemäss möglich.

99 Die Redefigur, die sie dann immer einsetzt, besteht darin zu behaupten, man dürfe nun keine Zeit mehr verlieren, sondern müsse unverzüglich *handeln*.

100 Und umgekehrt mündet eine «Wissenschaft», die sich absolut setzt, in Machtgebaren, verrät also gerade das, was Wissenschaft auszeichnet. In Erinnerung ist die Aufforderung aus der Pandemiezeit: «Follow the Science!» Aber eine Wissenschaft, die für sich in Anspruch nimmt, unbezweifelbare Wahrheiten zu produzieren, verrät sich selbst, weil sich ein solcher Anspruch an der tatsächlichen epistemischen Situation des Menschen bricht. – Das Bedürfnis, zu unverrückbaren Wahrheiten vorzustossen, mag zwar verständlich sein, es kann aber in Bezug auf die empirische Welt nicht befriedigt werden.

101 Ein solcher Prozess käme dem gleich, was man «Bildung» nennt – jene «Bildung», die in Schulausbildungen und Universitätsausbildung Gestalt annimmt, hat damit aber immer weniger zu schaffen, weil es bei dieser allein darum geht, Menschen wie Teig nach Bedürfnissen, welche gesellschaftlich gegeben sind, zu formen. – Das Gesagte gilt für kindliches Lernen zunächst nicht, weil dieses zu Beginn im Allgemeinen nicht auf schon existierende Vorstellungen und Fähigkeiten trifft, sondern leere Gefässe füllt. Freilich ändert sich das etwa mit dem Erwachen der Persönlichkeit schnell, und statt dauernd von «Reife» zu reden, zu der man Jugendliche angeblich führen wolle, müsste man sich darauf einstellen, diesen als entstehenden Persönlichkeiten zu begegnen, die, was sie zu lernen haben, mit sich selbst und dem, was in ihnen Gestalt annimmt, verbinden wollen und sollen.

102 Wie man weiss, gibt es schon im Kleinen zahlreiche Methoden, sich einem solchen Erleben mindestens durch Umdefinitionen zu entziehen: indem man Lehrer entwertet, indem man behauptet, an nichts Interesse zu haben, sondern einfach Diplome erwerben zu wollen, die man brauche, indem man in der Lernsituation auf pragmatische Weise, ohne inneren Bezug einfach das bietet, was von einem verlangt wird. – Lernenkönnen ist im Lichte des Gesagten mit Liebenkönnen zu vergleichen: Auch wer zu lieben fähig ist, kann sich auf etwas ausserhalb von ihm beziehen, in dem Sinn, dass er meint, erst Erfüllung zu finden, wenn er das Geliebte oder den geliebten Menschen erreicht, in dem Sinn ausserdem, dass er nicht gewiss sein kann, dass das der Fall sein wird. Trotz all dieser Unsicherheit ist er dazu fähig zu *wagen*, sich einer solchen Unsicherheit auszusetzen.

103 Das ist zum Beispiel im Sport der Fall: Die – meist jungen – Sportler mögen meinen, sie stünden im Mittelpunkt. In Tat und Wahrheit stellen sie nur, wenn man so will, das Rohmaterial eines Verfügens und Regelns dar. Leider gilt Ähnliches auch für Bildung: Lehrer und Lehrerinnen, Schuldirektoren und Schuldirektorinnen, Angehörige von Bildungsbehörden. endlich Bildungspolitiker und Bildungspolitikerinnen bestimmen, was Bildung angeblich umfasst: Die Bedürfnisse ihrer Untergebenen spielen dabei eine untergeordnete Rolle.

104 Vgl. unten, Kap. 10.

105 Mit den Worten Thomas Kuhns stellen solche Interpretationen *Paradigmen* dar, also ein Set von unbegründeten (und nicht begründbaren) Hintergrundannahmen.

106 Gewichtheber können sich nur in Gewichtheberwettbewerben entfalten, erweisen sich aber als Fechter unbrauchbar. Perfekt Finnisch zu sprechen nützt einem in Afghanistan nichts.

107 Ludwig van Beethoven zum Beispiel konnte nicht wissen, ob sein Versuch, eine Sinfonie durch Singstimmen und einen Schlusschor zu ergänzen, «Erfolg» haben würde. Und viele Werke von grossen Künstlern und Künstlerinnen sind ja zunächst von ihrer Zeit nicht «verstanden» worden. Das hat aber die Künstler und Künstlerinnen nicht daran gehindert, weiter ihren Weg zu gehen.

108 Dabei handelt es sich um eine Formulierung, die auf Paul Watzlawick zurückgeht. Vgl. seine *Anleitung zum Unglücklichsein,* etwa S. 27 ff.

109 Was im Folgenden dargestellt ist, gilt selbstverständlich für alle Menschen, die in einem autoritären Umfeld aufwachsen, also zum Beispiel auch für Bürger und Bürgerinnen von Staaten, in denen eine autoritäre Staatsideologie herrscht (und in denen es die soziologische Klasse der Kleinbürger nicht geben mag). Im europäischen Umfeld – in dem der Verfasser lebt – sind es aber natürlich eben vor allem die Kleinbürger, welche jenes Verhalten zeigen, das er beschreibt.

110 Obwohl doch der Kategorische Imperativ – ein universales Gebot – verbieten würde, Menschen als Gegenstände zu behandeln.

111 Vom Gesichtspunkt der Emanzipation her betrachtet ist es betrüblich, dass sie das tun, statt in jenem kleinen Rahmen, den sie noch gestalten können, ihrem Zusammenleben Achtung und Zuneigung zugrunde zu legen. Statt das zu perpetuieren, dem sie im Grossen ausgesetzt sind, könnten sie wenigstens hier von Machtgehabe Abstand nehmen. Fehlende Einsicht oder dann die Sehnsucht, doch noch etwas zu bedeuten und «jemand zu sein», hält sie freilich meistens davon ab.

112 Originellerweise immer als Inbegriff der demokratischen Freiheit beschrieben.

113 Das gelingt vielen Menschen nicht, weil die Sehnsucht, gleich zu sein wie andere, oder die Angst, ausgeschlossen zu werden, selbst gegenüber eigenen Überzeugungen siegreich ist.

114 Dass das selbst im Rahmen des Gymnasiums der Fall sein kann, hat Alfred Andersch in seiner Erzählung *Der Vater eines Mörders* gezeigt.

115 Oder dann allenfalls in der Schule unter jüngeren oder unsicheren Schülern oder Schülerinnen Opfer zu suchen, die es sich botmässig machen kann.

116 Ein solcher Gedanke ist streng zu unterscheiden von der sentimentalen Aufforderung (wie sie in moralisierenden Aussagen von angeblich rundum offenen Menschenfreunden Gestalt annimmt), dass man anderes als Quelle von Freude anerkennen *müsse*. Solche Aufforderungen stellen, entgegen ihrer angeblichen Offenheit, wieder selbst eine Form von Machtausübung dar: Niemand *muss* Freude an anderem haben. Ein Leben wäre vielmehr reichhaltiger, wenn es von einer solchen Offenheit geprägt wäre. In einer solchen Haltung würde man sich stattdessen vom engen Korsett der Überprüfung auf angeblich an sich bestehende «Richtigkeit» (und die in ihnen Gestalt annehmenden Machtvorstellungen) befreien.

117 Jemand mag, im wirklichen wie übertragenen Sinne, ein Diktat im Gegensatz zu einer mangelhaften Leistung mit «null Fehlern» bewältigen. Er ist also einer, der «besser» ist als ein anderer. Aber selbstverständlich entsteht so nicht wahre Individualität, sondern nur eine quantitative Individualität in Bezug auf *dieselbe kollektive Anforderung*.

118 Individualität muss umgekehrt (wenn sie wirklich individuell sein will) im Sinn von allgemeiner Vorstellungen *mangelhaft* sein: Sie zeichnet sich dadurch aus, dass sie eine einmalige Ansammlung von Einzigartigkeiten darstellt und damit definitionsgemäss je allgemeinen Vorstellungen *nicht genügt*. Individualität ist also, obwohl sie als etwas Einmaliges etwas Grossartiges darstellt so gesehen der Inbegriff von *Mangelhaftigkeit* und kann deswegen immer kritisiert werden, bzw. Individuen mögen sich so immer kritisieren lassen und kein Argument gegen die gegen sie gerichteten Angriffe finden, solange sie sich nicht darüber Rechenschaft geben, was der Fall ist.

119 Hier setzt eine besonders verachtenswerte Form des Machtmissbrauchs gegenüber Kleinbürgern an: Indem sie diese im Unklaren darüber lässt, was gilt, bewirkt sie, dass ihr Denken nur noch darum kreist zu erkennen, was von ihnen gefordert wird – statt dass sie sich gegen Macht aufwerfen würden. Bekanntlich dreht sich das gesamte Werk Franz Kafkas um diese Problematik.

120 Aus einer solchen Unsicherheit heraus erfolgt dann der bekannte Ruf nach dem «starken Mann».

121 Wenn man diese Dinge zu Ende denkt, versteht man auch, dass die an sich gut gemeinte Aufforderung von allerlei Trivialpsychologie, sich zu «entspannen» (oder sich gar «gehen zu

lassen»), in einem solchem Umfeld paradoxerweise Menschen erst recht ins Elend stürzen kann. Geleitet von der Kleinbürgerlebensweise kann man, ja *darf* man sich gar nicht entspannen – wenn man es täte, hörte man auf zu *sein*, weil man sich aus Forderungsbezügen loslöste und so den Boden unter den Füssen verlöre.

122 Der Begriff ist bekanntlich von Hannah Arendt im Zusammenhang mit dem Eichmann-Prozess geprägt worden.

123 Zum Begriff Ordnung und zu seinem Missbrauch vgl. Martin Mosimann, *Das Paradox der Ordnung*. – In diesen Rahmen fällt auch die kleinbürgerliche Drohung gegenüber jungen Männern mit dem Militärdienst und der Aussage, dass dieser jungen Männern ihre «Flausen» schon noch austreiben werde.

124 Man betrachte einmal ältere Fotos von Turnfesten: Sie zeigen Männer, die in Reih und Glied ihren Brustkasten (in absolut ungesunder Weise) herausstrecken und stolz darauf sind, dass sie zu solchen Verrenkungen fähig sind.

125 Die Aufforderung dagegen, mit Instrumenten zu improvisieren, ist dann für sie so bedrohlich, dass sie sie nicht nur von sich weisen, sondern Musiker, die dazu befähigt sind, manchmal auf der Stelle entwerten und ihnen vorwerfen, in Wirklichkeit einfach nichts «richtig» zu «können». – In diesem Zusammenhang mag auch die (wohl zutreffende) Feststellung gesehen werden, dass Jazz als wilde «Negermusik» in dem Augenblick salonfähig wurde, da er, in Big-Band-Form und von einem «richtigen» Dirigenten geleitet, in Erscheinung trat.

126 Erst recht kann sie alle Formen von Improvisation und damit letztlich alle Formen von künstlerischer Produktivität nicht gelten lassen.

127 So ist die Vorstellung, sich bis zu einem gewissen Grad Keimen oder Verschmutzung auszusetzen gerade mit dem Ziel, eines Abwehrsystem zu stärken, ihrem Denken ganz fremd.

128 Wie oft findet sich eine wunderbare Veranschaulichung dessen, was dabei vor sich geht, bei Karl Valentin, in seinem Dialog *Im Hutladen*. In diesem tritt ein Kunde in einem Hutladen auf, der auf die Frage der Verkäuferin, was er für eine Hutgrösse habe, antwortet, er habe *zwar* «Kopfweite» 55, suche aber einen Hut mit der Hutgrösse 60 – damit er gut sitze, wie er anfügt. Dass Standardhutgrössen eben das zum Ziel haben könnten, kann er nicht fassen – er will vielmehr *selbst* dafür sorgen, dass ein mögliches unerwünschtes Ereignis nicht eintritt, indem er, gewissermassen zur Sicherheit, eine übergrosse Hutgrösse wählt.

129 Als habe Gott den Menschen den Körper nur zu dem Zweck, sich gegen seine Versuchungen zu wenden, gegeben; womit sie auch gleich ihre Gottesvorstellung auf das Niveau ihrer Kontrollsucht ziehen.

130 Diese Argumentationsfigur bildet die Grundlage zum Beispiel der bekannten Dramen *Emilia Galotti* oder *Kabale und Liebe*.

131 Wie etwa die bekannte millsche Aussage, dass wahre Menschen lieber ein «unglücklicher Sokrates» sein wollten als ein «glückliches Schwein», zeigt. Gesucht wären aber – was ja ebenfalls möglich sein sollte – *glückliche* Sokratesse.

132 Selbstkontrolle ist ja nicht von Übel, aber sie muss einem höheren Ziel dienen. Wenn sie das tut, erhält sie insofern Gehalt, als sie es einem Menschen ermöglicht, Grosses zu gestalten.

133 Diese Frage liesse sich auch in einem religiösen Rahmen stellen: In welcher Weise etwa trägt religiöse Selbstkontrolle oder sexuelle Enthaltsamkeit zu einer wachsenden Nächstenliebe bei?

134 Niemand kann wissen, was für Anforderungen die Zukunft stellen wird, also kann niemand gewiss sein, dass eine Kontrolle, die jetzt funktionieren mag, neuen Herausforderungen gewachsen sein mag.

135 «Über das Können [im Sinne von die Möglichkeit dazu haben] hinaus ist niemand verpflichtet» (altrömischer Rechtsgrundsatz).

136 Aus dem gleichen Grund lieben schwache Menschen ja auch Gesinnungsethik: Auf ihrer Basis kann man gewissermassen fehlerlos vorgehen, während Verantwortungsethik immer den Einsatz der Persönlichkeit voraussetzt und zusätzlich keine Gewissheit dafür bieten kann, dass man richtig entscheiden kann.

137 Der Blick in den Alltag zeigt, dass Kontrolle in Form von Überkontrolle schnell einen zerstörerischen Effekt hat: etwa in Beziehungen zu anderen Menschen, ferner hinsichtlich der Entwicklung von Vertrauen in die Welt, hinsichtlich der Entwicklung von Hoffnung und hinsichtlich endlich jenes Sichgehenlassens, das es für alle Formen von körperlichen Aktivitäten und sportlichen Betätigungen *auch* braucht. Man mag zum Beispiel alle für ein grossartiges Tennisspiel notwendigen Bewegungen analysieren oder perfekte Haltungen des Klavierspiels bestimmen – am Ende sind es nur ausgezeichnete Tennisspieler und -spielerinnen wie ausgezeichnete Pianisten und Pianistinnen, welche solche Bewegungen mit (einer schlecht beschreibbaren, in einem gewissen Sinn irrationalen) Begabung verbinden können.

138 Und der Einzelne sich dann ganz aus dem Leben und ganz aus Ansprüchen, die er an das Leben stellen könnte, zurückzieht.

139 Nur wenige Menschen werden (jedenfalls wenn sie etwa Einwohner oder Einwohnerinnen von Mitteleuropa sind) ermordet oder kennen jemanden, der ermordet worden ist, kaum jemand muss erleben, dass sein Haus abbrennt, kaum jemand wird ausgeraubt – weil Massenmedien aber schreckliche Dinge aus der ganzen Welt zusammenkarren, muss man als ihr Konsument meinen, in dem Moment, da man das Haus verlasse, trete man in eine Welt voller Gefahren ein.

140 Eine gewisse Rolle im Zusammenhang mit der Entstehung von solchen Vorstellungen bieten auch Filme und allgemein Literatur: Solche Artefakte schärfen das, was sie darstellen, aus

allein darstellerischen Gründen auf Peripetien zu; nicht weil sie darin genau einen Zustand der Welt beschreiben, sondern weil sie so eine grössere Wirkung erzielen können.

141 Wenn Hannah Arendt geltend macht, dass im Einzelnen je das Leben gewissermassen neu anfängt, so macht sie nicht geltend, dass sich nun alles nach *einem* neu in die Welt tretenden Menschen richten solle, sondern dass die vorgefundene Welt durch das Neue, das mit ihm Wirklichkeit werde, bereichert werde.

142 Ihre Katastrophenseligkeit wird dann auch durch allerlei Begleitbilder gerechtfertigt. Zum Beispiel gehört es auch zum Repertoire der Kleinbürgerphilosophie, darauf hinzuweisen, dass es zu Zeiten von Krieg und Katastrophen «weniger Depressionen» gebe. In Tat und Wahrheit gibt es in solchen Situationen weniger Depressionen, weil wirkliche Katastrophen Menschlichkeit ganz auslöschen, aus Menschen also nur noch existierende Wesen machen. «Depressionen» und «Verzweiflungen» aller Art sind zwar furchtbar, stellen aber gleichzeitig eben gerade das Zeichen dafür dar, dass Menschen ganz in Erscheinung treten dürfen, also auch sich *einstellende* Wesen sein dürfen.

143 Höchstens etwa in der Nacht, in der man in einem Sportwettbewerb gesiegt hat, aber auch hier sticht vor allem eine seltsame Hilflosigkeit in die Augen: Man weiss nicht so recht, wie man jetzt feiern will: Man kann, wie es dann heisst, den Sieg «noch gar nicht einordnen», man gönnt sich eine Reihe von Bieren oder eine «Meisterzigarre», man umarmt einander unaufhörlich oder tanzt herum, aber ist darin eigenartig verloren.

144 Sportkommentatoren reden dann gern von einem «logischen» Sieger und zeigen damit, dass sie einerseits nichts von Logik verstehen und andererseits wirklich allen Ernstes meinen, andere Ergebnisse seien nicht möglich gewesen. Wenn dann entgegen allem Spielverlauf eine schlechtere Gesamtleistung, etwa mittels eines Tors in der letzten Minute, obenaus schwingt, sind sie ratlos. Sie versuchen dann entweder die Gültigkeit des Tors anzuzweifeln oder behaupten entgegen dem Resultat immer weiter, dass der «wirkliche» Sieger eigentlich die andere Mannschaft sein müsse, oder sie flüchten sich in die – billige – Moralfloskel, dass sich halt Versäumnisse bitter «rächen» müssten.

145 Die Vormoderne, etwa die Renaissancezeit mochte dagegen Machtmenschen hervorgebracht haben, die neben ihren menschenverachtenden Zielen auch grosse Ziele entwickelten und in diesem Zusammenhang unter ihrer Herrschaft grossartige Prunkbauten und Kunstwerke entstehen liessen.

146 Dazu ist es zunächst unerheblich, dass sich immer auch einzelne Menschen solchen Regeln zu entziehen versuchen: Bedeutsam ist, dass die Regeln grundsätzlich gelten. Einzelnen Verstössen kann man entgegentreten. Auch im Strassenverkehr halten sich bekanntlich nicht alle Menschen an die geltenden Regeln. Von Wichtigkeit ist aber, dass es solche Regeln gibt und sie im Allgemeinen befolgt werden.

147 Und Recht bricht Macht ja sowieso, wenn es ihr nützt, wie anzufügen kaum nötig ist.

148 Literarische Zeugnisse stellen Machthaber gern als Menschen dar, die sich an sich durchaus dessen bewusst sind, dass sie sich über ethische Forderungen stellen, aber aus Bosheit um solche nicht kümmern – tatsächlich aber erfassen Machthaber wohl nicht wirklich, wie ethische Forderungen funktionieren und drücken sie in den Staub, ähnlich wie Fussgänger, die mit jedem Schritt ohne jedes Unrechtsbewusstsein Ameisen erdrücken. Deswegen greifen wohl etwa alle schillerschen Aufforderungen à la «Geben Sie Gedankenfreiheit» (vgl. *Don Carlos*, V. 3213 f.) ins Leere: Machthaber verstehen sie ganz einfach nicht, ganz abgesehen davon, dass sie nicht ihren Interessen dienen.

149 Sie kann in diesem Zusammenhang etwa auf religiöse Gebote zurückgreifen, denen Individuen genügen wollen, ferner auf die Erziehung zu Gehorsam und Sekundärtugenden wie etwa «Pflichtgefühl».

150 Die Aussage, dass der Mensch das, was die «Natur» angeblich zeigt, nachvollziehen müsse, stellt selbst wieder eine Art von ethischer Vorstellung dar, hat also genau die Gestalt einer Forderung unter eine allgemeine Vorstellung, welche sie angeblich ablehnt. – Krude Ideen wie die genannten sind bekanntlich einerseits von Philosophen (von gewichtigen, aber auch allein dem Zeitgeist frönenden) vertreten worden, andererseits von politischen Kräften und «Führern» aller Art umgesetzt worden, und sie leben etwa im wirtschaftlichen Umfeld uneingeschränkt weiter, obwohl man wissen könnte, wie unbrauchbar, ja verheerend und menschenverachtend sie in Erscheinung getreten sind. Überdies stecken in einer solchen Argumentation natürlich, wie man erkennen könnte, wenn man sich falschen Analogien entziehen könnte, zwei Fehler: Erstens ist das ihr zugrunde liegende Bild der «Natur» nicht umfassend und zweitens bedient es sich des sogenannten Sein-Sollen-Fehlschlusses: Aus der Tatsache *allein*, dass etwas der Fall wäre, folgt nicht, dass der Mensch nachvollziehen muss, was angeblich der Fall ist. Es muss auch einen ihn verpflichtenden ethischen Grund geben, wieso er in einer gewissen Weise handeln soll.

151 In einer archaischen Zeit mag es damit sein Genügen haben, dass eine Macht stärker ist als eine andere. Später wird sie allenfalls an religiösen Vorstellungen gemessen und setzt alles daran, «gottgewollt» zu erscheinen. Und in der Moderne schliesslich muss sie sich allenfalls zuerst in Wahlen durchsetzen oder die öffentliche Meinung so beeinflussen, dass ihre Art des Eingreifens akzeptiert wird.

152 Es ist im Einzelnen nicht leicht zu bestimmen, was am Anfang steht: der Wille, Macht zu erringen, oder eine «Idee», die erst verwirklicht werden kann, wenn dies mit Macht geschieht. Wenn aber etwa ein 24-jähriger Student sagt, er strebe eine Position an, in der er *entscheiden* könne, ohne Nennung eines inhaltlichen Ziels, das er mit seinem Entscheiden Wirklichkeit werden lassen könne, oder einer Vorstellung, die sein Entscheiden leiten werde, neigt man dazu, allein das Streben nach Macht als Antrieb zu sehen. Damit korrespondiert etwa die Tatsache, dass CEOs an den Firmen, denen sie vorstehen, nicht wirklich interessiert sind (und allenfalls gar nicht verstehen, worum es in ihnen geht), sondern wahllos beispielsweise Telefongesellschaften, Firmen aus der Maschinenbranche, Krankenhäuser oder Fluglinien präsidieren können – Hauptsache, sie sind CEOs. Jugendliche Idealistinnen und Idealisten mögen freilich einfach zunächst die Folgen ihrer Forderungen nicht bedenken können oder sich nicht der Tatsache bewusst sein, dass uneingeschränkter Idealismus über mit ihm einhergehende Perfektionierungsvorstellungen immer Gefahr läuft, doktrinär zu werden, oder sie mögen nicht durchschauen, dass sie in Tat und Wahrheit, während sie meinen, wie Jeanne d'Arc die Erwachsenen anzuleiten, schon längst instrumentalisiert werden. – Wie Perfektionierungsvorstellungen zerstörerisch werden können, zeichnet nach Martin Mosimann, *Das Paradox der Ordnung*.

153 Und am widerlichen Ende solcher Bestrebungen steht dann jene Nonnengrausamkeit, die sich mit Bezug auf Gott, in Waisenhäusern oder (wie man das etwa aus Schilderungen von Zuständen in Irland kennt) Heimen für «gefallene Mädchen» das Recht genommen hat und wohl immer weiter herausnimmt, Menschen in menschenverachtender Weise «mit harter Hand» zu einem angeblich unbezweifelbaren Guten zu «erziehen».

154 Besonders wirkungsvoll ist dabei wieder die Erweckung von Ängsten vor Katastrophen. Zum einen erwecken Katastrophen oder Bilder von möglichen Katastrophen das Gefühl der Hilflosigkeit und lösen so die Bereitschaft zu bedingungsloser Gefolgschaft aus. Zum anderen scheinen in Katastrophensituationen alle ethischen Gebote über den Haufen geworfen werden zu dürfen: Angezeigt scheint nun nur das, was (angeblich) nützt. Und es ist in solchen Situationen leicht zu behaupten, es gebe keine *Alternativen* zu dem, was Macht vorschlägt: Angeblich steht einerseits keine Zeit zum Nachdenken zur Verfügung. Andererseits scheint derjenige, der *handelt*, einfach weil er handelt, Gutes zu tun. – Kein Urteil kann man darüber fällen, ob sich Macht nicht in manchen Fällen im Sinn einer inneren Beruhigung oder Rechtfertigung selbst täuschen will, indem sie vorgibt, gut handeln zu wollen. Eltern etwa mögen sich darüber täuschen, dass ihre Bestrebungen, ihr Kind vor allerlei Gefahren zu schützen, vielleicht gut gemeint ist, ihr Kind aber daran hindert, seinen Weg zu gehen. Bei Regierungen dagegen, welche ihre Untergebenen auf angeblich alternativlose gute Ziele zu verpflichten behaupten, mag, recht besehen, ganz direkt der Machtgedanke im Vordergrund stehen. Wie anders könnte jemand den Anspruch erheben, für Millionen von Menschen, die er nicht kennt und wohl nicht verstehen würde, zu bestimmen, was für sie «gut» sei?

155 *Materiell* im Gegensatz zu *formal*. – Zur Unterscheidung von *formalen* und *materiellen* Gesichtspunkten vgl. Martin Mosimann, *Das Paradox der Ordnung*. Bei *formalen* Erkenntnissen handelt es sich um inhaltslose formale Zusammenhänge, wie sie Mathematik und Logik erschliessen. Sie gelten, wie man sagen kann, in allen Welten. *Materielle* Erkenntnisse dagegen beziehen sich auf die vorgefundene empirische Welt und können wegen der Unergründlichkeit der empirischen Welt immer nur auf Zusehen hin gelten.

156 Wer etwa geltend macht, dass sein Auto auch ohne Wald fahre, er also nicht verpflichtet sei, in seinem Handeln Rücksicht auf den Wald zu nehmen, hat, so kaltschnäuzig sich sein Argument auch präsentiert, sachlich recht: Der «Wald» an sich kann keine Forderung stellen. Wohl aber kann sich der Mensch als ein zu einer Tatsache sich einstellendes Wesen zum Beispiel dazu verpflichtet fühlen, etwas, was er nicht erschaffen kann, unter allen Umständen zu erhalten.

157 Wie man mit etwas systemischem Verständnis für die vorgefundene Welt erkennen könnte. Massnahmen, die man ergreifen mag, weil sie einem sinnvoll erscheinen, haben, wenn man das Ganze überschaut, zum einen «Nebenwirkungen», die allenfalls Schäden verursachen,

oder es wären zum anderen auch andere Massnahmen denkbar gewesen (die aber natürlich ebenfalls Schäden verursachen könnten).

158 Vgl. dazu Martin Mosimann, *Das Paradox der Ordnung*. Man kann nur Ordnung schaffen, indem man etwas im Hinblick auf gewisse Massstäbe hin ordnet (das können auch verbrecherische Ziele sein). Weil sich das so verhält, ist es mit dem Anspruch, «Ordnung» zu schaffen, nicht getan. Man muss auch begründen, inwiefern die «Ordnung», indem man seinem Ordnen einen guten Massstab unterstellt, selbst gut werden kann. – Dazu kommt der (gewiss unerwünschte) Effekt, dass eine «Ordnung» in der und der Hinsicht Unordnung in einer anderen Hinsicht erzeugt. Indem man beispielsweise eine Gesellschaft daraufhin ordnet, dass alle Personen darin ein Recht auf Selbstbestimmung haben, schafft man gleichzeitig jene Unordnung, die darin besteht, dass sich nun jedermann zu Wort melden kann. Indem man die ganze Macht einem einzelnen Machthaber übergibt, schafft man Unordnung insofern, als die je Einzelnen nicht zählen.

159 Wenn der Papst zum Beispiel erklärt, die Impfung gegen das Coronavirus sei christlich geboten, so hat eine solche Aussage keinen absoluten Wert. Sie missbraucht einfach die Ehrfurcht, die man dem Göttlichen gegenüber haben mag, (und den Umstand, dass sich die Päpste im 19. Jahrhundert Unfehlbarkeit zusprachen) dazu, eine *Interpretation* unangreifbar zu machen. Vor allem aber steckt (abgesehen von theologischen Fragwürdigkeiten) die weitverbreitete Nichtbeachtung der Tatsache dahinter, dass Aussagen über die vorgefundene empirische bzw. *materielle* Welt immer fragwürdig bleiben müssen, weil *materielle* Aussagen einen anderen Status haben als *formale*. Wenn faktisch gewiss wäre, dass eine Impfung Fremdschutz garantiert, und *wenn* faktisch gewiss wäre, dass sie bei den Geimpften keinen Schaden setzt, wäre es wirklich ethisch fragwürdig (bzw. unchristlich), sich nicht impfen zu lassen. Eine solche Gewissheit ist aber in Bezug auf die *materielle* Welt nicht zu erreichen oder kann nur nach langwierigen Versuchen zumindest als plausibel erscheinen. Aus Unsicherem kann aber nichts Sicheres abgeleitet werden.

160 Und wenn der Einzelne nicht nur dazu aufgefordert ist, sich seines Verstandes zu bedienen, sondern auch als dazu *berechtigt* erklärt wird – eine Folge kantscher Ethik –, kann keinem Einzelnen verwehrt werden, das zu tun, wozu er als befähigt und berechtigt erklärt wird.

161 Ganz gleich, wie jemand, der von einem Menschen, der angeblich Gottes Willen kennt, zurechtgewiesen wird.

162 Indem der Einzelne im Rahmen des Utilitarismus nicht erkennen kann, was er fordern darf, ist ihm selbst entwunden, sich ein Urteil zu bilden. Und gleichzeitig wird ein solches Urteil an irgendwelche Personen delegiert, die sich *anmassen*, urteilen zu dürfen (alternde Millionäre, Regierende, Firmenchefs, allenfalls Philosophen). Die Berechtigung, solche Urteile zu fällen, könnte aber nur einer übergeordneten und völlig interessefreien Instanz zukommen – eine solche kann es aber nicht geben. Zu einer Besprechung des Utilitarismus unter einem solchen Gesichtspunkt vgl. Martin Mosimann, *Emanzipation ernst genommen*, 10.

163 So wird der Einzelne dann unversehens zum anspruchsvollen Übeltäter, wenn er sich zu Wort meldet. Dabei wird immer der gleiche Fehlschluss inszeniert: Wenn jene Anordnungen, denen sich unterzuordnen von ihm verlangt wird, in sich *gewiss* wären, so wäre ihnen nicht zu gehorchen fragwürdig. Solche Anordnungen kann es aus epistemologischen Gründen aber nicht geben. Untersucht werden müsste dann aber nicht, ob Menschen gehorchen könnten, sondern ob die Anordnungen, denen sie gehorchen müssen, über alle Zweifel erhaben seien. Und dieser Beweis kann angesichts der epistemologischen Situation des Menschen nicht erbracht werden.

164 Manche Leser und Leserinnen mögen das im Zusammenhang mit «Rationalisierungen» erlebt haben, etwa damit, dass ihre Stelle gestrichen wurde. Die Argumentation einer Firmenleitung besteht dann etwa darin, dass sie behauptet, keine anderen Lösungen seien möglich gewesen oder nur mittels Streichen von Stellen habe man eine Restmenge von Stellen bewahren können. Das tönt perfekt rational, kann aber von einem betroffenen Menschen nicht beurteilt oder kritisiert werden. Es soll gar nicht bestritten werden, dass der Einzelne zuweilen gegenüber höheren Werten zurückstehen muss (und er tut das ja dauernd, zum Beispiel als Mutter oder Vater) – er muss aber, wenn er nicht ein Gegenstand sein soll, über den verfügt wird, *selbst* bestimmen können, wann er das für nötig hält.

165 Dazu kommt, dass man uneingeschränkte Unterordnung, zum Beispiel unter angeordnete Pflichten und «Massnahmen», wie dies für Macht wesentlich ist, auch gut *kontrollieren* kann.

166 Und wenn er autoritär erzogen worden ist, hat er gar nie erlernt, für sein Handeln Verantwortung zu übernehmen, geschweige denn, dass er die Fähigkeit (und den Mut) dazu hätte entwickeln können, sein Handeln selbst zu prüfen.

167 Mit dem Gehorchen verhält es sich gleich wie mit Logik und Arithmetik: In ihm nimmt allein ein *formales* Geschehen Gestalt an. Wie Logik allein nicht Wahrheit begründen kann, wenn sie auf logisch korrekte Weise ungerechtfertigte Prämissen miteinander verknüpft – deren Fehlerhaftigkeit bleibt vielmehr erhalten –, oder Addition etwa von falschen Beträgen, auch wenn sie arithmetisch korrekt ausgeführt wird, keine korrekten Summen herstellt, kann Gehorchen gegenüber verbrecherischen Ansinnen nicht ethisch Gutes herstellen. Das ist etwas, was offenbar viele Menschen nicht fassen, weil sie das Verfahren schon als Inhalt ansehen.

168 Besonders abstossend ist, wie leicht kulturelle Betätigung in Erfüllung von Machtphantasien umschlagen kann, indem etwa das Erlernen des Spielens eines Instrumentes in die Feier der Körperbeherrschung umschlagen kann, in Form von Dressur hinsichtlich korrekter Instrumententechnik, etwa der Handhaltung beim Klavierspiel oder bei der Führung des Geigenbogens.

169 In diesem Zusammenhang gibt der chinesische Philosoph Dschuang Dsi in einer philosophischen Anekdote zu bedenken: «Sich gegen Diebe, die Kisten aufbrechen, Taschen durchsuchen, Kasten aufreissen, dadurch zu sichern, daß man Stricke und Seile darum schlingt, Riegel und Schlösser befestigt, das ist's, was die Welt Klugheit nennt. Wenn nun aber ein grosser Dieb kommt, so nimmt er den Kasten auf den Rücken, die Kiste unter den Arm, die Tasche über die Schulter und läuft davon, nur besorgt darum, daß auch die Stricke und Schlösser sicher festhalten. So tut also einer, den die Welt einen klugen Mann nennt, nichts weiter, als daß er seine Sachen für die grossen Diebe beisammenhält. Darum wollen wir noch näher über die Sache reden. Gibt es unter denen, die die Welt kluge Leute nennt, einen einzigen, der seine Sachen nicht für die grossen Diebe beisammenhält? Gibt es unter denen, die sie Heilige nennt, einen einzigen, der nicht für die grossen Diebe Wache steht?» Vgl. *Das wahre Buch vom südlichen Blütenland*, S. 110. – So kann etwa die Sekundärtugend der Pflichterfüllung, solange sie sich verabsolutiert, also nicht zusätzlich untersucht, was die «Pflicht» wert ist, wem sie sich unterstellt, von den «grossen Dieben» mit Leichtigkeit zu ihren Zwecken verwendet werden. Der Einzelne mag sich in ethischer Hinsicht als grossartig vorkommen, weil er seine Pflicht tut – wenn er aber seine Pflicht in Bezug auf verbrecherische Ziele erfüllt, wird auch er, auch wenn er «nur» seine Pflicht zu erfüllen gemeint hat, in der Endabrechnung zu einem Verbrecher.

170 Eine Zeit lang haben Schüler und Schülerinnen höherer Schulen das Recht gefordert, nicht nur selbst von Lehrkräften beurteilt bzw. bewertet zu werden, sondern diese auch ihrerseits bewerten und benoten zu dürfen. Ein solches Ansinnen haben Lehrkräfte, wie man weiss, immer auf der Stelle mit dem Argument von sich gewiesen, Schüler und Schülerinnen seien mangels Beurteilungskompetenz dazu gar nicht in der Lage. Das mag gewiss in einer bestimmten Hinsicht stimmen. Woher aber rührt die Sicherheit der Lehrkräfte, ihrerseits über unfehlbare Beurteilungskompetenz in Bezug auf ihre Schüler und Schülerinnen zu verfügen? Auch eine solche fusst ja immer allein auf Interpretationen im Hinblick darauf, was ihnen wichtig erscheint, kann also selbst nicht gewiss sein (und führt ja oft in die Irre).

171 Jeder Dreikäsehoch hat unterdessen solche Bedenken, und es kann ja nicht bestritten werden, dass Formen von Verfehlungen möglich sind, aber daraus das «Wissen» abzuleiten, dass eine gute Einrichtung der menschlichen Einrichtungen gar nicht *möglich* sei, ist natürlich verfehlt. Aus der Tatsache, dass etwas schwierig ist und an die ethische Fähigkeit von Menschen höchste Anforderungen stellt, folgt nicht, dass es *unmöglich* ist. – Auch hier muss man sich *Zweiwertigkeit* und der mit einer solchen fälschlicherweise verbundenen scheinbaren grossartigen Einsicht in angebliche Alternativlosigkeit bzw. Abwertung jeder Hoffnung auf alles Grössere oder Würdigere hin als naiven Romantizismus entwinden. Aus der Tatsache, dass etwas nicht oder noch nicht vollkommen ist, folgt nicht, dass man Vervollkommnung nicht anstreben könne. Aus der Tatsache, dass etwa in gewissen Bereichen Ungerechtigkeit herrscht, folgt nicht, dass man sich nicht immer weiter darum bemühen soll, den Bereich von Gerechtigkeit auszudehnen. Eine solche Bestrebung aufzugeben stellt nicht den Gipfel von Einsicht dar, sondern ist in Tat und Wahrheit ein Zeichen von Mutlosigkeit.

172 Ausser er würde sich als Gläubiger im Glauben an einen alles anordnenden Gott geborgen fühlen. Freilich ist auch er schnell etwa jenen Herausforderungen, welche das praktische Leben betreffen, nicht mehr gewachsen, weil die Heiligen Bücher eher in allgemeinen Forderungen gipfeln, als dass sie klare Handreichungen für das Leben gäben.

173 Herkömmlicherweise wird diese Herausforderung so beschrieben, dass er sich mittels Befähigungsausweisen aller Art seinen Eintritt in Beruf und Gesellschaft erwerben und verdienen muss. Aber auch das Umgekehrte gilt: Er muss einen Platz in der Welt finden, der auch ihm gemäss ist, wenn sein Leben glücken soll.

174 Indem man Sartres Gedanken über all die genannten Bereiche ausweitet, muss man mit seinen Worten immer weiter sagen: «Der Mensch ist dazu verurteilt, frei zu sein», er mag nun aber vollends erkennen, wie bodenlos die Freiheit erscheinen muss, zu der er «verurteilt» ist. Vgl. Jean-Paul Sartre, *Der Existentialismus ist ein Humanismus*, S. 155.

175 Auch wer sich am Ende irgendwelchen «Führern» unterordnen will, handelt mit einem solchen Verhalten, auch wenn er dabei der eigenen Verantwortung entflieht, immer noch (minimal) auf der Basis einer Einstellung: Er meint zu wissen, dass man so handeln *müsse*. – Und blosse Maschinen können sich nicht zu dem, was sie tun, einstellen: Sie tun es einfach. Ein Saugroboter etwa saugt einfach immer wieder dieselbe Stube, ohne sich zu langweilen oder sich über im Wege stehende Möbelstücke zu ärgern.

176 Das gilt wohl selbst noch für den übelsten voluntaristischen Machthaber: Auch er *meint* jedenfalls, zu seinem Tun berechtigt zu sein, oder versucht Gründe dafür namhaft zu machen, wieso er so handelt, wie er handeln will.

177 Ein gläubiger Mensch mag mit seinem Handeln die Grösse Gottes auf Erden zu ziehen meinen, für einen Geschäftsführer oder Sportler genügt die Vorstellung ewigen Erfolgs.

178 Wie das funktioniert, wird in aller Deutlichkeit innerhalb der Welt offenbar, welche Gegenstand der Werke von Franz Kafka bildet. Die kafkaeske Weltsicht zeichnet sich dadurch aus, dass die Helden in ihr auf der einen Seite nie daran zweifeln, dass jemand das *Recht habe*, sie zu verfolgen, und sie auf der anderen Seite das Schweigen, in das sich die Anklagen hüllen, immer als ein Schweigen mit einer verborgenen Absicht auffassen (ein solches Verfahren wendet die «schwarze Pädagogik» mit grossem Erfolg in der Tat seit jeher an) – dass sich Schweigen auch einfach aus Leere herleiten könnte (und erst von einem Subjekt, das sich verfolgt wähnt, gefüllt wird), erwägen die kafkaesken Helden nie. Die Abwehr von Bedrohung gibt ihrem Leben einen festen Bezugspunkt.

179 Es könnte also keine Rede (mehr) davon sein, dass der Mensch in einer solchen Welt (mit den Worten Sartres) zur «Freiheit verurteilt» sei – in ihr würde (erneut) «Essenz» «Existenz» vorausgehen.

180 Diese verdrehte Argumentation findet sich sowohl (im Kleinen) in dem Anspruch einer Skepsis, die alles in Zweifel zieht, ausser die Berechtigung ihres Ansatzes selbst, oder in einer (unredlichen) Forderung nach Toleranz, die, sobald sie sich hat etablieren können, sofort jede andere Sichtweise als fragwürdig ausschliesst, wie auch (im Grossen) in dem Anspruch von Religionen oder politischen Machthabern oder Idealisten zu verlangen, das, was ihnen «richtig» erscheint, für alle Zeiten als «richtig» erklären zu können, ja, recht besehen, zu *müssen*, weil damit (angeblich) ein «idealer» Zustand erreicht ist.

181 So betrachtet scheinen jene Personen, die sich anheischig machen, die Welt, wie sie meinen, endgültig zu «ordnen», als grosse Zerstörer: Ihre grossen Pläne werden allen zukünftigen Menschen ihr Recht auf ein eigenes Leben nehmen.

182 Und diese «anderen» leben wieder wie andere andere; mit dem Ergebnis, dass in einem solchen Kreislauf die Vorstellung der Verantwortung verschwindet, weil es unter diesen anderen niemanden gibt, der Verantwortung trüge.

183 Die seltsame Bereitschaft, mit der sich manche Menschen in der sogenannten freien Welt auf allerlei Formen von Pseudotiefsinn stürzen, auf dessen Basis sich Scharlatane anheischig machen, «letzte Fragen» endgültig zu beantworten, hat freilich gezeigt, dass in der Tiefe der Seelen ein grosses Unbehagen schlummert. – Dazu ist, wie immer, anzufügen: Die Sehnsucht *selbst*, die sich darin äussert, ist gewiss echt und achtenswert. Zweifelhaft sind aber die Antworten, die von den Personen, welche sich jeweils aufspielen, aufgetischt werden. Am Ende kann ja gar nicht gewiss sein, dass die Sehnsucht des Menschen nach Sicherheit befriedigt werden kann: so wie die vorgefundene Welt bzw. der Status des Menschen in ihr gestaltet ist. Der Umstand, dass er eine solche Sehnsucht in sich spürt, bringt es nicht unbedingt mit sich, dass diese auch erfüllt werden kann. (Aus der Tatsache zum Beispiel, dass wohl jeder Mensch geliebt werden will, folgt ja nicht, dass diese Sehnsucht in seinem Leben erfüllt wird.) Er mag sich einfach dadurch auszeichnen, ein Wesen darzustellen, das eine solche Sehnsucht hat: der Mensch, ein sich sehnendes Wesen. Und schliesslich muss einmal mit aller Deutlichkeit gesagt werden: Auch die *Philosophie* (und damit ebenso jene Personen, die sich mit ihrem Philosophenstatus so gern tiefsinnig in die Brust werfen) kann keine endgültigen Antworten geben – wenn sie das könnte, würde sie sich ja anmassen, die vorgefundene *materielle* Welt ganz zu verstehen. Sie kann allein geltend machen, was nicht «geht». Das mag nicht den Charakter von Grossartigkeit haben, ist aber in seiner Weise doch bedeutungsvoll. (Ein gutes Beispiel für eine solche Haltung zeigt die Philosophie von Immanuel Kant. Der vielbeschworene Kategorische Imperativ zum Beispiel besagt ja nicht, was «gut» ist, sondern was *unethisch* ist.) Gott auf der einen Seite und Tiere auf der anderen Seite stellen dagegen Wesen dar, die keine Sehnsucht nach Sicherheit haben. Sie ruhen in sich selbst, statt dass sie Sicherheit suchten.

184 Während die Öffentlichkeit mit ihrer Leugnung dessen, was im Leben des Menschen wirklich der Fall ist, fröhlich weiterfährt – und dann zuweilen in einen ebenso oberflächlichen Katzenjammer verfällt, den sie dann wieder oberflächlich bewältigen will: mit grenzenloser Unterwürfigkeit unter das «Schicksal» oder grenzenloser Unterwürfigkeit unter das, was jene Scharlatane und «Experten», die sich dann aufspielen, präsentieren, oder mit substanzloser Frömmelei und folgenloser Demut. Wie man leicht erkennt, setzt sie damit einfach ihr verantwortungsloses Leben in gewendeter Weise fort.

185 Wie dies zum Beispiel Frauen tun, die Kinder auf die Welt bringen – das ist ja auf seine Weise immer ein grenzenloses Wagnis nach allen Seiten hin. Aber sie bedenken das glücklicherweise nicht. (Wie unterdessen in fast allen Bereichen des modernen Lebens ist freilich eine eigentliche Angstindustrie in Form von Massenmedienartikeln, allerlei Ratgebern und «Kursen» nach Kräften bestrebt, allerlei Ängste in sie einzupflanzen.)

186 Und der Versuchung, auf Kosten von anderen Menschen zu leben: andere dirigierend, in Standardmuster zwingend, quälend, über sie verfügend.

187 Spätere Zeiten stellen einen solchen Schaffensprozess dann immer so dar, als ob ihnen gewiss gewesen wäre, dass sie sich auf dem richtigen Weg befanden. Man kann es aber nie genug sagen: Mozart zum Beispiel hat wohl nie «gewusst», dass er «Mozart», also eines der grössten schöpferischen Genies der Weltgeschichte sei. Und vielen weiteren Künstlern und Künstlerinnen und Philosophen war es verwehrt, zu Lebzeiten geschätzt zu werden. Wenn sie dennoch ihren Vorstellungen folgten, so taten sie dies immer allein aus einer Selbstverpflichtung ohne jede Garantie heraus. Und das Bewunderungswürdige ihres Schaffens besteht unter anderem auch darin: dass sie dazu in der Lage waren, ohne Sicherheit wirklich Grosses zu schaffen. Dazu kommt, dass sie, ausgerichtet auf ihr eigenes Ziel, auch nicht den Anspruch erhoben, das, was ihnen vorschwebte, sei allein richtig, und nicht versuchten, sich andere Menschen botmässig zu machen oder ihnen ihr eigenes Ziel streitig zu machen oder gar zu verhindern, dass die anderen ihr Leben leben durften.

188 Vgl. etwa Harry Frankfurt, *Die Notwendigkeit von Idealen*. – Wenn man das bedenkt, beginnt man auch zu erkennen, dass die Gegenmacht zu Macht Liebe (im Sinne Frankfurts) ist: Macht kann nicht Einzelnes lieben oder wichtig nehmen. Vgl. dazu auch unten, Kap. 15.

189 Das ist das bekannte faule Argument der Skepsis: Sie behauptet, es sei kein sicheres Wissen zu gewinnen, also seien alle Versuche, Wissen zu gewinnen, sinnlos bzw. es gelte *anything goes*. Ein solcher Schluss, so grossartig und konsequent er sich vorkommen mag, ist freilich verfehlt. Erstens setzt er ganz ohne Beweis voraus, dass es gewisses Wissen *an sich* geben *könnte*. Und zweitens entwertet er auf der Basis einer solchen Behauptung alles Vorläufige und damit in letzter Konsequenz jeden Versuch, in die vorgefundene Welt mindestens Schneisen des Verständnisses zu legen. – Niemand würde doch behaupten, angesichts der Tatsache, dass man im Moment der Eheschliessung nicht alle möglichen Partner kennen könne, müsse es verboten sein, einen bestimmten Partner oder eine bestimmte Partnerin zu wählen. Und niemand würde behaupten, dass es verboten sei, wenn man nicht die ganze Welt bereist habe, einer bestimmten Landschaft seine ganze Liebe zu schenken.

190 Vgl. Karl Popper, *Logik der Forschung*, S. 14.

191 All jene Politiker und Politikerinnen, welche hemmungslos plagiieren, um zu Doktorgraden zu kommen, und gleichzeitig meinen, der Sinn des wissenschaftlichen Forschens bestehe darin, sich akademische Grade zu verschaffen, sind nicht fähig zu verstehen, was Herausforderungen wert sind.

192 Schwindler und Scharlatane mögen Anfangserfolge erzielen, indem sie sich Dummheit oder Verfallensein an nicht erfüllbare Sehnsüchte ihres Publikums zunutze machen – sie verhalten sich aber unwürdig.

193 Wie immer erschwindelt sich mittels der Selbstbeschreibung als «Kultur» eine Vorstellung den Anspruch, unfehlbar zu sein, indem sie einen gewissen (wohltönenden) Begriff für sich beansprucht. Wie «Ordnungen» können aber selbstverständlich auch «Kulturen» hohl oder ungerecht oder gar verbrecherisch sein: indem sie zum Beispiel Frauen keine Rechte gewähren oder Frauen und Mädchen gar als Gegenstände, über die man angeblich frei verfügen darf, behandeln. Es gibt weder «Ordnungen» noch «Kulturen» *an sich*, sondern nur «Ordnungen» und «Kulturen» ausgerichtet auf gewisse *Massstäbe*. Diese können aber immer fragwürdig sein. Das sollten sich alle Personen zu Herzen nehmen, welche vor etwas, was sich als «Kultur» präsentiert, ehrfürchtig zurückweichen und alles gelten lassen, was sich als «Kultur» inszeniert.

194 Dabei unterscheidet man nicht zwischen Anspruch und Möglichkeit. Aus der Tatsache, dass jemand so *auftritt*, als ob er alle letzten Antworten bieten könnte, folgt *nicht*, dass er sie auch hat. Und eben: Man könnte wissen, dass es diese letzten Antworten nicht *gibt*. – Es ist gewiss ein jämmerlicher Befund, dass es in freien Gesellschaften Menschen gibt, welche die Bereitschaft, sich von dem leiten zu lassen, was sogenannte fremde «Kulturen» verlangen, als grossartig empfinden (selbst wenn es dabei um Verletzung von Menschenrechen geht) bzw. ihre eigene Freiheit verachten, weil sie offen ist und dem Einzelnen überlässt, sein Leben in die Hand zu nehmen.

195 In Gestalt von politischen Ideologien oder religiösen Forderungen im Grossen, kleinbürgerlicher Moral im Kleinen.

196 Dass es auch bei einem solchen kollektiven Hassen weniger um das Hassen selbst als um eine Form von Verortung geht, erkennt man daran, dass Hassende solche «Feinde» (zum Beispiel Juden oder Homosexuelle) oft gar nicht wirklich kennen bzw. in ihrem eigenen Leben von solchen gar nie etwa Nachteile, geschweige denn Bedrohungen haben erleben müssen. – Die Bereitschaft, sich in menschenverachtende Phantasien hineinziehen zu lassen, kann damit erklärt werden, dass viele Menschen damit von der Last der Freiheit befreit zu sein scheinen und meinen, menschen«hassend» einen Ort der Gewissheit gefunden zu haben. Indem sie kollektiven Verurteilungen folgen, streben sie Geborgenheit in der grossen Menge von «Richtigglaubenden» an.

197 Solchen Verfehlungen geht nach Martin Mosimann, *Ich und der Andere*.

198 Freilich ist dabei schon die Form, in welcher gewisse Inhalte in Erscheinung treten, von Machtgedanken durchtränkt. Gott, das Weltklima, der Schutz der Bevölkerung vor furchtbaren Krankheiten etwa scheinen schon selbst absolute Unterordnung ohne jede Bedenken und Abwägungen zu verlangen (die Zweiwertigkeit, in die jedes Machtdenken verfällt, ist in ihnen gewissermassen schon eingebaut). Wer dürfte sich solchen Zielen entgegensetzen, ohne sich auf der Stelle als gewissenlose Übeltäter zu outen? Wenn ein unstreitig beseeltes pubertäres Mädchen mit halberstickter Stimme vor einem Gremium von Entscheidungsträgern sagt: «Wir müssen angesichts der angerichteten Schäden in Panik fallen!», so bringt es genau das zum Ausdruck: Generelle Zweifel oder auch nur Zweifel an einem bestimmten Vorgehen, also Formen von Vernunft, scheinen nun verboten zu sein. Ein solcher Anspruch ist aber im Grunde nichts anderes als versteckte Machtausübung, trotz des gezeigten (scheinbar) bescheidenen Opfergehabes. Das ist der Fall, weil ein solches in das absolute Verbot, sich seiner Vernunft zu bedienen, mündet. – Umgekehrt liefert die Unterstellung unter solche angeblich absolut geltende Ziele (die zu verbieten scheinen, die eigene Vernunft ins Spiel zu bringen) eben genau jene scheinbar absolute Verortung, welche Menschen suchen, die mit dem Status des Menschen nicht zurechtkommen.

199 Wie sich das in einem konkreten Leben ausgestaltet, ist zum Beispiel an der Biographie von Joseph Goebbels ablesbar. Goebbels, für Generationen bis in seine Körpersprache hinein der Inbegriff von Machtgehabe, war in seiner Jugend- und frühen Erwachsenenzeit ein durch und durch unsicherer, haltloser, charakterlich jämmerlicher junger Mann, der auf der Suche nach einem festen Halt in der Welt war und der zudem, wie das oft bei haltlosen Menschen der Fall ist, gern etwas «Grosses» gewesen wäre. Die Erfüllung dieser Sehnsucht stellte sich ein, indem er sich Adolf Hitler anschloss und in dessen Gefolgschaft einerseits eine Art fester Ver-

ankerung fand und andererseits selbst schrankenlose Macht ausüben konnte. Vgl. dazu Peter Longerich, *Goebbels*.

200 Bekannten Mythen dagegen ist ein solches Wissen vertraut: Helden zeichnen sich in solchen bekanntlich immer dadurch aus, dass sie in irgendeiner Weise eine «Achillessehne» haben. Darin nimmt die Erkenntnis Gestalt an, dass dem Menschen Allmacht verwehrt ist.

201 Mit den Worten von Jean-Paul Sartre sollen Menschen ihr Leben *entwerfen* – ein Entwurf kann als eine Art Plan ja nie mehr sein als etwas, was man der Möglichkeit nach anstrebt, kein Ziel, das man gewiss erreichen können wird.

202 Neuerdings kaschiert Macht ihre ironischerweise wirklich mit *Gewissheit* in die Irre gehende Behauptung, dass sie über eine ausgezeichnete Beziehung zur vorgefundenen Welt verfüge, damit, dass sie mit allerlei mathematischem Brimborium den Anschein zu erwecken versucht, sie zeichne sich durch eine solche aus, weil sie mit mathematischer Gewissheit vorgehe oder Computer einsetze. So hat bekanntlich ein Scharlatan die Basler Oberschicht um Erspartes gebracht, indem er behauptete, er habe einen *Algorithmus* gefunden, der ewig grosse Renditen garantiere. Solche Schwindeleien machen sich die Tatsache zunutze, dass viele Menschen nicht zwischen *formalen* und *materiellen* Befunden unterscheiden können. Es ist tatsächlich möglich, mathematische Formeln zu entwickeln, die, als jene *formalen* Gebilde, die sie darstellen, ewige Richtigkeit in sich tragen. Sobald man sie jedoch mit materiellen Befunden füllt, verlieren sie eine solche *formale* ewige Richtigkeit aber – ob sie dann ihrerseits zu richtigen Ergebnissen führen, hängt nicht allein von den *formalen* Regeln ab, sondern von dem Verhältnis, in dem solche Füllungen zur vorgefundenen Welt stehen. Im genannten Falle wären das die Unwägbarkeiten eines nicht zu Ende beschreibbaren Marktes. In anderen Fällen kommt, etwa im Zusammenhang mit Modellen, die Frage ins Spiel, ob die Modelle im Verhältnis zur vorgefundenen Welt tauglich sind oder ob die *materielle* Welt genügend gut aufgefasst ist, sodass Modelle von ihr überhaupt zutreffen. Dabei muss man immer im Auge behalten, dass zwischen *formalen* und *materiellen* Befunden ein grundsätzlicher Unterschied besteht. *Formale* Befunde gelten in allen Welten, weil sie ja gar kein Material aufnehmen, *materielle* Befunde dagegen beziehen sich auf die vorgefundene empirische Welt und tragen den Umstand in sich, dass sie nie endgültiges Wissen repräsentieren, sondern immer weiter fragwürdig bleiben. Dann gilt aber: Fragwürdigkeit, korrekt weiterverarbeitet, bleibt immer weiter Fragwürdigkeit. Nicht bestritten werden kann etwa die *formale* Tatsache, dass a + 3a = 4a. Wenn man eine solche *formale* Erkenntnis auf *materielle* Befunde anwendet, trifft das Resultat, zu dem man zusammenzählend kommt, aber nur zu, wenn die einzelnen Summen, die man zusammenzählt, faktisch bzw. *materiell* wirklich bestehen. – Zum Unterschied zwischen *formalen* und *materiellen* Befunden vgl. Martin Mosimann, *Das Paradox der Ordnung*.

203 Dass das nicht funktionieren kann, liegt auf der Hand. Die «Vernunft» erschliesst nicht Wahres an sich, sondern stellt eine Methode dar, mit deren Hilfe man aus *materiellen Annahmen* schliessen kann, was dann, *wenn* sie gelten, als Ganzes gelten muss. Man bleibt dabei aber immer weiter seinen Annahmen verhaftet. «Logische» Schlüsse auf der Basis von Befunden aus der vorgefundenen empirischen *materiellen* Welt mögen «logisch» richtig sein, begründen *allein* aber noch keine Richtigkeit: Logik erschliesst das, was losgelöst von Inhalten, aus Prämissen *formal* folgt. Ein Sportredaktor mag sagen: Die und die Mannschaft ist der *logische* Sieger in einer Begegnung: Das ist aber unsinnig, weil ein Resultat nicht allein aus der *materiellen* Tatsache etwa, dass eine Mannschaft faktisch besser klassiert ist, automatisch folgt, sondern aus der Tatsache, dass sie dann allenfalls (aber nicht mit Gewissheit) besser spielt. Das ist aber nicht ein logischer Befund, sondern eine *faktische* Erfahrungstatsache. Man kann wissen, dass bessere Mannschaften öfters gewinnen als weniger gute. Man kann aber nicht *mit Gewissheit* wissen, dass es so herauskommt. Wenn es «logische» Sieger gäbe, könnte man sich die Spiele ersparen: Logische Befunde gelten immer und in allen Welten.

204 Auch «Künstliche Intelligenz» kann da nicht weiterhelfen. Wie man schnell erkennt, nähren auch die Berufungen von Machtträgern darauf, nun alles auf der Basis von «Künstlicher Intelligenz» zu «ordnen», ebenfalls eine Illusion. In ihnen nimmt die Stelle eines unfehlbaren Gottes nun einfach das ein, was «Künstliche Intelligenz» (angeblich fehlerlos) bestimmt. Und anstelle von Priestern, die sich anmassen, Zugang zu Gottes Willen zu haben und diesen umsetzen zu *müssen*, treten nun Machthaber, die vollziehen wollen, was «Künstliche Intelligenz» (angeblich) vorschreibt. Der Begriff Künstliche Intelligenz verdunkelt aber nur abermals die Tatsache, dass keine Instanz die *materielle* vorgefundene Welt zu Ende verstehen kann. Es *gibt* aus prinzipiellen epistemologischen Gründen einfach keine Methode, dies zu bewerkstelligen. Und jener platonische Hintergrund, den der Begriff unterstellt, *kann* nicht existieren. Vgl. dazu auch Martin Mosimann, *Die Schwierigkeit mit dem Wissen*, 3. – Immer wieder muss man die folgende Einsicht ins Spiel bringen: *Wenn* «Künstliche Intelligenz» tatsächlich eine Form von absoluter Erkenntnis produzieren könnte, müsste eigentlich jeder Machthaber Angst davor haben, von «Künstlicher Intelligenz» hinsichtlich seiner Absichten desavouiert zu werden. Eine wirklich autonome «Künstliche Intelligenz» könnte ja allenfalls herausfinden, dass seine Pläne verfehlt oder gar verbrecherisch sein könnten. Wie Priester, die immer voraussetzen, Gottes Willen richtig zu deuten (obwohl das angesichts der ihm zugeschriebenen Unergründlichkeit und Weisheit doch mehr als fraglich sein müsste), sind Machthaber aber offenbar zu einer solchen Einsicht (und der dazugehörigen Angst) nicht fähig; obwohl sie doch sonst alles dafür tun, schon die geringste Kritik an ihren Vorstellungen zu unterbinden. Sie scheinen vorauszusetzen, dass «Künstliche Intelligenz» uneingeschränkt auf ihrer Seite stehen werde. Das allein ist schon ein interessanter Befund, sowohl für die Selbsteinschätzung von Machthabern wie auch dafür, was «Künstliche Intelligenz» am Ende wirklich darstellt. Niemand – ausser ein Machthaber – könnte doch gewiss sein, dass alles, was er für richtig hält, einer strengen Prüfung standhalten werde. (Grosse ausübende Künstler und Künstlerinnen zum Beispiel sind im Gegensatz dazu kaum je mit ihren Leistungen zufrieden, sondern befinden sich ein Leben lang auf der Suche nach einer Interpretation, mit der sie ganz zufrieden sein können.) Wenn «Künstliche Intelligenz» hingegen nur besser oder schneller bewerkstelligen kann, was ein Mensch beabsichtigt, handelt es sich nicht um eine autonome Intelligenz, sondern allein um ein *Werkzeug* des Menschen, und ein solches kann auch für verbrecherische Ziele eingesetzt werden, begründet also nicht einfach, weil sie etwa schnell ist, absolut Gutes. Ein Gewehr zum Beispiel ist ebenfalls wirkungsvoller als reine menschliche Körperkraft. Es kann aber ebenfalls nicht aus sich heraus Gutes an sich begründen. Dies ist auch dann nicht der Fall, wenn es dazu gebracht wird, seine Ziele mit grosser Genauigkeit und am Ende irgendwie «selbst» ausfindig zu machen. Das mag das Ergebnis von eingesetztem grossem Scharfsinn sein, stellt aber gewiss nicht, weil es sich so verhalten mag, irgendwie das Produkt von Intelligenz dar. Bei der Beurteilung dessen, was das Gewehr vollzieht, kommt es auf den *Ursprung* der Ziele an. Das Ziel zu zerstören wird nicht damit geadelt, dass es perfekt erstrebt wird: Wenn am *Ursprung* ein ver-

brecherisches Ziel steht, ändert sich an dieser Tatsache nichts, wenn es unter Einsatz von «Künstlicher Intelligenz» verfolgt wird. Es wiederholt sich hier, was andernorts von «Ordnung» gesagt worden ist: Es gibt keine «Intelligenz» *an sich*, so wenig es «Ordnung» *an sich* gibt. Vgl. dazu Martin Mosimann, *Das Paradox der Ordnung.* – Diese Einsicht in solche Umstände wird damit erfolgreich vernebelt, dass nie ganz klar ist, in welcher Weise der Begriff verwendet wird. Auf der einen Seite wird «Künstlicher Intelligenz» alles zugetraut und zugeschrieben (sogar die Fähigkeit, eine neue – nun aber «vernünftige» – «Bibel» zu schreiben). Sobald sich aber Kritik regt, wird stattdessen behauptet, unter «Künstlicher Intelligenz» verstehe man einfach die Verwendung von Computermodellen, und Modelle stellten (wie jedermann wisse) Abbilder der Welt mit allen Fehlermöglichkeiten von solchen dar. Entscheidend wäre aber, sich von der Vorstellung, dass es «Intelligenz» *an sich* geben könnte, zu verabschieden.

205 Angst davor, im Lotto zu gewinnen, hat ja niemand. Angst zieht ihre Wirksamkeit daraus, dass sie Unterliegen und dann Zerstörung voraussagt.

206 Bekanntlich haben sich jene zahlreichen «Experten» und «Expertinnen», welche in der Pandemiezeit Fehlprognosen an Fehlprognosen gereiht haben, eben damit herausgeredet. Es wäre tatsächlich *möglich* gewesen, dass sie Recht gehabt hätten – «Experten» sind ja aber «Experten» erst darin, dass sie *begründet Bestimmtes* voraussagen können, nicht bloss Mögliches. Mögliches voraussehen kann jedermann, auch jede Wahrsagerin. Ob sich jemand, der voraussagt, was geschehen *könnte,* einer Glaskugel oder eines Computers bedient, macht keinen Unterschied, solange auf Fehlprognosen nicht der Versuch einer Analyse dessen, was in ihrem Rahmen wohl schiefgelaufen ist, folgt. *Dazu* sind Wahrsagerinnen nicht fähig. «Experten» und «Expertinnen», die mit Computern gearbeitet haben, haben eine solche Fehleranalyse aber ebenfalls nicht vorgenommen, womit sie sich auf die gleiche Stufe wie Wahrsagerinnen gestellt haben. «Experten» und «Expertinnen» sollten vielmehr in popperscher Weise Hypothesen aufstellen, diese dann an der vorgefundenen Welt prüfen, im Falle ihres Ungenügens neue Hypothesen entwickeln und im Falle ihres Genügens immer im Auge behalten, dass auch diese Hypothesen nur *auf Zusehen hin* gelten können (weil man ja nie Gewissheit erreichen kann), statt behaglich immer weiter in die Welt zu posaunen, was geschehen könnte.

207 Wenn Angst und das, was sie voraussagt, *nicht* eintrifft, kann sie immer noch zwei weitere, zwar abermals verfehlte, den von Angst Ergriffenen aber immer weiter im Griff behaltende Argumente ins Spiel bringen: Erstens kann sie (auf «moralische» Weise) immer weiter Demut einfordern, weil zwar dieses Mal angeblich noch alles gut ausgegangen sei, aber Stolz und der Hochmut der Hoffnung fehl am Platz seien, weil das Unheil eines Tages doch noch kommen werde (und das ist ja wirklich *möglich*), und zweitens am Ende jedenfalls doch der Tod unbezweifelbar gewiss sei (womit sie gewiss Recht hat). Aber eben: Subjekte können – vor dem Tod – noch Werte setzen, hoffen, etwas lieben. Am Ende scheint damit immer noch eine völlige *Wehrlosigkeit* des Subjektes zu stehen: Das Subjekt kann zum einen *keine* Gewissheit gegen die Voraussage ins Treffen führen, dass nicht doch bald (oder wann auch immer) alles vorausgesagte Schreckliche eintreffen wird, und es muss zum anderen umgekehrt als *gewiss* anerkennen, dass es am Ende zu Tode kommt: Angesichts solcher «Tatsachen» scheinen vorausgehende Hoffnungen oder Wertsetzungen ins Leere zu laufen. In gleicher Weise muss sich auch jedes Individuum wertlos fühlen: Gegenüber einer Welt, die sein Einzeldasein in jeder Hinsicht übersteigt, und angesichts der Tatsache, dass es nicht irgendwie *beweisen* kann, dass es so sein darf und soll, wie es sich vorfindet, kann es keinen Beweispunkt dafür finden, den es für sich ins Treffen führen könnte.

208 Noch einmal: Menschliche Subjekte können sich aber etwas positiv zu eigen machen, können etwas erhoffen, können versuchen, etwas Wirklichkeit werden zu lassen, statt sich allein in dem Befund zu ergehen, dass am Ende alles in Tod münden wird. *Das ist ihre Grösse.* – Das stellt ja auch nicht, wie etwa religiös gefärbte Deutungen unterstellen mögen, *Hybris* dar. (Der Vorwurf der Hybris selbst entsteht dabei in einem Umfeld, in dem das einzelne Subjekt selbst nicht zählt, also schon allein sein Anspruch, irgendetwas mit sich und aus sich heraus ins Spiel zu bringen, verfehlt erscheint. Das ist in ausserordentlich autoritativen Milieus der Fall.) Hybris besteht vielmehr in einer Haltung, die *nicht* menschlich sein will. Erst dann an Dinge zu glauben, wenn sie eingetroffen sind – so vernünftig und sachlich eine solche Haltung auch zu sein scheint –, ist im Übrigen unmenschlich: Der Mensch ist Mensch nicht, indem er nur Tatsache ist, sondern indem er sich auch zur Tatsachenwelt *einstellt* – und dann eben etwas hofft, erwartet, für richtig hält. Und selbst wenn das Gegenteil eintritt, ist ein solches Verhalten immer noch *würdig*. – Eine umfassende Studie über das mannigfache Wirken von Hoffnung stellt dar: Lars Fr. H. Svendsen, *Håpets filosofi.*

209 Dazu trägt auch bei, dass im Zusammenhang mit einem seltsamen Kulturprozess Auflösung in Angst *tiefer* zu sein scheint als eine Haltung, die sich selbst zu bewahren sucht. Wenn zum Beispiel im Drama *Iphigenie auf Tauris* von J. W. Goethe Orests Freund Pylades bekennt, dass er selbst noch im Moment vor seiner Hinrichtung an Rettung denke (vgl. V. 605–608), so erscheint er gegen Orest gehalten als oberflächlicher Optimist bzw. zu «echter» Tragik unfähiger Pragmatiker. Orest dagegen, mit seiner scheinbar tiefen Schicksalsergebenheit und seiner Bereitschaft, sich ganz der Verzweiflung zu ergeben – und sich selbst so als Person aufzugeben –, scheint ein grosser Mensch zu sein. Freilich könnte man, wenn man sich der Wertung, die das Drama vornehmen will, entzieht, auch finden, dass er ein unerträglich wehleidiger Neurotiker sei. Oberflächlich ist eine Haltung aber natürlich erst, wenn sie immer weiter Geltung erhebt, auch wenn klar ist, dass sie keinen Erfolg haben kann. Man könnte es im Übrigen auch so sehen: Orests Schicksalsergebenheit reduziert sich darauf, einfach das zu erwarten, was *wahrscheinlicher* ist, während sein Freund Pylades den Mut zeigt, etwas *Unwahrscheinliches* zu erhoffen. – In den gleichen Rahmen gehört auch die Tatsache, dass die Moderne die menschlich grossartige (wohl in antiken Tugendvorstellungen wurzelnde) Dreiteilung von Haltungen von Menschen, wie sie Aristoteles präsentiert, auf eine «moralische» Zweiwertigkeit reduziert. Aristoteles unterscheidet bekanntlich zwischen den drei Zuständen *Feigheit*, *Mut* und (fragwürdiger) *Tollkühnheit*. Aus einer solchen Einteilung, welche vor allem Mut als eine bestimmte, von einem Menschen verantwortete Haltung würdigt, ist in der Zeit seit der Antike eine zweiwertige Einteilung derart entstanden, dass jetzt alles, was Mut ist, als Leichtsinn deklariert werden kann, weil nun der Gedanke der *Gewissheit* allesbestimmend wirkt. (Wirklicher Mut tritt in der Moderne nur noch in Form von Kinoheldenmut in Erscheinung.) Nur *Gewisses* erscheint nun als wertvoll. Daran mag zum Ersten die christliche Auffassung, dass nur, was Gott gebiete, Wert habe, zum Zweiten die Etablierung der Vernunft als alleinige Entscheidungsmacht und zum Dritten endlich Kleinbürgerunterwürfigkeit schuld sein. Im Zusammenhang mit der Erkenntnis, dass nichts sicher ist, erscheint nun eine von einer Person verantwortete (aber sich natürlich deswegen nicht Unsicherheit zu entziehen vermögende) mutige Haltung als Tollkühnheit. Vgl. dazu *Nikomachische Ethik*, III, 10.

210 Vgl. dazu Martin Mosimann, *Das Paradox der Ordnung*.

211 Es ist erstaunlich, wie viele Menschen (nicht zum ersten Mal in der Geschichte) sich ein so infantiles Erklärungsmuster zu eigen gemacht haben. Alle Ideologien, aber auch Formen von Kleinbürgerselbstgerechtigkeit münden in eine solche Zweiwertigkeit, weil sie nicht fassen können, dass sie nicht *alles* Richtige, Gute oder Wahre enthalten könnten. Logisch gesehen liegt Zweiwertigkeit die Ineinssetzung von kontradiktorischem und konträrem Gegenteil zugrunde. Sie bedient sich der Tatsache, dass ungeübtes Denken und Denken in Vorurteilen nicht mehr fassen können als das, was in zwei Kategorien («schwarz und weiss»; das eine und sein konträres Gegenteil) passt.

212 Im Gegensatz zu Furcht ist Angst am Wohlergehen des Subjektes nicht interessiert, in dem Sinne, dass sie das Subjekt vor etwas warnen würde, was dieses, von ihr geleitet, in der Folge zum Beispiel vermeiden könnte.

213 Ähnlich mag es unterdessen auch einem Subjekt ergehen, das sich in den Händen von Ärzten und Ärztinnen befindet. Im Krankenhaus etwa steht allein die Diagnosefällung in Bezug auf ein krankes Objekt im Vordergrund – dass es sich bei diesem Objekt um einen Menschen handelt, der in seinem Leben ebenfalls noch vorkommen möchte (und vielleicht sogar etwas über sich weiss, was Apparate nicht finden), tritt ganz in den Hintergrund.

214 Das mag im Falle von von Angst Ergriffenen im Zusammenhang mit dem *«moralischen»* Argument, dass selbst sein Hoffen leer oder eine Form von Überhebung darstelle und er selbst ohne jeden Wert sei, vollendet werden.

215 Das mag im Rahmen einer einem Subjekt als grossartig erscheinenden religiösen Ergebung in den Willen eines Gottes geschehen oder dann im Rahmen einer Form von Massenhysterie, als Folge welcher sich Menschen zu Hunderten in den Tod werfen oder sich wahnhaften «Führern» ergeben.

216 Noch einmal sei in diesem Zusammenhang auf Orests Denken und Verhalten in J. W. Goethes Drama *Iphigenie auf Tauris* hingewiesen. Vgl. oben.

217 Obwohl doch jeder Mensch in einem kulturellen Umfeld steht und von diesem beeinflusst ist.

218 Auf diese Weise löscht sich das Subjekt noch einmal selbst aus.

219 Wie das funktioniert, hat Thomas Kuhn für die wissenschaftliche Welt gezeigt. Vgl. *Die Struktur wissenschaftlicher Revolutionen*.

220 Niemand hat so gut wie Kant, in seiner berühmten Schrift *Beantwortung der Frage: Was ist Aufklärung?*, gezeigt, wie dies funktioniert. – Dazu kommt, dass Autoritarismus schon an sich, selbst dort, wo er achtenswerte Ziele zu verfolgen meint, zur Folge hat, dass der Einzelne kein eigenständiges Urteilsvermögen ausbilden kann – recht und die letzte Entscheidung haben

ja immer die Personen, die für sich alleinige Autorität beanspruchen. Auf diese Weise sind Menschen, die in einem autoritären Umfeld aufgewachsen sind, schon von allem Anfang an dazu disponiert, nicht sich und ihrem Urteil, sondern Übergeordneten und via sie angeblich nicht bezweifelbaren Werten zu vertrauen.

221 Spätestens Kleinbürgerautoritarismus führt ja keine Inhalte mehr ins Treffen: Ihm geht es allein um Unterwerfung. Weil sich das so verhält, beschränkt er sich auf existentielle Drohungen – Kleinbürger kennen ja keine anderen Inhalte –, also Drohungen mit tödlichen Gefahren, tödlichen Krankheiten, Drohungen mit einem Gott, der unerbittlich mit Krankheit und Tod Sündige strafen wird usw. Dabei setzen sie ebenfalls hemmungslos ein, dass sie mit der Angst vor dem Tod ja eine Form von Gewissheit ins Spiel bringen können.

222 Während ja dagegen die Hoffnung auf ein eigenes erfülltes Leben immer schwach erscheinen muss.

223 Bekanntlich haben sich im Zusammenhang mit ihrer Corona-Politik Machthaber von Psychologen dabei beraten lassen, wie sie systematisch Angst erzeugen konnten. Und etwa in der stalinistischen Gesellschaft mussten Menschen dauernd davor Angst haben, «abgeholt» zu werden, und wurden so in maximaler Unsicherheit gehalten.

224 Dabei unterstellt sie (im Einklang mit ihrer Faszination durch Kontrolle und Handeln) immer, «Ordnung» werde durch *Eingreifen* geschaffen – statt dass sie etwa geltend machte, bevor man handle, müsse man reflexiv ergründen, was der Fall sei.

225 Bekanntlich lassen sich Machtausübende gern in ewiger Jugend oder Virilität abbilden, oder Macht stellt sich, wie dies etwa bei der katholischen Kirche der Fall ist, als eine Institution dar, die ewig zu sein scheint. In Tat und Wahrheit delegiert Macht ihre eigene Angst, indem sie diese in den Menschen, denen sie Angst einjagt, unterbringt. *Diese* sind dann von Angst erfüllt – per Umkehrschluss ist es Macht dann scheinbar nicht.

226 Und damit der ebenso eine Tatsache darstellende Befund, dass Macht ein Ende finden werde. Das ist aber erst in der Zukunft der Fall und so *jetzt* nicht sichtbar.

227 Ein gutes Beispiel dafür bieten die protzigen Bauten, die Diktatoren zu errichten lieben.

228 Diese macht sich dann zunutze, dass infantile Menschen ein Leben lang glauben, Bewachung nicht zu entgehen.

229 Bekanntlich hat im letzten Jahrhundert ein zwölf Jahre bestehendes Machtsystem sich selbst «Tausendjähriges Reich» genannt, und einer seiner Exponenten (Hermann Göring) soll erklärt haben, es sei durchaus möglich, dass dieses «Tausendjährige Reich» in Wirklichkeit gut und gern zehntausend Jahre an der Macht bleibe.

230 Und wenn Machthaber eben doch am Coronavirus erkrankt sind, haben sie bekanntlich immer nur «milde Symptome» gehabt, haben also die Intensivabteilungen der Spitäler nie überfüllt wie die von ihr angeführte «Bevölkerung».

231 Und von der Macht ja ausserdem zu Opfern gemacht werden können.

232 Jeder Leser und jede Leserin wird erkennen, wie sehr der Verfasser – neben dem eigenen Erleben mit Spielen – den Gedanken Friedrich Schillers und Johan Huizingas (wie sie in ihren Werken *Über die ästhetische Erziehung des Menschen* bzw. in der Studie *Homo Ludens* Gestalt annehmen) verpflichtet ist.

233 Dass so viele moderne Menschen das nicht auf Anhieb verstehen, hängt damit zusammen, dass sie etwa via Massenmedien vor allem «Spielen» begegnen – zum Beispiel Fussballturnieren –, in denen es um eine Menge Geld geht, nicht aber wirklich selbst spielen. In dem Augenblick, da im Hintergrund Geld und Prämien oder Karrierechancen bestimmend sind, verlieren Spiele ihren Spielcharakter auf der Stelle.

234 Dass das der Fall ist, mag dann einfach nicht mehr auffallen, wenn Spiele Allgemeingut werden. Was aber gibt es im Grunde genommen Absurderes als zum Beispiel das Fussballspiel, angesichts der Tatsache, dass es die Hände, nicht die Füsse sind, die der Mensch gut beherrscht! Aber eben: Gerade in der Herausforderung, Grosses mit ungeeigneten Gliedmassen zu bewerkstelligen, liegt die Würze des Fussballspiels. – Wenn etwas dem «interesselosen Wohlgefallen» nahekommt, dann ist es das, was Spielende im Laufe eines echten Spiels erleben.

235 Vgl. dazu auch Martin Mosimann, *Richtiges Scheitern und falscher Erfolg*, 2.

236 Das ist ja dann auch oft der Fall. Und die Frage ist nicht, wer gewinnt, sondern ob eine bestimmte Person auch dieses Mal wieder gewonnen hat.

237 Wer *nicht* gewinnt, muss sich dafür rechtfertigen. Er oder sie wird dann allenfalls hochnotpeinlich interviewt und muss vor laufender Kamera mit dem Status des Unterlegenen oder der Unterlegenen (gegenüber allenfalls einem Reporter bzw. zuhanden des Publikums, die selbst zu nichts fähig wären) büsserisch all jene «Fehler» auflisten, die er oder sie gemacht hat, was er oder sie dann auch jeweils brav tut. Dass *Nichtsieger* Fertigkeiten an den Tag legen, die jene des Normalbürgers himmelhoch übersteigen, fällt dabei nie ins Gewicht. Und während des Rennens selbst wähnt man sich in der Primarschule, wenn Kommentatoren, als ob sie ein Diktat korrigierten, nicht müde werden, «Fehler» um «Fehler» namhaft zu machen, die sich die Ausführenden hätten zuschulden kommen lassen.

238 Via Sportübertragungen erreichen sie viele Menschen – die Menge der Zuschauer und Zuschauerinnen ist ja um einiges grösser als die der Sportler und Sportlerinnen – und bestimmen so das Verständnis dessen, über das sie berichten.

239 Mit Spielen verhält es sich ähnlich wie mit der Liebe: Man kann sich einen anderen Menschen wohl mit Gewalt zu eigen machen, man kann ihn aber nicht irgendwie dazu zwingen, einen zu lieben, weil Liebe sich dadurch auszeichnet, dass sie eine *freiwillige* Zuwendung darstellt. Man kann sein Ziel also nicht mit Macht erreichen.

240   Ob Macht selbst so denkt, ist schwer zu bestimmen – gewiss ist aber, dass sie damit die Unfähigkeit vieler Menschen, anders als zweiwertig zu denken, für ihre Zwecke nutzbar macht.

241   Im Grunde genommen ist es unfassbar, wie viele Menschen der «normativen Kraft des Faktischen» unterworfen sind, sodass sie kaum je erfassen, wie reichhaltig die Welt eigentlich ist.

242   Dazu trägt natürlich bei, dass viele Menschen nur zweiwertig denken können und so zu Zweiwertigkeit mit Leichtigkeit verführt werden können.

243   Etwa im Rahmen eines angenehmen Konzertabends am Wochenende, zusammen mit einer liebenswerten, leicht überdrehten (Klischee-)Frau, wie sie sie etwa Hollywoodfilme präsentieren.

244   Das Ziel eines Arbeitslagers, das der Verfasser als Gymnasiallehrer mit einem Kollegen leitete, bestand darin, einen Digitalrechner auf der Basis einer Kugelbahn zu bauen. Es kann kein Zweifel daran bestehen, dass eine solche Aufgabe keinen Nutzen hatte, dafür aber grosse (spielerische) Anforderungen (etwa an Phantasie, Scharfsinn und Planungsfähigkeit) stellte. Eine gewisse Zahl der Teilnehmer und Teilnehmerinnen konnte das nicht anerkennen, weil sie allein auf das *Ziel* des Projekts starrten. Sie konnten diesem keinen Sinn abgewinnen, weil das *Resultat* nicht irgendwie brauchbar sein würde.

245   So wenig, wie sie lieben kann.

246   Während einfache Menschen *einfach so,* indem sie je ihr Leben so, wie sie es vorfinden, leben können. – Macht setzt sich zum Beispiel nicht für die Erhaltung einer bestimmten Vogelart ein, sondern hat direkt das Weltklima im Auge. Macht ist nicht daran interessiert, dafür zu sorgen, dass kleine Leute ihre Miete bezahlen können, sondern sie ist direkt auf die Konstruktion einer «gerechten Gesellschaft» ausgerichtet (was das sein soll, wüsste sie dann freilich kaum zu begründen). In gleicher Weise beschwört sie umgekehrt auch stets nicht weniger als den *Untergang* der Menschheit für den Fall herauf, dass man sich ihr *nicht* in die Arme wirft. Oder sie behauptet, ihre Ziele und Massnahmen seien *alternativlos* – sie allein, in ihrer (angeblichen) Fähigkeit zu illusionsloser Sachlichkeit, sei in der Lage, das zu erkennen.

247   Sie greift dann gern zur Kriegsmetaphorik, um ihre *bedingungslose Entschlossenheit* zu bekunden und gleichzeitig den Eindruck zu erwecken, dass sie zum Schluss *siegen* werde.

248   Immer muss man unterscheiden zwischen einerseits dem Erreichen der Ziele und andererseits dem Ausschalten der Kritiker.

249   «Ideale» *erscheinen* als etwas *Bestimmtes,* weil sie *als Begriff, als Wort* innerhalb einer Sprache bestimmt sind – so scheinen sie auch *an sich* für etwas Bestimmtes zu stehen. In Tat

und Wahrheit aber können sie nicht endlich umschrieben werden. So bleiben sie umgekehrt immer unbestimmt, ja man kann nicht einmal wirklich wissen, ob ihnen überhaupt etwas entspricht.

250 Dahinter stecken freilich die eigentlich auf der Hand liegenden zwei Befunde, dass erstens Perfektion nicht erreichbar ist, das Ziel von Macht also unerreichbar sein muss, und zweitens, dass, wie man im Alltag sagt, das Leben «weitergeht», dass also auch Macht keinen endgültigen Zustand erreichen und fixieren kann. Zu beiden Einsichten ist indessen Macht nicht fähig. Ihr Anspruch besteht am Ende immer in der illusionären Vorstellung, dass *sie* diesen Tatsachen trotzen könne.

251 Das bietet auch die Grundlage des Paradoxes, dass sich Macht und Widerstand gegen diese einander in die Hände spielen. Gelänge es Macht, den Widerstand gegen sich ganz aus der Welt zu schaffen, würde sie in die Leere langen. Sie profitiert also davon, dass sich gegen sie Widerstand regt. Jedenfalls in der Unterdrückung des Widerstands kann sie sich immer weiter als mächtig in Szene setzen.

252 Diese Methode haben bekanntlich Priesterschaften aller Religionen angewandt, mit der Behauptung, dass nur *sie* bzw. nur Theologen einerseits die Heiligen Texte, andererseits das, was sich in der Welt abspiele, richtig interpretieren könnten. – Im christlichen Umfeld ist damit bekanntlich mit dem Protestantismus ein Ende gemacht worden, indem sich Gläubige das Recht zu nehmen begannen, ihre eigene Urteilskraft einzusetzen.

253 Das selbst erzeugte Unwissen kann dann umgekehrt wieder dazu verwendet werden, Kritik damit zu entwerten, dass man Kritikern vorwirft, gar nicht alles zu wissen.

254 Von Machtpolitikern scheinbar liebevoll-behütend, in Wirklichkeit aber abschätzig summarisch *Bevölkerung* genannt – wie kann man angesichts des Bildungsstandes der Staatsbürger und Staatsbürgerinnen einerseits, der Würde, die jedem Menschen zukommt, andererseits so einen überheblichen, entwertenden Begriff einsetzen!

255 Statt dass sie, wie Macht das abschätzig nennt, «Einzelinteressen» verfolgten oder sich, wie sie geltend macht (im Rahmen eines furchtbaren Missbrauchs eines Begriffs) der Forderung nach «Solidarität» entzögen.

256 Das ist selbstverständlich ein Missbrauch des Begriffes «wirklich». Wenn es tatsächlich um «wirkliche» Ziele ginge, könnte man diese genau umschreiben.

257 Oder dann warnt sie davor, dass immer weiter Gefahren drohten, welche die Aufrechterhaltung von Massnahmen forderten, und der «Kampf» (wie sie dann gern sagt) erst gewonnen sei, wenn eine Bedrohung ganz aus der Welt geschafft sei. Das ist deswegen erst recht kaum zu durchschauen, weil eine solche Darlegung der Dinge von vielen Menschen nicht als *pervertierte Form von Idealismus* erkennbar ist: Die Vorstellung einer endgültigen Befreiung von aller Gefahr etabliert ja ein «Ideal», das gewiss nicht zu erreichen ist. Es gibt jenen Endzustand, in dem dem Menschen überhaupt keine Gefahren mehr drohen, nicht. Die *Sehnsucht*, keiner Gefahr mehr ausgesetzt zu sein, ist gewiss einfühlbar – es *kann* einen solchen Zustand aber nicht ge-

ben, weil der Mensch grundsätzlich in eine gefährliche Welt gestellt ist. Und folglich kann auch kein Machthaber den Anspruch erheben, ihn herbeiführen zu können. Mittels eines Ausflugs in die Epistemologie kann das leicht belegt werden: Der Mensch kann die vorgefundene *materielle* Welt nicht zu Ende erkennen, folglich kann er nicht endgültig abwehren, was ihm als Gefahr droht: Er mag (eine einfältige Kleinbürgerphantasie, wie sie Machthaber gern bedienen) eines Tages alle gefährlichen Viren «ausgerottet» und alle Verbrecher hinter Gitter gesetzt haben – das Leben geht aber weiter, neue verbrecherische Absichten mögen in neuen Menschen entstehen, neue Gesundheitsgefährdungen mögen auftreten. Und am Ende könnten sich gar die Machthaber selbst als Quelle allen Unheils erweisen. Machthaber können sich dem Tatbestand, dass der Mensch in einer nicht zu Ende erkennbaren *materiellen* Welt lebt, nicht entziehen. Vgl. dazu auch oben, Kap. 4.

258 Wenn christliche Aktivisten auf riesigen Plakaten verkünden, dass man erst bei Gott «zur Ruhe» komme, so erscheint das wie blanker Hohn.

259 Im gleichen Atemzug kann man auch feststellen, dass auf diese Weise auch jede Vorstellung von *Achtung* zerstört wird. Es kann keine Anerkennung der Tatsache, ja erst recht keine Freude daran geben, dass ein Mensch einfach da ist, und keine Anerkennung dafür, dass er das sein *darf*, ohne weitere Rechtfertigung. Indem er immerzu an einem «Ideal» *gemessen* wird, stellt er nicht nur immerzu ein Defizitprodukt dar, sondern hat, wie es scheint, auch keine Eigenbedeutung – nur das «Ideal» scheint zu zählen.

260 Statt sich in allerlei wohltönenden, dabei aber immer *allgemein* bleibenden Selbstanklagen à la «Wir alle sind Sünder» zu ergehen.

261 Verirrungen von einzelnen Machtträgern werden dann, wenn sie nicht mehr totgeschwiegen werden können, auf die Schwäche immer *einzelner* Menschen geschoben, die einem höheren Massstab nicht gewachsen zu sein scheinen. Damit kann man vernebeln, dass der Anspruch eines Menschen, gottgleich gut zu sein, *überhaupt* nicht erfüllt werden kann. – Wie viel menschlicher (und wohl auch christlicher) ist das, was viele Menschen versuchen: einfach so gut zu sein wie möglich.

262 Wie viel menschlicher ist da der römische Rechtsgrundsatz *ultra posse nemo obligatur*.

263 Zum Vergleich: Der Kategorische Imperativ erlaubt es dem Einzelnen, sein Verhalten zu überprüfen, und er kann dann mindestens beurteilen, ob ein Verhalten unethisch ist. Eine ähnliche Struktur hat übrigens das Verhältnis zwischen Patient oder Patientin und Arzt oder Ärztin. Bewusst oder unbewusst stellen sich Ärzte über ihre Patienten, indem sie zum Beispiel schweigend Untersuchungen vornehmen oder sich miteinander in einer Sprache unterhalten, welche die Patienten nicht verstehen. Patienten müssen dann oft erraten, was das Handeln oder Schweigen von Ärzten bedeutet. Und am Ende werden sie dann allenfalls noch mit Diagnosen in Form von Eintretenswahrscheinlichkeiten allein gelassen, mit denen sie nichts anfangen können. Ärzten reicht es zu wissen, mit welcher Wahrscheinlichkeit eine Massnahme oder eine Operation Erfolg hat, dem einzelnen Patienten aber nicht. Auf diese Weise bleiben Ärzte auch dort, wo es nur Wissen in Form von Eintretenswahrscheinlichkeiten gibt, überlegen. Vgl. dazu auch Martin Mosimann, *Die Schwierigkeit mit dem Wissen*, 7.

264 Dazu gehört auch, dass an sich klare Begriffe hemmungslos umgedeutet werden, zum Beispiel indem «wahre» Christlichkeit plötzlich in Menschenverachtung bestehen soll oder jene gleichen Rechte, welche Verfassungen (angeblich) «garantieren», unversehens an Bedingungen geknüpft werden.

265 In eine solche Verwirrung münden ja bekanntlich auch Coaching oder tiefenpsychologische «Analysen»: Sie produzieren, unter dem Vorwand, Menschen zu einer «wahren» Form des Seins zu führen, auf der Stelle Unsicherheit (wie könnte man denn herausfinden, was das «wahre» Ich einer Person ist, wenn es nicht die Person selbst finden kann?). Das Ergebnis ist bekannt: Deren Opfer können schnell nicht mehr ohne die Hilfe der Coaches oder Psychologen bestehen, die ihnen sagen, was (angeblich) der Fall ist.

266 Einen ähnlichen Charakter hatten die verschiedenen aufeinanderfolgenden Ausrichtungen der «Parteilinie» unter Stalin.

267 Immer ohne genaue Aufnahme dessen, was man (angeblich) erreichen wollte bzw. welche «Qualität» man anstrebte – immer war das Ziel gewissermassen «Qualität an sich», also ein Unding, weil Qualität nur im Hinblick auf einen Massstab Qualität sein kann.

268 Der Begriff scheint sich abermals selbst bzw. aus sich heraus zu begründen. Im Grunde ist in diesem Zusammenhang aber (wieder) eigentlich alles unklar. Was soll genau das Ziel eines solchen Schutzes sein? Worin soll die Messgrösse bestehen, an der man sich ausrichtet (ein «richtiges» Klima kann es ja nicht geben)? Wie begründet man die in seinem Zusammenhang erfolgenden, über alle Massen ausgreifenden Ansprüche an den Menschen? – Indem man die Begriffe «Klimaschutz» und «Klimakrise» in die öffentliche Diskussion einschleuste, schien scheinbar schon klar zu sein, dass das «Klima» irgendwie als Ganzes geschützt werden müsse bzw. es nicht um *einzelne* bestimmbare Mängel des menschlichen Eingreifens in das Klima gebe, die nach und nach behoben werden müssten. Und weil der Blick stets aufs Ganze gerichtet ist – und das heisst wieder: auf ein nicht beschreibbares «Ideal» –, kann der Ausnahmezustand, der jetzt angeblich herrscht, nie zu einem Ende gebracht werden. Man mag alle Ölheizungen verbieten, alle Kühe schlachten, zu fliegen nur noch hohen Regierungsbeamten erlauben – das Klima kann man damit aber immer weiter als «noch lange nicht geschützt» darstellen, weil eine brauchbare Definition des angestrebten Endzustandes fehlt. Die Ausrichtung auf ein «Ideal» – scheinbar etwas Grossartiges – wird aber, wenn es gar nie erreicht werden kann, irgendwann zu einer Erschlaffung aller Anstrengungen führen.

269 Bestimmte Begründungen werden etwa im Zusammenhang mit «Qualitätssicherungsmassnahmen» nie gegeben oder dann wird Unbestimmtes durch weiteres Unbestimmtes begründet. Zum Beispiel wurde eine «bessere Qualität» gefordert, weil man nur so «wettbewerbsfähig» bleiben werde. In welcher Hinsicht man «wettbewerbsfähig» werden sollte, wurde aber erneut nicht genau beschrieben. Die Begründung ersetzte also einen leeren Begriff durch einen anderen leeren Begriff.

270 Zunächst wird der Eindruck erweckt, dass nur «Alte» nicht mehr «mitkämen», sodass jüngere Menschen meinen können, *sie* befänden sich auf der Höhe der Zeit – in Tat und Wahrheit werden aber auch sie in einem zweiten Schritt vereinnahmt. Man muss in diesem Zusammenhang darauf hinweisen, dass dieses Muster immer wieder von totalitären Bewegungen, zum Beispiel dem Nationalsozialismus, befolgt wird. – Am Ende werden dann auch die Bedürfnisse junger Menschen nicht geachtet (weil sie aber möglicherweise keine bessere Welt kennen, mögen sie sich in dem Glauben wähnen, alles sei so gut eingerichtet, wie es ist).

271 Dazu gehört, wie man am Rande bemerken muss, auch der Versuch von Macht, Reflexion als solche verächtlich zu machen (à la «Jetzt müssen wir handeln, statt uns in Diskussionen zu verzetteln») oder mit einer dauernden Verpflichtung zu Kürze (etwa von Meinungsbeiträgen, Darstellungen von Problematiken, Auseinandersetzungen mit einem Thema) vertiefte Betrachtungen zu verhindern.

272 Schon die einfachste pädagogische Einsicht könnte einem klar machen, dass man so Menschen nie gewinnen kann (wenn man ihnen die Fähigkeit abspricht, selbst schrittweise zu einem Guten beizutragen) – Macht will aber ihre Ziele gar nicht *zusammen mit* den Menschen anstreben, sondern sie will diese dazu zwingen, sich den von ihr ausgerufenen Zielen zu fügen.

273 Die Kleinbürgervariante einer solchen Irreführung besteht im folgenden Vorgehen: Man verpflanzt erstens in einen Menschen die Idee des Ungenügens und Selbstzweifels. Dann gibt man ihm zweitens nie mehr Rückmeldungen oder höchstens Rückmeldungen in Form von unbestimmter Kritik (zum Beispiel via Vergleich mit einem «Ideal»). Auch auf diese Weise kann man Menschen manipulieren, weil sie immerzu mit sich selbst beschäftigt sind und sich selbst weiter kritisieren oder zurechtweisen. Würden sie einen Moment innehalten und, gewissermassen spiegelnd, sagen: «Und du?», würde alles zusammenfallen. Das ist aber zum Beispiel Lehrern und Lehrerinnen oder Eltern gegenüber verboten. – Dabei geht im Übrigen immer unter, dass sich auch «Ideale» auf einen Massstab (dessen, was man mit seinen Bestrebungen erreichen will) beziehen. Würde man sich diese Tatsache klarmachen, könnte man bestimmen, was man erreicht hat, was man allenfalls noch erreichen möchte und was man nie erreichen wird. Wenn man zum Beispiel vor der Aufgabe steht, eine Untersuchung abzuschliessen, steckt man wohl immer in einem Zwiespalt: Niemand könnte behaupten, das, was er abschliesst, sei nicht noch verbesserungsfähig. Statt sich aber in einer zu keinem Ende führenden Sehnsucht nach Perfektion zu verlieren, mag es geboten sein, etwas anderes in Angriff zu nehmen. Das wäre nicht möglich, wenn man Perfektion anstrebte, und man würde so (ebenfalls) einen Schaden verursachen.

274 Vgl. dazu Martin Mosimann, *Emanzipation ernst genommen*, 10.

275 Vgl. dazu Martin Mosimann, *Die Schwierigkeit mit dem Wissen*, 7.

276 Wie sich zeigt, dann aber vor allem gegenüber ihren Kritikern, die sie in verschiedener Form zum Schweigen bringen kann.

277 Wie trostlos erweist sich dagegen das, was Macht anstrebt: eine Welt, in der sich nichts mehr bewegen kann, weil sie sich absolut setzen will – die Grabesruhe eines verdrehten Platonismus. Alles scheint dann an jenem Platz zu stehen, der ihm zu gebühren scheint. Aber kein Leben findet in einer solchen Organisation mehr statt.

278 Eben diese Züge haben Platonismus, Kleinbürgerplatonismus und Religiosität gemeinsam: Es ist in ihrem Rahmen schon alles fertig bestimmt, bevor der Mensch die Welt betritt. Eine solche Vorstellung begründet aber eine endgültige, bleierne Statik. Bewegung könnte einzig insofern stattfinden, als der Mensch versuchen könnte, nach und nach grundsätzlich längst festgesetzte «Ideale» in die «Wirklichkeit» überzuführen. Insofern, als «Ideale» definitionsgemäss nicht erreicht werden können, können sich, wie man weiter feststellen muss, indessen nur Defizite einstellen. Diese Tatsache scheint aber im Rahmen von platonismusähnlichen Vorstellungen damit aufgewogen, dass man sich dabei immer um (angeblich) Wirkliches, Grosses bemüht. Aber eben: Es kann keine endgültigen «Ordnungen» geben, weil «Ordnungen» immer auf Massstäbe bezogen sind, und so ist die Geschlossenheit, die sie suggerieren, illusorisch, und die Defizite, die sich einzustellen scheinen, mögen in dem Sinn gar nicht bestehen, als sie aus dem Vergleich von tatsächlichen Handlungen mit illusionären Bildern von Perfektion resultieren. – Die vorliegende Studie zum Beispiel muss im Vergleich zu einer in jeder Hinsicht perfekten Darstellung von Macht als wertlos erscheinen. Wenn es aber eine solche perfekte Darstellung gar nicht gibt, ja nicht geben *kann*, ist sie vielleicht im Ganzen doch recht brauchbar.

279 An gewiss unterstützenswerten Plänen von Menschen (etwa dem, Sorge zum Klima zu tragen) ist ersichtlich, wie leicht die Ausrichtung auf «Ideales» schnell in eine üble Form von Geschlossenheit (und dann abstossendes Machtgebaren) umschlagen kann. (Schon die Ausdrucksweise übrigens, dass der Mensch das Klima «retten» müsse, ist epistemologisch verfehlt, weil es keine Instanz und keinen absoluten Massstab gibt, die bestimmen könnten, worin eine solche «Rettung» bestehen könnte: «Retten» kann man nur etwas, von dem man weiss, worin der Gehalt eines solchen Rettens bestehen könnte. Man kann etwa das Leben eines Menschen «retten», indem man ihn vor dem Ertrinken bewahrt – wenn man das tut, hat man sein physisches Überleben gesichert. Wenn man über einen solchen Massstab aber nicht verfügt, kann man höchstens sagen, dass man einen Zustand zu erreichen suche, den man – hoffentlich aus guten Gründen heraus – anstreben wolle. Dann ist ein solcher Zustand aber nicht jeder Diskussion enthoben, weil man zum Beispiel andere Ziele namhaft machen kann.) Nicht nur stellt sich immer die Frage, woher sogenannte Klimaaktivisten *wissen*, dass sie mit ihren Zielen recht haben (ihre beständige Warnung, dass es «fünf vor zwölf» sei, ändert nichts an dieser Tatsache – auch «fünf vor zwölf» kann man grosse Fehler machen, wenn man ohne Überlegung tätig wird, und gar nicht brauchbar ist der Aufruf eines sich altersgemäss nach festen Verortungen in der Welt sehnenden schwedischen Teenagers, man müsse «in Panik verfallen»). Bemerkenswert ist, dass sich um das Klima Besorgte offensichtlich nicht vorstellen können (oder sich nicht damit beschäftigen), was man dann, wenn man angeblich das Klima «gerettet» hat, anfangen solle – bzw. nicht zu der Vorstellung fähig sind, dass es dann oder schon jetzt auch noch andere grosse Dinge geben könnte, welche die Menschen interessieren und auf ihre Weise ins Leben ziehen. So kommt man zu dem betrüblichen Ergebnis, dass im Zusammenhang mit der Sorge um das Klima Opfertum (in Form eines jahrelangen Nichtgehörtwerdens und nicht Ernstgenommenwerdens) auf seltsame Weise in ein furchtbares Machtgehabe umschlägt. *Dieses Mal* ist alles anders, behaupten Klimaaktivisten dann: Es gilt nämlich jetzt, ohne Verzögerung einer absoluten Forderung zu genügen. Aber so hat Macht immer argumentiert. Sie hat Notstände ausgerufen und aus ihnen abgeleitet, was in Wirklichkeit allein ihr frommte. – Ein solches Vorgehen ist deswegen äusserst bedauerlich, weil es am Ende dem Anliegen selbst schaden wird.

280 Die Argumentationsfigur, die sie einsetzt, mündet immer schnell in den Missbrauch des Begriffs der Ordnung. Sie unterstellt, dass sie, indem sie auf «Ideale» bezogen sei, «Ordnung» im Auge habe, während aus Offenheit allein «Chaos» entstehe. Aber das braucht nicht der Fall zu sein, weil es allenfalls andere (auf andere Massstäbe bezogene) «Ordnungen» gibt.

281 Wie es das Schicksal von Frauen in frauenverachtenden «Kulturen» ist.

282 Wie sich Utilitarismus seine, wie es scheint, allein richtige Deutung der Dinge erschleicht, zeigt sich in Martin Mosimann, *Emanzipation ernst genommen*, 10.

283 Vgl. *Emanzipation ernst genommen*, 8.

284 So ist zum Beispiel die Tatsache, dass Frauen in der Schweiz bis in das späte 20. Jahrhundert das Stimm- und Wahlrecht verwehrt wurde, als «göttliche Ordnung» bezeichnet worden. Vgl. den Film mit diesem Titel von Petra Volpe (2017).

285 Dieser Frage geht nach Martin Mosimann, *Emanzipation ernst genommen*. – Eine beliebte Vertuschung dessen, was der Fall ist, und leider auch ein immer wieder Erfolg versprechendes Irremachen an einem solchen Begehren besteht dann darin zu behaupten, Menschen seien, bevor von Psychologen und Philosophen solche Vorstellungen und Ansprüche in ihren Kopf gesetzt worden seien, mit ihrer Stellung «zufrieden» gewesen. Dabei handelt es sich um eine irreführende Halbwahrheit: Tatsächlich entsteht mit der Erkenntnis der Tatsache, dass man in seinem Leben in Tat und Wahrheit nicht vorkommt, Verstörung – das soll aber ein Zustand sein, der mittels Emanzipation *überwunden* werden soll, mit dem Ergebnis, dass eine nun gerechtfertigte Zufriedenheit entsteht.

286 Wie dies zum Beispiel die nationalsozialistische Propaganda tat: Führende Nationalsozialisten machten nicht nur Millionen von Menschen zu Opfern, sondern verachteten diese auch in ihrem Opferdasein selbst: Sie sprachen ihnen ja auch schon deswegen allen Wert ab, weil sie sich zu Opfern machen liessen.

287 Das ist ja unter anderem das Argumentationsmuster, das sich in fast alle Behandlungen dessen einschleicht, was man als Mobbing kennt. Opfer von Mobbing (gerade Kinder) werden allenfalls medial effektvoll bemitleidet, wie man sich des Themas ja auch immer mit grossen Worten annimmt. Am Ende läuft dann aber meistens alles doch auf die Unterstellung hinaus, dass sie, die Opfer, es selbst seien, die Mobbing auf sich zögen. Und – im Falle von Kindern – werden sie dann etwa in andere Klassen umgeteilt, als seien *sie* die Ursache von Mobbing. Oder man will sie darauf trainieren, sich nicht mehr zu Opfern machen zu lassen; mit dem Ergebnis, dass die Opfer von Mobbing noch einmal Opfer werden (dieses Mal von angeblich gutgemeinten, in Tat und Wahrheit aber entwertenden Hilfeleistungen) und sich Mobbing einfach auf andere Opfer verlagert.

288 Eine solche Aussage mag manchen Lesern und Leserinnen sehr abstrakt erscheinen. Ein konkretes Beispiel wird aber auf der Stelle Klarheit schaffen. Wenn jemand streitsüchtig auf einen zukommt, wird man allenfalls damit antworten, dass man dessen Streitsucht aufnimmt (obwohl man vielleicht gar nicht gern streitet) und sich dazu provozieren lässt, sich ihm eben-

falls streitend in den Weg zu stellen. Damit hat man freilich verloren, bevor die eigentliche Auseinandersetzung beginnt. Man übernimmt nämlich das Setting des Streitenden: Man streitet ebenfalls. Man könnte ihm aber auch ganz anders begegnen: lachend, liebevoll, verzeihend, allenfalls sogar erfassend, dass der andere gar nicht streiten will, sondern (auf kaum Erfolg versprechende Weise) Kontakt mit einem Menschen sucht. Die Tatsache, dass man angegriffen wird, hat indessen oft zur Folge, dass man sich gegen seinen Willen in Streit hineinziehen lässt, sich also selbst verliert.

289 Wer für einen Inhalt eintritt, will ja nicht Macht gewinnen, sondern diesen Inhalt ausgestalten. Wer zum Beispiel für Gedankenfreiheit oder künstlerische Freiheit eintritt, will nicht zerstören, sondern etwas zum Leben erwecken. Wer sich für Gerechtigkeit einsetzt, will nicht andere angreifen, sondern dafür sorgen, dass Gerechtigkeit um sich greift.

290 Indem, logisch gesehen, das konträre Gegenteil mit dem kontradiktorischen Gegenteil in eins gesetzt wird: So mag dann jemand zum Beispiel sagen: «Wer nicht mein Freund ist, ist mein Feind». Dass jemand, der nicht Freund ist, *irgendetwas* ist, also ohne Bezug zu ihm steht, scheint dann nicht mehr möglich zu sein.

291 Wie immer, wenn es um Macht geht, stellen die Werke Franz Kafkas ausgezeichnet dar, wie Macht auf ihre Opfer wirkt. Es ist zum Beispiel bemerkenswert, dass die Helden in seinen Werken ihren Blick nie auf sich oder gar eigene Ziele sowie eigene Hoffnungen richten. Sie haben sich mit anderen Worten ihre eigene Totalentwertung schon zu eigen gemacht, bevor sie in eine Auseinandersetzung mit den sie bedrängenden Mächten eintreten, obwohl ihnen doch als Menschen eine eigene Würde eingeschrieben ist.

292 Eine Folge der zweiwertigen Weltsicht der Macht besteht darin, dass einfach alles, was zufälligerweise nicht in diese passt, als feindlich aufgefasst wird. – Ohnmacht wird übrigens allenfalls dann, wenn *sie* an die Macht kommt, wie man das ja von politischen Prozessen her kennt, auf der Stelle in gleicher Weise wie Macht agieren: indem sie nun umgekehrt alles, was nicht *sie* ist, nicht gelten lässt oder gar zerstört, indem sie unterstellt, als ehemalige Opfer von Macht sei ihr alles erlaubt. So hat etwa ein ehemaliger deutscher Bundespräsident, der unter politischer Verfolgung in der DDR gelitten hatte, also am eigenen Leib erlebt hat, was es heisst, von Macht diskreditiert zu werden, und der sich zudem als Inbegriff von Christlichkeit auffasst und so ein gewisses Ansehen gewonnen hat, in gewiss unchristlicher Weise Menschen, die sich gegen die Coronavirus-Impfungen aussprachen, laut Zeitungsberichten als «Bekloppte» bezeichnet (vgl. https://www.faz.net/aktuell/politik/inland/joachim-gauck-greift-impfgegner-als-bekloppte-an-17532805.html oder https://www.welt.de/politik/deutschland/article233737858/Bekloppte-Joachim-Gauck-greift-Impfgegner-an.html; heruntergeladen am 15.5.24) Wenn er ihnen so (mittels einer Wortwahl, die eines ehemaligen Bundespräsidenten kaum würdig ist) «Vernunft» absprach, unterlag er damit wie viele Menschen dem Fehlschluss zu meinen, die «Vernunft» könne in Bezug auf die *materielle* Welt fehlerfreie Auffassungen generieren. Vor allem aber war seine Aussage deswegen so stossend, weil die Würde des Christentums ja unter anderem in einer Haltung gipfelt, die, wie man sagen könnte, maximal inkludiert: Auch Sünder (und «Bekloppte») sollen in seiner Welt Platz haben. Sie sollen nicht ausgeschlossen werden, weil auch sie Menschen sind und kein Mensch das Recht hat, sie zu verurteilen oder sich über sie zu stellen (weil sie am Ende sogar Wahres in sich tragen mögen). – Unter diesem Gesichtspunkt gesehen hat Judith Shklar gewiss recht, wenn sie warnend darauf aufmerksam macht, dass nichts so gefährlich sei wie entbundene Ohnmacht; vgl. dazu *Ordinary Vices,* S. 15–23. – Dieser Gefahr scheint unterdessen auch die sogenannte Klimabewegung zu unterliegen. Nach Jahrzehnten des Nichternstgenommenwerdens beginnt sie sich nun allenfalls in dem Sinn gewissermassen zu rächen, als sie alles, was sich ihr entgegenstellt, ihrerseits auf der Stelle verdächtigt oder gar verteufelt.

293 Wie das in der Geschichte der Schweiz auf vielfältige Weise mit politischen Machenschaften aller Art, üblen Tricks, vorgeschobenen Sachzwängen, offensichtlichen Manipulationen und Lügen ja dann der Fall gewesen ist.

294 Und man mag nicht gern darüber reden wollen, weil man stets befürchtet, ungerecht zu werden. Opferdasein scheint sich dadurch auszuzeichnen, dass man es gewissermassen *unter keinen Umständen* kritisieren darf.

295 Aus diesem Grunde mag man das Dasein eines Opfers geradezu umgekehrt suchen. Als Opfer scheint man aller Beurteilung enthoben, ja kein Makel irgendwelcher Art zu haben. Personen etwa, die in Theaterstücken als Opfer dargestellt werden, fasst man ohne Bedenken als durch und durch gut auf, oder man sieht ihnen alle Fragwürdigkeit nach. Im Drama *Emilia Galotti* von G. E. Lessing erscheinen zum Beispiel Vater wie Tochter Galotti als grossartige Menschen, weil sie Opfer von Nachstellungen sind – ein genauerer Blick auf die beiden Personen könnte dann aber auch zu ganz anderen Urteilen kommen. Indem man sich umgekehrt selbst als Opfer darstellt, mag man sich immun gegen Kritik machen. Diesen Trick wendet ja im Übrigen auch Macht selbst immer wieder an, wenn sie sich als Opfer von bösen Mächten, als zu Widerstand gezwungen darstellt.

296 Als habe nicht Kant gefordert, dass man den Mut haben müsse, sich seines Verstandes zu bedienen und sich über die, die einem am Gängelband führen wollten, zu stellen. Vgl. dazu Immanuel Kant, *Beantwortung der Frage: Was ist Aufklärung?*

297 Samt der Tatsache, dass sie den Unterschied zwischen dem kontradiktorischen und dem konträren Gegenteil nicht fassen kann und in diesem Zusammenhang sich nichts anderes vorstellen kann, als dass die vorgefundene Welt *zweiwertig* sei.

298 Die Märchenvorstellung von einem Herrscher, der nachts seinen Palast verlässt, sich inkognito unter die Menschen, die er beherrscht, mischt und sich kundig macht, worin die Sorgen seiner Untertanen bestehen, ist zwar hübsch, aber kaum möglich; nicht zuletzt auch deswegen, weil Macht solche Kenntnisse gar nicht erwerben *will* oder sie nicht ertragen würde oder am Ende auch gar nicht verstehen könnte.

299 So mögen Machthaber etwa an anderen Menschen sexuelles Interesse haben, aber nur in Form eines Brauchens des Anderen – ein Eigenwert wird weder der anziehenden Person noch erst recht Liebe an sich zugeschrieben. Vgl. dazu auch Martin Mosimann, *Ich und der Andere,* 12.

300   Wirkliche Verdienste und Werte kümmern sie dabei nicht – ja umgekehrt: Sie zu würdigen bedeutete ja wieder, dass es etwas Grosses neben ihr geben könnte.

301   Das ist der Grund dafür, dass Frauen *Komplimente* als Akte der Macht ablehnen mögen. Wer einem anderen Menschen ein Kompliment macht, masst sich gleichzeitig eine Stellung *über* dem Menschen an, dem er Komplimente verteilt, insofern, als er sich herausnimmt, ihn zu beurteilen.

302   Das widerfährt der Ehefrau im bekannten Märchen *Von dem Fischer un syner Fru* (vgl. Brüder Grimm, *Kinder- und Hausmärchen*, Nr. 19). Bekanntlich gibt das Märchen dem Geschehen eine moralisierende Wendung – bemerkenswert ist aber, dass die immer weiter ausgreifenden Wünsche der Frau immer leerer werden: Sie strebt höhere Positionen nicht an, weil sie so Grösseres bewirken könnte, sondern allein um der Position willen, allein also um einer *formalen* Stellung willen.

303   Oder von der Macht im Zusammenhang mit ihrer Beschränkung auf sich selbst nicht gesehen werden. Das ist das Glück der Beziehungen, die von inniger Liebe getragen sind, und am Ende auch das Glück von Kunst. Hat etwa Fürst Metternich die Schönheit und die schwer beschreibbare Tiefe der späten Klaviersonaten von Franz Schubert (die ihn um Jahrhunderte überlebt haben) zur Kenntnis genommen?

304   Im wahren Sinn des Worts.

305   Dieser Befund korrespondiert gut mit der Beobachtung, dass CEOs, also moderne Beispiele von Machtmenschen, an dem, was die Firmen, denen sie vorstehen wollen, gar nicht wirklich interessiert sind. So können sie nacheinander Telefongesellschaften, Waschmaschinenhersteller, Banken und Krankenhäuser leiten wollen.

306   Der Verfasser etwa kann dagegen freimütig eingestehen, dass er unfähig dazu ist, die Eigernordwand zu besteigen, denkt aber, dass er in philosophischer Hinsicht wirklich das eine oder andere begriffen hat. – Aus dem genannten Grund ist es von allfälligen Beratern in den Wind gesprochen, wenn sie Machtmenschen dazu auffordern, mehr zu «delegieren», um sich zu «entlasten». Macht will alles sein.

307   Wie etwa im Begriff der Ordnung – was könnte man dagegen haben, dass man «Ordnung» schaffe?

308   Der Begriff mit seiner Wirkungsweise vernebelt im Übrigen schon die Tatsache, dass man, indem man «vereinheitlicht», nicht etwas absolut richtig «ordnet» – geschweige denn, dass man so das «Wesentliche» erreichen würde –, sondern allein *im Hinblick auf eine bestimmte Vorstellung* «vereinheitlicht».

309   So erklärt sich auch, dass Machtgebilde am Ende immer so *öde* werden. Am Ende geht es immer um einen wie auch immer gearteten «Endsieg» (einen tatsächlichen oder einen «Endsieg» einer Idee), der aber keinen *Gehalt* (mehr) hat: Mit ihm wird nicht etwas irgendwie Gros-

ses verwirklicht, aus dem ein neues Leben spriessen würde. Im Gegenteil: Das Leben in seiner Vielfalt wird getilgt.

310   Das Gleiche gilt auch für eine Welt, die unter dem Begriff der Gerechtigkeit geordnet wird. So wie dieser im Alltag spazieren geführt wird, mündet er wieder in nichts anderes als in eine Form von Vereinheitlichung; abermals unter einen Begriff, der scheinbar nicht kritisiert werden kann. Indem man, wie man dann gern sagt, alle Menschen gleich behandelt, blendet man aber auch ihre Besonderheit aus. Wenn man tatsächlich Besondere gleich behandelt, wird man ihrer Besonderheit nicht gerecht, sondern verletzt diese. Wirkliche Gerechtigkeit müsste also paradoxerweise auch der Vielfalt des je Einzelnen gerecht werden.

311   Was das genau sein soll, wird freilich hinter seinem griffigen (sowohl seine eigene Notwendigkeit scheinbar gleich selbst begründenden wie auch sein Ziel gleich umfassend benennenden) Begriff versteckt. Was «Klimaschutz» wirklich zu umfassen hätte, muss freilich so lange dunkel bleiben, als man sich nicht darüber Rechenschaft gibt, in welchem Masse im Zusammenhang mit dem Klima eine riesige Zahl von einander mitbegründenden und miteinander interagierenden Befunden bedacht werden muss – und wie wenig man im Übrigen ja im Ganzen noch immer von dem verstanden hat, was ein «Klima» ist.

312   Vgl. dazu Dietrich Dörner, *Die Logik des Misslingens*.

313   Was für ein wunderbares Bild der Vielfalt der Welt – samt dem ihm eigenen milden Anarchismus – entwirft dagegen der Tausendsassa Hans Magnus Enzensberger etwa im dem folgenden Gedicht: «Einfach vortrefflich / all diese grossen Pläne: / das Goldene Zeitalter / das Reich Gottes auf Erden / das Absterben des Staates. / Durchaus einleuchtend. // Wenn nur die Leute nicht wären! / Immer und überall stören die Leute / Alles bringen sie durcheinander. // Wenn es um die Befreiung der Menschheit geht / laufen sie zum Friseur. / Statt begeistert hinter der Vorhut herzutrippeln / sagen sie: Jetzt wär ein Bier gut. / Statt um die gerechte Sache / kämpfen sie mit Krampfadern und Masern. / Im entscheidenden Augenblick / suchen sie einen Briefkasten oder ein Bett. / Kurz bevor das Millennium anbricht / kochen sie Windeln. // An den Leuten scheitert eben alles. / Mit denen ist kein Staat zu machen. / Ein Sack Flöhe ist nichts dagegen. // Kleinbürgerliches Schwanken! / Konsum-Idioten! / Überreste der Vergangenheit! / Man kann sie doch nicht alle umbringen! / Man kann doch nicht den ganzen Tag auf sie einreden! / Ja wenn die Leute nicht wären / dann sähe die Sache schon anders aus. // Ja wenn die Leute nicht wären / dann gings ruckzuck. / Ja wenn die Leute nicht wären / ja dann! / (Dann möchte auch ich hier nicht weiter stören.)» Vgl. Hans Magnus Enzensberger, *Tumult*, S. 240 f.

314   Die «Massnahmen», die Regierungen im Zusammenhang mit der Coronavirus-Pandemie ergriffen, sind ein gutes Beispiel dafür. Sie verrieten unter anderem eine erschreckende Unkenntnis der Lebenswelten von Menschen, der Nöte von Menschen und der Bedürfnisse von Menschen.

315   Dazu gehört, dass Macht am Ende der aus einer solchen Unfähigkeit entspringenden Öde doch irgendwo mittels eines Stücks «Leben» kurzzeitig füllen will, aber jeweils so, dass sie ihrer Öde nicht bewusst werden muss. Das ist zum Beispiel wohl die Wurzel jener abstossenden Affären mit Frauen, welche Machthabende inszenieren. Dabei geht es gar nicht, wie Kleinbürger

meinen, darum, sexuelle Bedürfnisse zu stillen, sondern etwas zu «erleben», aber so, dass man sich dabei nicht verausgabt. Die Frauen, mit denen sich Machthabende abgeben, kann man dann am Ende (der Verfasser ist sich der Grausamkeit eines solchen Wortes bewusst) problemlos «entsorgen», wie das armen Frauen und Frauen, die nicht durchschauen können, in welchem Sinn sie missbraucht werden, ja immer wieder passiert. Das ist nicht nur gefühllos – Machthaber können sich wohl gar nicht vorstellen, dass es ausser ihren Bedürfnissen noch etwas anderes geben könnte, das ein Eigenleben haben könnte. Ein solches Verhalten hat vor allem auch Signalwirkung (gegen innen und aussen): Mit ihm wird vor allem auch signalisiert, dass ein solches Gegenüber am Ende eben doch wertlos ist bzw. dass Macht *keine wirklichen Bedürfnisse* hat.

316 Jeder einzelne Mensch, über den so verfügt wird, stellt eine Person dar, in der tausend Fähigkeiten, Sehnsüchte, Hoffnungen, Lebenspläne und Lebensmöglichkeiten Gestalt annehmen.

317 In den letzten Jahren der Sowjetunion muss zum Beispiel Folgendes der Fall gewesen sein: Die offiziellen Medien konnten nur die offiziellen Lügen verbreiten – auf sie war also kein Verlass. Aber aus internen Informationen war nicht mehr zu entnehmen, wie es in der Sowjetunion zuging, weil es niemand wagte, Tatsachen gegen oben zu melden: Auch sie waren also lügnerisch. Das Ergebnis war, dass die oberste Führung des Staates, also das Zentrum der Macht, als Folge ihres eigenen Lügens und als Folge ihres Machtgebarens keine wirkliche Kenntnis vom wahren Zustand ihres Landes mehr gewinnen konnte.

318 Ohne dass man in eine differenziertere Argumentation einträte, springt einem schon hier das Quasitautologische einer solchen Beweisführung in die Augen. Dass das «Stärkere» gegenüber dem Schwächeren obsiege, scheint auf der Hand zu liegen. In dem Augenblick indessen, da man der Komplexität und Vielfalt der «Natur» wie auch der Vielzahl von möglichen Interaktionen in ihr Rechnung trägt, sieht alles gleich anders aus. Auf der Basis eines kruden, trivialdarwinistischen Modells könnte es weder jene Vielfalt, durch welche sich die Natur auszeichnet, noch auch nur das Nachwachsen von immer zunächst schwachen Jungtieren geben. – Angesichts des Umfangs dessen, was man summarisch mit dem Begriff Natur zu fassen versucht (und angesichts der riesigen Menge von Unverstandenem in Bezug darauf), ist es im Übrigen gar nicht möglich, summarische Aussagen in Bezug auf dieses Gebilde zu machen. Dies dennoch zu tun ist Scharlatanerie, die sich wie immer der Tatsache bedient, dass man, wenn man einen Begriff bilden kann, gleichzeitig den Anschein erwecken kann, auch das in Besitz zu nehmen, was der Begriff (angeblich) umfasst.

319 An die Stelle der Behauptung, dass Macht gottgegeben sei, wie sie herkömmliche Machtvertreter (die Könige und Kaiser der Vormoderne) aufgestellt haben, ist also die Herleitung aus angeblicher Tatsächlichkeit getreten: Macht hat sich so auf neue Weise als (scheinbar) nicht kritisierbar etabliert.

320 Nicht beachtet soll in diesem Zusammenhang einmal sein, dass die Aussage ja auch faktisch nicht stimmt oder tatsächlich nicht in so umfassenden Sinn stimmt, wie sie behauptet wird (sonst gäbe es ja nur ausgewachsene Elefanten und Unkraut). Und natürlich gilt grundsätzlich: Auch die innersten Prinzipien der Natur können als *materielle* Befunde in Bezug auf die vorgefundene Welt nicht endgültig bestimmt werden.

321   Das gilt Frauen gegenüber leider oft nicht. – Auch in *der* Beziehung lässt sich ein kruder Bezug zur «Natur» herstellen, indem manche Männer ihre Lust am Fremdgehen damit rechtfertigen, dass sie, wie das angeblich in der «Natur» der Fall sei, alles daransetzen, ihre Gene zu streuen.

322   Früher ausserdem noch dynastische Weitergabe von Macht.

323   Wie es in der Natur wirklich der Fall ist – in dem Augenblick, da Alphatiere nicht mehr physisch überlegen sind (und impotent werden), werden sie von nachfolgenden «Stärkeren» beiseitegeschafft.

324   Jemand mag der «stärkste» Fussballer sein; daraus folgt aber nicht, dass er auch eben deswegen der «stärkste Bodenturner» ist. Jemand mag ein grossartiger Geiger sein, nicht aber ein grossartiger Fagottist. Jemand mag der «stärkste» Redner sein, aber gegenüber einem starken Physiker oder einer mitmenschlich starken Psychologin den Kürzeren ziehen.

325   Daher gibt es ja im Bereich des Sports wiederkehrende Weltmeisterschaften und Olympische Spiele.

326   Das könnte sich schon allein aus der Trivialerzählung von «Genies», die erst mit der Zeit als «Genies» erkannt worden sind, ergeben. Das ist nicht der Fall, weil die Menschen früher dumm waren und deswegen als solche «Genies» nicht erkannten oder würdigten, sondern weil sich ein solches Geschehen immer weiter wiederholt, da keine Zeit *alle* Zeiten und das, was darin Geltung haben mag, versteht. – Offenbar kann eine solche Erkenntnis von jenen alternden Millionären und Ideologen, welche den Anspruch erheben, auf der Basis ihrer Einsichten die Welt endgültig zu ordnen, nicht erfasst werden.

327   So bleibt die Vorstellung eines überlegenen Herrschers, wie sie einerseits immer wieder von allerlei Kleinbürgern (und Kleinbürgern, die wichtige politische Ämter errungen haben) genährt werden mag und andererseits von Menschen, die zum Grössenwahn neigen, für sich in Anspruch genommen werden mag, mit ihrer Statik bzw. ihrer Unfähigkeit, der Reichhaltigkeit der vorgefundenen Welt Rechnung zu tragen, letztlich infantil: Es handelt sich dabei um eine Kinderbuchvorstellung.

328   Und übrigens auch von kaum einem Politiker und Machthabern aller Art. Und er hat seine Wirkung nicht erzielt, indem er *zerstörte*, sondern indem er *schuf*. – Die Gegenüberstellung mit Antonio Salieri, die im Gefolge des Films *Amadeus* von Miloš Forman (1984) eine Weile Gegenstand feuilletonistischer Überlegungen wurde, ist wie alle derartigen Diskussionen insofern in die Irre gegangen, als sie eine Wertung von oben herab ins Spiel gebracht hat: Damals seien, wird dann behauptet, die Menschen nicht in der Lage gewesen, die Meisterschaft Mozarts zu erkennen. In Tat und Wahrheit nimmt in solchen Gegebenheiten immer die gleiche Situation Gestalt an: Zeiten bzw. Paradigmen sind nicht in der Lage, über ihren Rand hinaus zu

sehen. Insofern, als das der Fall ist, kann immer wieder das Gleiche geschehen, auch in der Gegenwart.

329 Vgl. Hannah Arendt, *Vita activa*, 24, *Die Enthüllung der Person in Handeln und Sprechen.*

330 Vgl. Jean-Paul Sartre, *Der Existentialismus ist ein Humanismus.*

331 Er wird erleben, dass ihm zeit seines Lebens (also nicht nur in seiner Kindheit) von Eltern, Lehrern und Lehrerinnen, Lehrmeistern, Pfarrern und Priestern, später Chefs, allerlei Meinungsmachern und schliesslich Politikern und Politikerinnen immer wieder vorgehalten wird, dass er *anders* sein müsse, als er ist. – Wie anders nimmt sich da die wirklich emanzipierende und den einzelnen Menschen wirklich ernst nehmende Aufforderung Immanuel Kants aus: «Habe Mut, dich deines eigenen Verstandes zu bedienen!» Vgl. *Beantwortung der Frage: Was ist Aufklärung?*

332 In vielen schweizerischen Gemeinden gibt es die Tradition des «Jugendfests». Solche angeblich ganz der Jugend gewidmeten Anlässe müssten der Gemeinde vor Augen führen, dass neue Menschen die Welt betreten und ihre Aufgabe unter anderem auch darin zu bestehen hätte, den Jugendlichen den Platz in der Gesellschaft einzuräumen, der ihnen gebührt. Das Gegenteil ist aber der Fall: Man lässt Kinder und Jugendliche schön herausgeputzt durch die Strassen spazieren und speist sie anschliessend mit Getränkebons und Bratwürsten und dann allerlei infantilen «Spielen» ab – von wirklicher Bedeutung ist aber der gesellschaftliche Rahmen dieser Feste. Hier geht es darum, dass sich die tonangebenden Erwachsenen, ganz abgetrennt von der «Jugend», zu Festessen treffen und die zukünftige Verteilung der ihnen wichtig erscheinenden Posten bestimmen können.

333 Dazu kommt, dass sich Kinder bis zur Pubertät (und das gilt für viele Erwachsene immer weiter) nichts anderes vorstellen können, als dass das, was sie vorfinden, so sein *müsse*, wie es ist, also Ewigkeitscharakter hat.

334 Freilich begibt er sich damit schnell in eine Endlosschlaufe. Nicht zufällig wird ihm etwa via Maturreden (siehe unten) verkündet, dass er noch längst nicht würdig sei, sich irgendwie für bedeutend zu halten. Und mit grösster Sicherheit wird er jenen Endpunkt, an dem er sich stolz zurücklehnen kann, nie erreichen.

335 Etwa indem sich der Soldat zum Offizier hochdiente oder aus Schülern und Schülerinnen Lehrpersonen würden.

336 Im Zusammenhang mit Fussballtrainern wird das offensichtlich. Es liegt nahe anzunehmen, dass die Fussballwelt voll von Menschen sei, die fähig seien, erfolgreich ein Traineramt auszuüben – in Wirklichkeit werden aber immer wieder die gleichen Personen an einer Stelle entlassen und an einer anderen Stelle wieder installiert. Und so verhält es sich auch mit Wirtschaftsführern: Eine Person, die sich als unfähig erwiesen hat, eine Telefongesellschaft zu führen, findet sich nach kurzer Zeit als Haupt eines Versicherungskonzerns, dann einer Waschmaschinenfabrik, dann eines Krankenhauses wieder.

337 Solchen Fehldeutungen geht nach Martin Mosimann, *Richtiges Scheitern und falscher Erfolg*.

338 So wird kaum je der Beitrag, den Menschen (vor allem auch Frauen) für das Gelingen von Dingen leisten, indem sie Interesse oder Neugier zeigen oder ein gutes Gemeinschaftsgefühl schaffen, gewürdigt.

339 Der Verfasser erinnert sich in diesem Zusammenhang der mit wichtiger Miene und gleichzeitig strafendem Unterton ausgesprochenen Warnung eines seiner Geschichtsprofessoren, Studenten und Studentinnen sollten nicht meinen, ihre Seminararbeiten könnten grosse Erkenntnisse zu Tage fördern. Das mag der Sache nach ja zutreffen – offensichtlich lag aber die tiefere Absicht des Professors darin, Studenten und Studentinnen ihre Bedeutungslosigkeit in der Welt klarzumachen bzw. in ihnen die Hoffnung abzutöten, je mehr als Handlanger der Geschichtswissenschaft darzustellen.

340 Das kann man nicht einfach mit dem Hinweis darauf, dass sie später zu einer wie auch immer gearteten *Elite* gehörten, tun (wie dies etwa an Gymnasien der Fall ist), weil in einer solchen Zuschreibung nicht mitenthalten ist, dass sie je auf neue Weise in die Welt treten könnten: Berufung auf sogenanntes Elitentum und allenfalls erreichbare herausragende Stellungen münden ja sofort wieder in die Vorstellung einer Verfügbarkeit innerhalb einer gegebenen Welt. – Wer mit Jugendlichen (und der Behandlung, die sie erfahren) vertraut ist, weiss, dass sich Jugendliche manchmal viel zutrauen, mehr, als sie leisten können. Die herkömmliche Reaktion von Erwachsenen, darunter vielen Lehrpersonen, besteht dann darin, sie auflaufen zu lassen und ihnen so höhnisch zu zeigen, dass sie Illusionen in Bezug auf ihre Möglichkeiten hegen. Das ist aber selbstverständlich verfehlt. Jugendliche sollten vielmehr dazu angeleitet werden, jene Fähigkeiten zu erwerben, die sie für ihre Pläne benötigen (was etwas ganz anderes ist), auf dass sie dann eines Tages tatsächlich in die Wirklichkeit umsetzen können, was ihnen vorschwebt. Zu den genannten Befunden gehört auch die Beobachtung, dass junge Menschen auch dort, wo sie angeblich als vollgültige Glieder der menschlichen Gesellschaften aufgenommen werden, zum Beispiel im Rahmen ihrer «Konfirmation» – nur dem Namen nach, aber nicht wirklich als nun ebenfalls mitbestimmende Personen integriert werden (geschweige denn, dass man an ihnen und dem von ihnen Vorgebrachten Interesse zeigen würde). Vollends absurd ist der Brauch, der im schweizerischen Parlament lange Zeit galt, dass sich Neugewählte in der ersten Session nicht zu Wort melden durften.

341 Eine solche Emanzipation ist Gegenstand von Martin Mosimann, *Emanzipation ernst genommen*.

342 Eine Moderatorin von Radio SRF gibt in einem Interview zum Besten, dass sie «ohne Bouillon» nicht leben könne. Bemerkenswert an solchen Äusserungen ist nicht, dass sie in absurdester Weise belanglos sind, sondern dass sie überhaupt gemacht werden können bzw. als dessen wert erachtet werden, vor der Öffentlichkeit ausgebreitet zu werden.

343 Dass Macht allein auf sich selbst bezogen ist, kann in moralisierender Sprache als Zeichen von «Egoismus» der Macht beschrieben werden. Bemerkenswerter ist aber etwas anderes: Dass Macht mit sich selbst kurzgeschlossen ist, muss als Zeichen ihrer Armseligkeit bzw. völligen

Unfähigkeit, die Welt, so wie sich darbietet, als eine Welt der Vielfalt also, aufzunehmen, gedeutet werden. Ihr «Egoismus» stellt in Tat und Wahrheit eine Mangelerscheinung dar: Macht fühlt sich der Vielfalt, welche der Mensch vorfindet, nicht gewachsen und versucht, diesen Mangel zu bewältigen, indem sie diese Vielfalt leugnet oder alles daransetzt, sie zum Verschwinden zu bringen.

344 Eine besondere Tragik vor allem von begabten Menschen liegt dabei auch darin, dass sie sich als Jugendliche als besonders geeignet erweisen, als zukünftige Stützende des Geltenden Verwendung zu finden, und deswegen auf grosses Lob und alle Förderung der Welt stossen, dann aber, wenn sie beginnen, sich selbst ins Spiel zu bringen, auf der Stelle fallen gelassen werden; mit dem Ergebnis, dass ausgerechnet sie, die eine Zeit lang in höchsten Ehren gehalten worden sind (weil sie als gut verwendbar erschienen sind), nun nicht nur nicht weiter gefördert werden, sondern sogar manchmal umgekehrt angefeindet werden. Eine Zeit lang mag man versuchen, sie zurückzubinden und sie in ein privilegiertes Streberdasein zurückzulocken oder mit dem Versprechen, in der vorgefundenen Welt Anerkennung zu finden, an sich irre zu machen. Darauf folgt der billige Vorwurf, was sie im Auge hätten, sei «unvernünftig». Und dann mögen Entzug aller Beachtung und dann der endgültige Ausschluss (und Einsamkeit) folgen. Das ist die Lebenslüge aller sogenannten Begabtenförderung, die sich in den letzten Jahren so wichtig gemacht hat. Wenn sie nur Begabte, die in die bestehenden Formen passen, fördert, hat sie nicht das Wohl der Geförderten im Auge, sondern richtet sich allein an ihren eigenen Zielen aus. Wirkliche Begabtenförderung dagegen müsste auch dazu aufzunehmen bereit sein, was in Hochbegabten Gestalt annehmen mag: an neuen Weisen, in die vorgefundene Welt zu sehen, auf Anderes und Neues Gewicht zu legen und sich für Anderes zu interessieren.

345 Das hollywoodartige Trivialnarrativ erzählt gern davon, dass der grosse Einzelne kurz vor seiner Selbstaufgabe vom Telefonanruf aus Stockholm oder der plötzlichen künstlerischen Entdeckung durch einen Mäzen mit einer Nase für das, was die Zukunft bestimmen wird, aus seiner Verzweiflung gerettet worden sei. Und dann folgt die Beteuerung des verkannten Grossen, dass er «aber immer an sich geglaubt» habe: Das ist aber einfach beschönigender Filmunsinn.

346 Als einzelne Taten werden sie nicht Gegenstand jener grossmäuligen Fernsehdiskussionen, welche heutzutage so geschätzt werden – und die immer um «grossartige Prinzipien» herumgruppiert sind, welche im Einzelnen feige Menschen so sehr lieben.

347 Grossmundig redet Macht immer vom «Krieg» gegen Armut, Drogen oder Viren und verspricht, einen solchen Krieg zu gewinnen. Schnell aber verwandelt sich dann ein solcher «Krieg» in einen Krieg allein gegen Abweichler – diese wird sie vielleicht «besiegen» können, weil sie Einzelne herausgreifen und vernichten kann, nicht aber das, wogegen sie sich angeblich gewendet hat.

348 Nur ganz selten geben Machthaber das zu (wie etwa die griechische Militärjunta, die 1974 die Macht an die zivilen demokratischen Kräfte zurückgab).

349 Schon allein das ist unerträglich, weil zu lügen menschenverachtend ist. Das gilt immer weiter, auch wenn Menschen sich daran gewöhnt haben, dauernd – von Werbung und Politikern und Politikerinnen, von Medien und von «Kommunikationsbeauftragten» (und neuerdings via zensurierte Social Media) – belogen zu werden. Gesellschaften als Ganze können freilich nicht auf Dauer auf der Basis von flächendeckendem Lügen Bestand haben, weil dieses jenes grundlegende Vertrauen zerstört, auf das Menschen in funktionierenden Gesellschaften bauen können müssen.

350 Das macht den Zauber religiöser oder etwa schillerscher Bekundungen aus – aber eben: Diese reden immer von essentiellen Einsichten. Der einzelne Mensch sieht sich aber konkreter Machtausübung gegenüber. Und gegen diese nützen schöne grosse Worte wenig.

351 Schon damit aktiviert man jene *Zweiwertigkeit* des Denkens, das Machtausübung auszeichnet.

352 Vgl. dazu aber Martin Mosimann, *Emanzipation ernst genommen*, II, 6.

353 Bei rechter Betrachtung findet man, dass sich Macht nicht in Tatsächlichkeit erschöpft, sondern gleichzeitig, entgegen ihrem Selbstverständnis, allein faktisch zu sein, fragwürdige Interpretationen in Bezug auf sich selbst zu installieren versucht; nicht zuletzt eben diese, dass nur sie bzw. das, was sie allein gelten lässt, der Fall sein könne.

354 Nichts anderes tut ja im Grunde auch der Aufsatz von Immanuel Kant *Beantwortung der Frage: Was ist Aufklärung?*

355 Das setzt sich in der Tatsache fort, dass sich jeder Dreikäsehoch in der scheinbar grossartigen, illusionslosen Einsicht sonnen mag – und darin von Vätern und Lehrern unterstützt werden mag –, dass eben der Mensch des Menschen Wolf sei; obwohl er von allen Menschen in seiner Umgebung genau das Gegenteil, Liebe, Güte und Achtung erfahren mag und auch *erwartet*, dass das der Fall sei.

356 Viele Menschen machen sich eine solche Sichtweise zu eigen, und zwar einerseits aus Gedankenlosigkeit, andererseits aus Mangel an Zivilcourage. Sie nehmen Macht und Lügen (von Chefs, Männern, Lehrpersonen) als angeblich nicht verhinderbar hin. Sie können sich Schiedsrichter und Gerichte nicht anders als parteiisch denken. Sie lassen sich von Kommunikationsberatern und von der Werbung einseifen (obwohl sie im Geheimen wissen oder ahnen mögen, dass sie belogen werden). Es ist für sie selbstverständlich, dass sie in eine Lebenswelt eintreten, in der Unrecht herrscht. Indem sie eine solche Welt gelten lassen, können sie dann auch rechtfertigen, dass sie sich gegen sie nicht zur Wehr setzen, oder sie mögen am Ende auch selbst lügen und Macht ausüben, weil Lügen und Macht angeblich ubiquitär sind.

357 Wie das funktioniert, kann man im Sport erkennen. Es gibt Begegnungen von Sportlern oder von Mannschaften, die so geartet sind, dass die eine Partei von allem Anfang an so auftritt, als ob gewissermassen nur sie berechtigt sei zu gewinnen, weil sie (angeblich) grossartig ist. Leider (muss man sagen) ist allein schon ein solcher Anspruch der halbe Sieg.

358 So gehen bekanntlich zum Beispiel Vergewaltiger vor: Nicht nur missachten sie die körperliche Integrität der von ihnen Missbrauchten, sondern sie entwerten sie gleichzeitig: indem

sie sie, sie vergewaltigend, als blosse Gegenstände behandeln, indem sie das, was sie mit ihnen erleben, selbst als niedrige Befriedigung deklarieren, und diesen selbst die Schuld daran geben, dass sie missbraucht worden sind, weil sie sich angeblich lasziv verhalten hätten. Auf diese Weise zerstören sie ihre Opfer mehrmals. Wie man weiss, ist auch ein solcher Missbrauch oft erfolgreich und wirkt oft lange über die faktische Vergewaltigung hinaus.

359 Durch Mütter, die ihre Kinder angeblich am besten verstehen; oder Lehrer und Lehrerinnen, welche Schüler und Schülerinnen etwa kraft einer ihnen angeblich innewohnenden überlegenen Einsicht das (unwiderrufliche) Urteil fällen, «dumm» oder «faul» oder sprachlich oder mathematisch «nicht begabt» zu sein; durch Männer, welche etwa vorgeben, von angeblich typisch weiblicher Irrationalität entzückt zu ein, ihre Partnerinnen aber eben mit solchen Zuschreibungen in feste Rollen drücken; durch Pfarrherren und Priester, die sich in das Gewand von Unfehlbarkeit kleiden und gleichzeitig ausnützen, dass man ihnen als Gläubige nichts vorzuwerfen wagt.

360 So ist selbst in modernen Industriestaaten Weiblichkeit als Ganze entwertet; mit dem Ergebnis, dass auch moderne Frauen im Grunde sofort unterliegen, wenn klischeehafte Schuldzuweisungen von dieser Entwertung Gebrauch machen, indem sie Frauen etwa vorwerfen, irrational zu urteilen, «zickig» zu sein, wenn sie auf dem Recht zu einer eigenen Meinung bestehen, oder als «ewige Verführerinnen» Männer von ihrem angeblich immer geraden Pfad abbringen.

361 Umgekehrt kann jemand, der eben dies erlebt – also klein gemacht oder gar vollständig entwertet wird –, schliessen, dass er Macht (nicht etwa nur Gleichgültigkeit) gegenübersteht.

362 Ein ähnlich in die Irre gehender ahistorischer Standpunkt nimmt in der herkömmlichen Auffassung von (Natur-)Wissenschaften Gestalt an. Kaum jemand nimmt das, was sich «Wissenschaften» nennt, als das momentane Produkt eines geschichtlichen Prozesses wahr, in dessen Rahmen verschiedene Ansätze und Paradigmen miteinander gerungen haben – und eben: weiterringen werden. Dazu trägt auch bei, dass es auch zu höherer (naturwissenschaftlicher) Ausbildung nicht gehört, sich in Bezug auf die Geschichte der Wissenschaften kundig machen zu müssen. Kenntnisse in Bezug auf die Geschichte der Wissenschaften erschöpfen sich herkömmlicherweise darin zu meinen, dass man früher aus Naivität oder Dummheit alles falsch gemacht hat und jetzt alles richtig macht.

363 Im Rahmen von Bewunderung von Menschen, die sich zum Beispiel als (angeblich) «durchsetzungsfähig» erweisen.

364 Zum Beispiel in Form der Sehnsucht nach «Führern» aller Art: «Wirtschaftsführern», «Young Global Leaders», «Experten» aller Art, in Form der Sehnsucht nach Computersimulationen oder einer «Wissenschaft», die alle Fragen beantworten werden, in Form der Sehnsucht endlich nach dem, was «Künstliche Intelligenz» entscheiden wird.

365 In Form der uneingeschränkten Bewunderung von «Siegern», wo doch Sport nicht darin besteht, im Fernsehen Siegern beim Siegen zuzusehen, sondern selbst Sport zu treiben und den Sport selbst, nicht allein das Siegen, zu schätzen. – Die Dauerberieselung mit Sport durch das

Fernsehen spielt bei der Etablierung des Machtgedankens eine wichtige Rolle. Vgl. dazu auch Martin Mosimann, *Ich und der Andere*, 5.

366 In der Bewunderung von asiatischen «Tigermüttern», die Kinder unnachsichtig auf Erfolge hin zurechtbiegen; in Form der uneingeschränkten Bewunderung von sogenannter intellektueller Brillanz.

367 Dem Missbrauch von Ordnungsvorstellungen zum Zwecke ungehinderter Machtausübung geht nach Martin Mosimann, *Das Paradox der Ordnung*.

368 Das beschönigt sie dann mit der Behauptung, dass sie – im Gegensatz zu Diskussionen in «Schwatzbuden» genannten Parlamenten – handeln wolle, also ergebnisorientiert sei.

369 Das ist bekanntlich die Standardentschuldigung, welche Täter aus der nationalsozialistischen Zeit für sich in Anspruch genommen haben.

370 Freilich werden etwa Politiker gern davon schwafeln, wenn eine Form von Macht zu einem Ende gekommen ist, dass es «nie mehr» zu Machtauswüchsen kommen dürfe. Und so nennt man beispielsweise ein Gymnasium «Sophie-Scholl-Gymnasium» und feiert «Helden», die sich gegen Macht zur Wehr gesetzt haben, aber untergegangen sind: aber immer so, dass man *als Faktum anerkennt, dass das halt so sein müsse*. Selbst so ein Lippenbekenntnis kann man also immer noch als Unterstellung deuten, dass immer Macht sein werde und es allenfalls einzelne Menschen geben werde, die sich gegen sie wehrten. Sie mögen dann untergehen, aber dafür mit der Benennung von Gymnasien nach ihnen belohnt werden. Wo ist der Politiker, der stattdessen forderte, dass sich junge Menschen das *Forellenquintett* anhören müssten, das Sophie Scholl in ihrem letzten Brief so schön und hoffnungsvoll beschrieben hat, und sich vor Augen führte, was aus der jungen Frau hätte werden können, wenn sie nicht der Erbarmungslosigkeit einer leeren Macht zum Opfer gefallen wäre? Und wo ist der Politiker, der das *Forellenquintett* selbst kennte und erkennen könnte, dass es nicht nur grossartig ist, dass es dieses *gibt*, sondern auch des Umstandes gewahr würde, dass *es* überlebt hat, nicht aber die Mächte, die Franz Schubert das Leben schwer gemacht haben? Vgl. Sophie Scholl, Brief vom 17.2.1943, S. 292. – Und wie immer, muss man auch in diesem Rahmen zum Ausdruck bringen, dass der Zustand etablierter Macht am Ende gar nicht unbedingt unbeliebt ist, weil er, indem er Freiheit zerstört, auch die Angst vor Freiheit nimmt und dann, wenn Macht herrscht, alles entschieden zu sein scheint.

371 Im Zusammenhang mit der Coronavirus-Pandemie oder der «Energiekrise» ist zum Beispiel plötzlich der Vorwurf aufgetaucht, Menschen, welche den Befehlen von Regierungen nicht folgten, verhielten sich «unsolidarisch». Von «Solidarität» kann aber erst geredet werden, wenn sie erstens über alle Bereiche des menschlichen Erlebens und für alle Menschen gleich geübt wird, und zweitens aus guter Einsicht in das Gefüge menschlicher Angelegenheit aus freiem Entschluss geleistet wird. «Solidarität» stellt einen Wert eigener Bedeutung dar, also nicht von Regierenden in einem instrumentellen Sinn dann eingefordert werden darf, wenn sie zu ihren Zielen passt.

372 Wie sehr das der Fall ist, kann man gut am Beispiel von Sportreportern sehen: Fast in jedem Falle geben sie dem Überlegenen recht: sei es, dass sie Favoriten das Wort reden, sei es, dass sie immerzu die Partei des im Moment Überlegenen ergreifen. Und wenn sich eine Auseinandersetzung dreht, feiern sie ohne Zögern den nun obenaus Schwingenden als «logischen» Sieger.

373 Das ist im Übrigen auch in jenen Vorstellungen von Friedfertigkeit der Fall, welche etwa das Christentum hervorgebracht hat. Auch wer sich, wie ihm scheint, besser darstellt als der Kämpfende, indem er «die andere Wange hinhält» (vgl. Matth. 5,39), übernimmt bei aller Grossmütigkeit doch immer weiter das Setting des Kampfes. – Dasselbe gilt auch noch für die Alltagsweisheit, dass «der Klügere nachgibt». Auch hier ist letztlich von einem Kampf die Rede, und das Ziel besteht einzig und allein darin, Streit zu vermeiden. Am Ende ist aber trostlos, was sie propagiert: Inhalte werden in ihr zugunsten eines fragwürdigen «Friedens» ganz vernachlässigt.

374 Natürlich mag man Gegenbeispiele finden, welche zum Schein zeigen, dass auch Macht etwas erschaffen kann. Genaues Hinsehen zeigt aber bei solchen Beispielen, dass Macht höchstens selbstgesetzte Ziele zu einem gewissen Erfolg führen kann, nicht aber Abhilfe gegen etwas schaffen kann und so am Ende eben doch zerstörerisch wirkt, weil sie etwas, was geboten wäre, nicht unternimmt. Sie kann zwar – um mit einem Bild zu sprechen – am Stadtrand einen Turm erbauen oder eine Fussballmeisterschaft bzw. die dazugehörigen Stadien aus dem Boden stampfen oder eine «Taskforce» bestimmen, die sich einer Aufgabe widmen solle – auf jene Herausforderungen, welche sich faktisch zeigen (etwa Verfall der Städte, Armut, Verweigerung von Menschenrechten), kann sie aber nicht antworten und lässt so das wirklich Wichtige ausser Acht.

375 Und man kann das Folgende nie genug betonen: Grosse Werke etwa sind nicht *gegen* andere grosse Werke geschaffen worden, und ihr Schöpfer hat nicht andere unterwerfen wollen, sondern Neues aus sich heraus geschaffen. Beethoven etwa schuf seine grossartigen Streichquartette nicht *gegen* die ebenfalls grossartigen (aber auf andere Weise grossartigen) Streichquartette Haydns.

376 Es ist erstaunlich, wie wenig sich Menschen diese Tatsache vor Augen führen können: Der Vietnamkrieg ging verloren, ebenso der Krieg in Afghanistan, der Krieg gegen Irak (er hat «bloss» die ganze Region unstabil gemacht), der «Krieg» gegen die Drogen und zuletzt der «Krieg» gegen das Coronavirus. Und der gern angefügte Hinweis darauf, man habe wenigstens Schlimmeres verhütet, stellt nicht mehr als eine nicht widerlegbare (Schutz-)Behauptung dar. Macht – es führt nichts an dieser Feststellung vorbei – hat auf die Länge nie etwas erreicht und ihre Ankündigungen nie wahr gemacht, sondern höchstens ihre Niederlagen damit vergessen gehen lassen, dass sie sich neuen Tätigkeiten zugewandt hat.

377 Vgl. Hannah Arendt, *Vita activa*, 24, *Die Enthüllung der Person in Handeln und Sprechen*.

378 Man halte sich vor Augen, dass jener beschränkten Zahl von Machthabern, die man kennt, Millionen und Abermillionen von Menschen gegenüberstehen, die eine Form von Leben gelebt haben, das von Liebe, Würde und Bedeutungssetzung getragen wurde.

379   Abermals eine Zweiwertigkeit.

380   Dieser Befund liegt ja auch jener Aufforderung zum «Wählen» zugrunde, das die sartresche Philosophie begründet. Gäbe es die *eine* Vernunft, müsste man nicht «wählen». Dabei darf man sich nicht davon irremachen lassen, dass man in Mathematik und Logik nicht «wählen» kann, ob man ihren Regeln folgen will oder nicht. Das ist nicht deshalb der Fall, weil sie sich besonders «vernünftig» auszeichneten, sondern deswegen, weil sie sich mit einem anderen Gegenstand – *formalen* Regeln – beschäftigen, sich also nicht auf die vorgefundene empirische, *materielle* Welt beziehen. – Sich mit einem gut geprüften und sich dabei nach bestem Wissen sich als wirksam erweisenden Impfstoff impfen zu lassen zum Beispiel kann allenfalls als vernünftig oder gar geboten bezeichnet werden, sich mit einem ungenügend geprüften, allenfalls gefährlichen oder nicht wirklich wirksamen Impfstoff impfen zu lassen dagegen nicht. Wenn die Qualität eines Heilmittels *gewiss* wäre, stellte es wirklich einen Akt der Unvernunft dar, sich seiner nicht zu bedienen. Eine solche Gewissheit ist aber im Rahmen der vorgefundenen Welt nicht herstellbar. Folglich kann man Zweifel zu haben nicht als Unvernunft diskreditieren, sondern höchstens als mangelnden Wagemut beschreiben (oder dann als einsichtige Vorsicht würdigen).

381   Zur beschriebenen Zweiwertigkeit gehört es, dass man sich auf der Stelle gegen den Vorwurf wehren muss, man setzte sich für «Unvernunft» ein bzw. rede Irrationalität das Wort. Das ist überhaupt nicht der Fall. Festgestellt wird bloss, dass auch andere Massstäbe gelten mögen, auf die sich Vernunft ausrichten muss. Vernunft kann höchstens in Bezug auf ein Jetzt urteilen, nicht aber in Bezug auf die Zukunft. – Merkwürdigerweise erschaffen auch Bemühungen um «Perfektion» trotz ihres angeblichen nur zum Guten führenden Bestrebens in wachsendem Masse Zweiwertigkeit, indem sie nach und nach einen immer grösseren Bereich zum Nichtperfekten zu rechnen beginnen und so am Ende nur noch eine (angebliche) vollständige Perfektion von Wert zu sein scheint. Immer mehr scheint dabei als nicht perfekt aus der «Ordnung» zu fallen. Vgl. dazu Martin Mosimann, *Das Paradox der Ordnung*.

382   Jeder Mensch ist einfach da und hat ein Recht darauf, da zu sein. Er muss nicht beweisen, dass es vernünftig ist, so zu sein, wie er ist. Und eine Vernunft, die das entscheiden könnte, gibt es nicht. – Eine schöne Illustration dessen, was hier geschildert ist, stellt eine kleine Szene aus einer Geschichte der Sammlung *So zärtlich war Suleyken* von Siegfried Lenz dar: Da wird eine Landschaft mit Krieg überzogen – der Held der Geschichte ist aber von einem Buch gefangen, das er gefunden hat, und was auch immer nun geschieht: Er liest immer weiter. Alle Bedrohungen weist er mit den Aussagen von sich: «Gleich [...]. Nur noch das Kapitelchen zu Ende! [...] Nur noch, wenn ich bitten darf, die letzten fünf Seiten [...] Nur noch, wenn ich bitten darf, zwei Seiten vom Kapitelchen. [...] Gleich. Nur noch anderthalb Seiten.» Und er lässt sich, immer weiter lesend, von nichts und niemandem einschüchtern, sodass sogar der feindliche General, entsetzt ob einer solchen unbegreiflichen Besessenheit, am Ende die Flucht ergreift. Vgl. dazu *Der Leseteufel*, S. 10 f.

383   Dieser Fragestellung geht nach Martin Mosimann, *Emanzipation ernst genommen*.

384   Dass das schnell nicht verstanden wird, zeigt sich daran, wie Witz eingeschätzt wird. Witz – nicht Blödelwitz – ist im Kern das Ergebnis eines tiefen Erlebens der Welt und ist

deswegen ja im Gegensatz zu «Tiefsinn» auch nicht fälschbar. In tiefsinnigen philosophischen Betrachtungen im Rahmen eines Seminars zu schwelgen ist recht leicht. Kaum jemand ist aber dazu fähig, so grossartige Sketches wie die von Karl Valentin zu produzieren. Und umgekehrt verleitet deren äussere Gestalt zu einer falschen Einschätzung.

385   In Tat und Wahrheit befinden sie sich im Umkreis von Vorstellungen und Ideologien, die sich nie von einem verblasenen Platonismus haben unterscheiden können. Vgl. dazu auch Martin Mosimann, *Das Paradox der Ordnung*.

386   Eine – abstossende – Paradoxie besteht darin, dass solche Menschen ausgerechnet gern politischen Parteien folgen, die sich als «freiheitlich» bezeichnen.

387   In einem Aufsatz von Maturanden und Maturandinnen zum Thema *Endlich frei!* schrieb eine Gymnasiastin, nach der abgeschlossenen Matura könne sie endlich «frei» sein (ohne zu erkennen, dass es sich bei einer solchen Aussage um eine gehaltlose Tautologie handelte), und fügte hinzu, dann könne sie zum Beispiel morgens im Bett liegen bleiben oder, wenn sie wolle, einfach so in den Kanton Tessin fahren (das Beispiel war insofern ganz zufällig, als dass sie mit dem Kanton Tessin nichts verband, ausser dass der Kanton Tessin für Schweizer ein beliebter Ferienort ist; übrigens vor allem für Ruheständler, nicht für Maturandinnen) – ohne auch nur einen Augenblick der Tatsache gewahr zu werden, dass sie damit immer weiter nur *Möglichkeiten* beschrieb, nicht gehaltreiche Ziele.

388   Dass das der Fall sein muss, stellt unter anderem Harry Frankfurts Aufsatz *Die Notwendigkeit von Idealen* dar.

389   So mögen junge Menschen – die doch in ihrem Alltag alles dafür tun, nicht beschränkt zu werden – am Ende allen Ernstes etwa Gleichaltrige beneiden, die als Folge ihrer Einbettung in religiöse Traditionen ein unfreies und geregeltes Leben leben müssen.

390   «Anfangen» im Sinne Hannah Arendts.

391   Wer ausschliesslich Autorität folgt, mag sich zwar gross vorkommen, weicht aber vor der Begegnung mit sich selbst aus.

392   Wie sie zum Beispiel Menschen erleben, die eine Ehe eingehen.

393   Deswegen heisst es ja zum Beispiel in der Präambel zur Schweizer Bundesverfassung: «[...] gewiss, dass nur frei ist, wer seine Freiheit braucht» – zu etwas positiv Gesetztem, wie man anfügen muss.

394   Die Aussicht auf eine Biographie des Inhalts «Er oder sie war nichts» ist schrecklich.

395   Zum Missbrauch des Begriffs der Ordnung vgl. Martin Mosimann, *Das Paradox der Ordnung*.

396 Etwa nach dem Prinzip einer Diskriminierung. – Unter diesem Gesichtspunkt ist es natürlich auch absurd, wenn Massenmedien immer wieder geltend machen, die von ihnen interviewten «Experten» «ordneten ein», und damit suggerieren, dass so alles einen richtigen Platz finde (und unausgesprochen unterstellen, dass es eben doch eine «Ordnung» an sich gebe). Es gibt aber keine *an sich* richtige «Ordnung», es *kann* keine solche geben. Folglich können auch «Experten» Dinge nicht *an sich* «einordnen», sondern nur unter einem von ihnen gewählten Gesichtspunkt bewerten.

397 Wer etwas anderes denkt, soll einmal zum Beispiel einen Nachmittag auf einem Bahnhof verbringen (wie man ganz unphilosophisch anfügen könnte) und versuchen, zum Beispiel einmal mit 100 Personen in Kontakt zu treten (es bleiben dann immer noch 8 Milliarden Menschen übrig). Das tun selbstverständlich jene Politiker, (angebliche) Menschenfreunde und Personen, die meinen, die Welt nach ihren Vorstellungen verbessern zu wollen, nie. – Dass sie selbst umgekehrt auf ihre Weise *langweilig* sein könnten, mit ihrer immergleichen Körpersprache (Brille abnehmen und wieder aufsetzen, Verkündigungsgesten mit den Händen), mit ihren immergleichen «Träumen» von einer endgültig geordneten Welt, mit ihren immergleichen Massnahmen und «Kriegen», mit ihrer immergleichen Behauptung, ein endgültiges Wissen nehme ausgerechnet in ihnen Gestalt an, können sie nicht fassen.

398 In solchen Gedanken kann man kantschen Stolz wiedererkennen.

399 Und so wird Macht, wie man wieder, wenn man sich ihrer unmittelbaren Wirkung entzieht und sie gewissermassen *an sich* anschaut, gewahr wird, am Ende so auch immer langweilig und einförmig.

400 Dabei handelt es sich nicht um eine «moralische» Hoffnung, welche Unterlegenheit hegen mag, sondern um eine Tatsachenfeststellung. Nach einem erhofften Totalsieg der Macht folgt nichts mehr, weil es nichts mehr gibt, auf das sie sich erstrecken könnte. Dies im Unterschied zu einem Sieg der Freiheitsidee: Nach einem solchen hebt die Geschichte erst an. Freiheit mag ebenfalls in Leere führen; dass sie das tut, ist aber nicht gewiss. Es *kann* sich auch anders verhalten. Freiheit kann immer neu gefüllt werden.

401 Im Rahmen von verdrehter Christlichkeit kommt es nicht zur Begegnung, sondern zu Hingabe an den anderen und Selbstaufopferung. Gott selbst scheint nichts anderes zu verlangen als die Selbstaufgabe jener Geschöpfe, die er geschaffen hat.

402 Vgl. dazu Martin Mosimann, *Ich und der Andere*. – Das ist es ja auch, was den Kern (und das Schöne) einer Begegnung zwischen Liebenden ausmacht.

403 Aus diesem Grunde ist Unterricht zu gestalten menschlich gesehen so heikel. Wenn in der Ausbildung Schüler und Schülerinnen bzw. Studenten und Studentinnen nicht, jedenfalls der Möglichkeit nach, vorkommen, sondern bloss Empfänger von Belehrung und Gegenstände von Bewertung darstellen, wandelt sich Unterrichten allen vielleicht sogar hehren Intentionen zum Trotz ganz schnell in übles Machtgebaren.

404 Wie man weiss, werden zu Beginn von Entwicklungen, welche in Machtgebilde hineinführen, eben immer gleich Begegnungen und Toleranz unterbunden. Und nicht nur das: Es wird *der Eindruck erweckt,* dass Begegnungen und Toleranz *von Übel* seien, indem das Andere auf der Stelle scheinbar mit glaubhaften Gründen verteufelt wird. Umgekehrt gilt deswegen: In dem Moment, da eine Vorstellung Begegnung mit dem Anderen und Toleranz nicht nur ausschliesst, sondern gar verbietet, hat sich Macht etabliert.

405 Wie man weiss, versucht dann Macht auf der Stelle, sich auch der Intentionalität des Menschen zu bemächtigen, indem sie vorgibt, *wie* sich der Mensch zur Welt einstellen muss, und ihn in wachsendem Masse bedroht, wenn er sich zur Welt nicht (angeblich) «richtig» oder «vernünftig» einstellt. Aber eben: Der Mensch will sich *frei* zur Welt einstellen. Dass er sich frei einstellen können muss, ist der Idee der Intentionalität eingeschrieben.

406 Vgl. Hannah Arendt, *Vita activa,* 25, *Das Bezugsgewebe menschlicher Angelegenheiten.*

407 Das tun sie, indem sie gleichzeitig in Begegnungen als neue Wesen auf andere neuen Wesen treffen. Aus einem solchen Spiel der Begegnungen erwächst immer weiter der Raum, in dem Menschen als Menschen leben.

408 Zudem zeigen Pläne einer totalen Neuordnung deutliche Züge von Grössenwahn.

409 Die fehlende Berücksichtigung dieses Umstandes macht unterdessen die moderne Klimadiskussion so hässlich. Es kann gewiss keinen Zweifel daran geben, dass der Mensch zu der Welt, in die er hineingeboren worden ist, Sorge tragen muss. Aber das muss er nicht nach den Forderungen von Ideologen und Ideologinnen tun, die meinen, sie verfügten über ein überlegenes Wissen und eine überlegene Fähigkeit zu erkennen, was (wieder: ohne Alternative) gefordert zu sein scheint, sondern es muss sich dabei um die Sache jedes Einzelnen handeln: Es geht dabei auch um *seine* Welt und *seine* Weise, Verantwortung zu tragen. Und vollends hässlich werden solche Bestrebungen dann, wenn auch sie wieder Gegenstand von Manipulation werden, indem die Diskussion um das Vorgehen in Bezug auf den sogenannten Klimawandel abermals mittels medial geschürter Angst, mittels medialer Erweckung von Schreckensszenarien, medial behaupteter Krisen und dann Verboten von oben gesteuert wird. Dieses Mal – aber hat diese Redefigur nicht jede Bewegung ins Spiel geführt, welche die alleinige Macht angestrebt hat? – angeblich zu einem guten Zweck, und es ist (angeblich) «fünf vor zwölf», und man hat keine Zeit mehr zum Überlegen.

410 Vgl. dazu oben, Kap. 13. – Oder darin, «dem Kaiser zu geben, was des Kaisers ist» (Mark. 12,17), Macht also hinzunehmen und sich in einem bloss privaten Bereich einzurichten (der dann freilich schnell ebenfalls von Macht durchtränkt wird, weil einerseits kirchliche Systeme, andererseits Kleinbürger, vielleicht ohne zu merken, was vor sich geht, die Macht, der sie ausgesetzt sind, in ihre privaten Verhältnisse hineintragen).

411 Und am Ende gar allen Lebensmut verliert und verstummt oder (wie man das in besonders verächtlicher Weise beschönigend ausdrücken mag) sich «den Realitäten ergibt».

412 Bekanntlich heisst es – scheinbar als Gipfelpunkt weiser Einsicht –, dass «der Gescheitere nachgebe». Damit siegt dann aber immer das Dumme, und das ist ja kaum wünschenswert.

413 Immer wieder muss man darauf hinweisen: Macht stellt das, wonach sie sich ausrichtet, immer als *alternativlos* dar, was zwar offensichtlich unsinnig ist, mit der einer solchen Beschreibung aber innewohnenden, angeblichen allen Illusionen entgegentretenden Härte und ihrem Schmarotzen an der Vorstellung der «Vernunft» immer wieder neu Eindruck macht.

414 Zum Beispiel damit, dass man Sichtweisen, die nicht ins Bild passen, pauschal als «polemisch» bezeichnet – ein solcher Begriff ist so negativ besetzt, dass allein die Evozierung einer solchen Vorstellung das Ihre dazu beiträgt, eine eingenommene Position (ohne dass es noch eines Belegs bedürfte) pauschal zu entwerten. Oder dann behauptet Macht nichts Geringeres, als «Ordnung» an sich zu repräsentieren.

415 Das ist der Vorwurf, mit dem man bis heute Frauen gefügig machen kann.

416 Wie man weiss, benützt diese Methode die allergrösste Angst des Menschen.

417 Politiker und Politikerinnen mögen sich sogar, im Rahmen eines raffinierten Doppelspiels, befleissigen, sich mittels markiger Worte als entschlossen zu präsentieren, aber immer so, dass sie nicht wirklich nachweislich Stellung zu etwas beziehen, um niemanden vor den Kopf zu stossen oder potentielle Wähler und Wählerinnen abzuschrecken.

418 Dazu kommt die Narrenfreiheit, welche Künstler und Künstlerinnen geniessen, solange sie ihre Blase nicht verlassen und jenen Unsinn pflegen, den sie selbst dann in Feuilletons, die niemand ausser ihnen zur Kenntnis nimmt, als «wichtig» bezeichnen: unendliche Betrachtungen ihres Bauchnabels, Phantasien von einer unerreichbaren Perfektheit, allerlei Verfremdungseffekte (wie etwa den, in Dramen alle Frauenrollen durch Männer und alle Männerrollen durch Frauen spielen zu lassen, klassische Texte zu verballhornen oder gegen den Strich zu bürsten, alle Personen auf Rollschuhen auftreten zu lassen etc.).

419 Eine solche Denkweise setzt sich dann bekanntlich in den berühmten Maturreden fort, die immer die eine oder die andere Form haben: *Entweder* macht ein Redner oder eine Rednerin geltend, nun, da die Maturanden und Maturandinnen «reif» seien, könnten sie erkennen, dass das und das (es folgen die gerade herrschenden Paradigmen der Gesellschaft) geboten sei, *oder* er oder sie behauptet (von oben herab), sie meinten vielleicht, jetzt «reif» zu sein, müssten aber «noch viel» lernen, bis sie das «wirklich» seien, auf dass sie sich weitere Jahrzehnte in die Welt, so wie sie allgemein dargestellt wird, fügten. – Mit grossem Vergnügen nimmt man dagegen zur Kenntnis, dass einst eine Maturandin, der man gönnerisch erlaubt hatte, ebenfalls eine kleine Maturrede zu halten, in die Runde posaunte: «Jetzt komme ich!» Natürlich ist es leicht, eine solche Aussage wieder als jugendliche Überhebung zu diskreditieren. Wenn man indessen ergänzend formulierte: «Jetzt komme ich als Ergänzung in die Welt», wäre die Aussage wirklich am Platz.

420 Vgl. oben, Kap. 11.

421 Wie könnte man begründen oder irgendwie rechtfertigen, dass man gerade die Wahl getroffen hat, die man sich zu eigen gemacht hat? Und wie kleingeistig und unwürdig scheint die Hingabe, die man dem Gewählten widmet, wenn man sich vor Augen hält, welche grossartigen Ziele es sonst gäbe! Das Betrügerische an solchen Argumenten wäre dabei an sich leicht zu erkennen. Zum einen existiert kein Verfahren, mit dem man *an sich* Wichtiges bestimmen könnte – der Mensch kann ja die vorgefundene Welt immer nur auf Zusehen hin und in Bezug auf von ihm gesetzte Massstäbe erkennen. Und zum anderen gibt es für den Menschen keine Möglichkeit, *alles* in Besitz zu nehmen. Womit er sich auch immer beschäftigt: Es wird immer Stückwerk sein und gewissermassen einen lokalen Charakter haben. Beide Argumente bedingen einander übrigens, wie man erkennt.

422 Damit ist auch gesagt, dass es – erstaunlicherweise – gerade Macht an Bestimmtheit fehlt. Indem sie sich allein an Erfolg und behaupteter Wirksamkeit orientiert, ist sie paradoxerweise an geltende Vorstellungen *gebunden*.

423 Wer eine bestimmte Partnerin oder einen bestimmten Partner heiratet, will damit erstens ja ebenfalls nicht öffentlich bekunden, dass alle anderen Menschen unbrauchbare Partner und Partnerinnen darstellten (die Frage, ob das der Fall sei, stellt er oder sie im Augenblick der Eheschliessung einfach nicht) und dass zweitens die getroffene Wahl unfehlbar sei – zwei Menschen verbinden sich miteinander einfach deswegen, weil sie einander lieben und der andere Mensch ihnen teuer ist. – Es stellt einer Gesellschaft ein schlechtes Zeugnis aus, wenn allein schon Bestimmtheit den Verdacht auf sich zieht, auf der einen Seite anderes vernichten zu wollen und gleichzeitig einen Machtanspruch zu erheben.

424 Und die Partitur selbst bleibt stumm.

425 Schüler und Schülerinnen und Studenten und Studentinnen mögen es dagegen nicht wagen, sich in ihr Spiel einzubringen.

426 Im Grunde ist Bestimmtheit mit einer Hypothese in einem popperschen Versuch, die Welt zu ergreifen, zu vergleichen: Ein bestimmter Mensch macht sich ein Interesse zu eigen, verfolgt ein solches und macht sich auf den Weg, sich von ihm leiten zu lassen, geschehe, was wolle. – Vor dem Hintergrund einer solchen Betrachtungsweise mag man auch erkennen, wie verschieden Naturwissenschaften in Erscheinung treten können. Auf der einen Seite stehen Naturwissenschaften, die stolz (und immer ein wenig verächtlich auf angeblich nicht auf Tatsachen ausgerichtete Sehweisen heruntersehend) darauf pochen, dass sie die Welt erkennen können, wie sie sei. Auf der anderen Seite stehen Naturwissenschaften, die *entdecken wollen* und ihren Stolz daraus ziehen, dass sie offen sind und immer Neues «finden». – Leider tritt Schülern und Schülerinnen in Gymnasien fast immer die erste Form von Naturwissenschaften entgegen; mit dem Ergebnis, dass vor allem Schülerinnen von deren Gehabe abgestossen sind und nicht erfassen können, wie interessant Naturwissenschaften sein können.

427 Wie man weiss, sind viele Menschen dieser Versuchung erlegen. – Die beschriebene Unsicherheit macht auch viele Formen des Verhaltens von Menschen erklärlich: zum Beispiel die Wichtigtuerei, die sich Lehrer und Lehrerinnen oft zu eigen machen (ohne Rückendeckung müssen sie sich jungen Menschen aussetzen) oder das narzisstische Gehabe von Künstlern und

Künstlerinnen (sie müssen, ausser sie wären weltberühmt, ohne Gewissheit und oft ohne gesellschaftliche Anerkennung ihren Weg gehen).

428 Das Ergebnis ist dann gewissermassen eine gelebte praktische Toleranz, mit allen Zügen von Toleranz: der Überwindung der Auffassung, es könne nur eine *einzige* Sehweise geben; paradoxerweise die Weiterverfolgung einer Sehweise, die einem wertvoll erscheint (statt dass man in Indifferenz flüchten würde); die Anerkennung von Sehweisen, die man nicht teilt, aber irgendwie doch als wertvoll erachten kann.

Literatur

Andersch, Alfred: Sansibar oder der letzte Grund, Zürich 1970
Andersch, Alfred: Der Vater eines Mörders, Zürich 1982
Arendt, Hannah: Vita activa oder Vom tätigen Leben, München 1981
Arendt, Hannah: Elemente und Ursprünge totaler Herrschaft, München 1991
Aristoteles: Nikomachische Ethik, hg. von Günther Bien, Hamburg 1985
Bacon, Francis: Neues Organon, hg. von Wolfgang Krohn, Hamburg 1990
de Saint-Exupéry, Antoine: Le Petit Prince, Paris 1946
Dörner, Dietrich: Die Logik des Misslingens. Strategisches Denken in komplexen Situationen, Reinbek bei Hamburg 1989
Dschuang Dsi (= Chuang Chou): Das wahre Buch vom südlichen Blütenland, übertragen von Richard Wilhelm, Düsseldorf 1979
Enzensberger, Hans Magnus: Tumult, Frankfurt am Main 2015
Føllesdal, Dagfinn; Walløe, Lars; Elster, Jon: Rationale Argumentation. Ein Grundkurs in Argumentations- und Wissenschaftstheorie, Berlin 1988
Frankfurt, Harry Gordon: Die Notwendigkeit von Idealen, in: Freiheit und Selbstbestimmung, hg. von M. Betzler und B. Gluckes, Berlin 2001, S. 156–156
Frey, Bruno S.; Zimmer, Oliver: mehr demokratie wagen > > > > für eine teilhabe aller, Berlin 2023
Goethe, Johann Wolfgang: Faust, Erster Teil, in: Goethes Werke, Bd. III, hg. von Erich Trunz, Hamburg 1972
Goethe, Johann Wolfgang: Iphigenie auf Tauris, in: Goethes Werke, Bd. V, hg. von Erich Trunz, Hamburg 1974
Grimm, Jacob; Grimm, Wilhelm: Von dem Fischer un syner Fru, in: Kinder- und Hausmärchen, gesammelt durch die Brüder Grimm, Nr. 19, 1. Bd., Zürich (ohne Jahresangabe)
Honneth, Axel: Kampf um Anerkennung. Zur moralischen Grammatik sozialer Konflikte, Frankfurt am Main 1994
Huizinga, Johan: Homo Ludens. Vom Ursprung der Kultur im Spiel, Hamburg 1981
Kant, Immanuel: Grundlegung zur Metaphysik der Sitten, in: Werke in zehn Bänden, hg. von Wilhelm Weischedel, Bd. 6, Darmstadt 1983
Kant, Immanuel: Beantwortung der Frage: Was ist Aufklärung?, in: Werke in zehn Bänden, hg. von Wilhelm Weischedel, Bd. 9, Darmstadt 1983
Kershaw, Ian: Personality and Power. Builders and Destroyers of Modern Europe, New York 2022
Kuhn, Thomas S.: Die Struktur wissenschaftlicher Revolutionen, Frankfurt am Main 1976
Lenz, Siegfried: Der Leseteufel, in: So zärtlich war Suleyken, Frankfurt am Main 1981, S. 7–12
Lessing, Gotthold Ephraim: Emilia Galotti, in: Werke, Bd. II, Darmstadt 1996
Longerich, Peter: Goebbels. Biographie, München 2010
Mann, Heinrich: Professor Unrat, Hamburg 2007

Morgenstern, Christian: Palmström, in: Alle Galgenlieder, Berlin 1933
Mosimann, Martin: Ich und der Andere. Für einen Individualismus der Vielfalt, Basel 2019
Mosimann, Martin: Richtiges Scheitern und falscher Erfolg. Wagemut – Ein Plädoyer, Basel 2020
Mosimann, Martin: Das Paradox der Ordnung. Überlegungen zu einem politischen Kampfbegriff, Basel 2021
Mosimann, Martin: Emanzipation ernst genommen. Überlegungen zu einem umstrittenen Begriff, Basel 2022
Mosimann, Martin: Meine Freiheit. Zur Autonomie der Person, Basel 2022
Mosimann, Martin: Die Schwierigkeit mit dem Wissen. Überlegungen im Anschluss an Sokrates, Basel 2023
Popper, Karl: Die offene Gesellschaft und ihre Feinde, in: Gesammelte Werke, Bd. 5/6, Tübingen 2003
Popper, Karl: Von den Quellen unseres Wissens und unserer Unwissenheit, in: Vermutungen und Widerlegungen, Tübingen 2009, S. 2–46
Sartre, Jean-Paul: Der Existentialismus ist ein Humanismus, in: Der Existentialismus ist ein Humanismus und andere philosophische Essays 1943–48, Hamburg 2002, S. 145–176
Scheler, Max: Die Stellung des Menschen im Kosmos, hg. von Karl-Maria Guth, Berlin 2016
Schiller, Friedrich: Das Lied von der Glocke, in: Sämtliche Werke, Bd. I, München 1987
Schiller, Friedrich: Über die ästhetische Erziehung des Menschen in einer Reihe von Briefen, in: Sämtliche Werke, Bd. V, München 1993
Scholl, Hans; Scholl, Sophie: Briefe und Aufzeichnungen, hg. von Inge Jens, Frankfurt am Main 1988
Shklar, Judith Nisse: Ordinary Vices, Cambridge 1984
Sophokles: Antigone, Stuttgart 1955
Sophokles: König Ödipus, Stuttgart 1989
Svendsen, Lars Fredrik Hænsler: Håpets filosofi, Oslo 2023
Valentin, Karl: Im Hutladen, in: Sturzflüge im Zuschauerraum. Der gesammelten Werke anderer Teil, hg. von Michael Schulte, München 1969, S. 163–165
Watzlawick, Paul: Anleitung zum Unglücklichsein, München 1983
Wittgenstein, Ludwig: Philosophische Untersuchungen, Frankfurt am Main 1971

Das Signet des Schwabe Verlags
ist die Druckermarke der 1488 in
Basel gegründeten Offizin Petri,
des Ursprungs des heutigen Verlags-
hauses. Das Signet verweist auf
die Anfänge des Buchdrucks und
stammt aus dem Umkreis von
Hans Holbein. Es illustriert die
Bibelstelle Jeremia 23,29:
«Ist mein Wort nicht wie Feuer,
spricht der Herr, und wie ein
Hammer, der Felsen zerschmeisst?»